La chute de la monarchie
1787-1792

Du même auteur

Marat
textes choisis
Éditions sociales, 1963

Vision de la mort et de l'au-delà en Provence
du XVe au XXe siècle, d'après les autels des âmes du Purgatoire
(en collaboration avec G. Vovelle)
Colin, Cahiers des Annales, 1970

Piété baroque et Déchristianisation
Les attitudes devant la mort en Provence au XVIIIe siècle
Plon, 1973
(*version abrégée :* Piété baroque et Déchristianisation
en Provence au XVIIIe siècle
Seuil, coll. « Points Histoire », 1978)

Mourir autrefois
Gallimard, coll. « Archives », 1974

L'Irrésistible Ascension de Joseph Sec, bourgeois d'Aix
Édisud, 1975

Les Métamorphoses de la fête en Provence (1750-1820)
Flammarion, 1976

Religion et Révolution, la déchristianisation de l'an II
Hachette, 1976

Breve storia della revoluzione
Laterza, 1979

Ville et Campagne au XVIIIe siècle :
Chartres et la Beauce
Éditions sociales, 1980

De la cave au grenier, un itinéraire en Provence
De l'histoire sociale à l'histoire des mentalités
Coédition Serge Fleury et Édisud, 1980

Idéologies et Mentalités
Maspero, 1982

La Mort et l'Occident, de 1300 à nos jours
Gallimard, 1983

La Ville des morts (en collaboration avec R. Bertrand)
CNRS, Marseille, 1983

Théodore Desorgues ou la Désorganisation (Aix-Paris, 1763-1808)
Seuil, coll. « L'Univers historique », 1985

PARTICIPATION À

Histoire de la Provence, *Privat, 1969* ; Atlas historique de Provence, *Colin, 1969* ; Histoire de la France (dirigée par G. Duby), *Larousse, 1971* ; Documents d'histoire de la Provence, *Privat, 1971* ; Histoire de Marseille, *Privat, 1973* ; Histoire du diocèse d'Aix, *Beauchesne, 1975* ; Communautés du Sud, *10/18, 1975* ; Histoire d'Aix-en-Provence, *Édisud, 1977*.

Michel Vovelle

Nouvelle histoire
de la France contemporaine

1

La chute de la monarchie

1787-1792

Éditions du Seuil

En couverture :

Houet, *Prise de la Bastille*, Carnavalet.
© Bulloz.

ISBN 2-02-005216-4 (éd. complète)
ISBN 2-02-000652-9 (tome 1)

Avant-propos

Parce qu'elle est toujours source d'interrogations nouvelles, la Révolution française n'a pas fini de soulever les controverses. Voici cinquante ans, en l'état de la recherche comme de la méthode historique, on s'affrontait entre robespierristes et dantonistes. Aujourd'hui, on oppose au « catéchisme républicain » hérité de la tradition jacobine la volonté d'une « relecture » de la Révolution sans œillères.

De tels affrontements obligent. Ils contraignent les historiens à préciser et à se définir, ils aident à quitter le confort des sentiers frayés, même si l'on ne partage pas la vision actuellement opposée au schéma reçu.

Il ne nous semble pas que les voies d'une approche vraiment nouvelle puissent se contenter d'une simple relecture des données acquises. Le chemin véritable de la nouveauté, c'est d'essayer d'insérer les apports les plus récents des recherches en cours, d'insister sur les découvertes, sans masquer tout ce qu'il y a d'inachevé et de problématique dans nos connaissances.

C'est ce qu'on tente tout simplement ici : plutôt que de s'interroger pour savoir s'il est un mouvement ascendant de la Révolution française, ou si, par crainte de tout finalisme sclérosant... on ne va pas l'arrêter, en fait, au 14 juillet 1790, point culminant de la Révolution bourgeoise, et couronnement de l'« année heureuse », on a préféré s'attacher à présenter, en tête de chaque chapitre, l'état des problèmes, débats et combats. Puis, dans le corps du développement comme dans la structure générale de l'ouvrage, insister sur les aspects — société, mentalités, sensibilité collective — qui répondent le mieux aux interrogations de notre temps comme aux fronts pionniers de l'histoire.

1
L'Ancien Régime

Parler d' « Ancien Régime » est-il un anachronisme? N'est-ce pas trop accréditer un concept forgé *a posteriori*? Il est bien évident qu'il a fallu la Révolution pour que le système économique, social, politique, fût conçu comme un tout aux éléments liés... et bien sûr pour qu'il devînt « ancien ». Mais nous plaidons coupable, sans remords : tels « anachronismes » sont indispensables à l'histoire si elle ne veut, de chaque période, retenir que « l'illusion de cette époque ». Pis encore, nous allons d'entrée récidiver, en recourant, pour décrire ce système, à trois notions : « féodalisme », « société d'ordres », « absolutisme », qui chacune, à des titres différents, peuvent choquer le puriste. L'essentiel est qu'on s'en explique, et que l'histoire y trouve son compte.

1. Féodalisme

Régime féodal, féodalité, féodalisme : un débat.

Parler de la féodalité ou du régime féodal pour caractériser la structure socio-économique dominante à la veille de la Révolution, c'est, dit-on, commettre un abus de langage : les historiens du Moyen Age rappellent qu'on ne saurait légitimement désigner par là qu'un type de rapports bien précis et historiquement datés. Nombre d'historiens de l'époque « moderne » ou de la Révolution leur donnent raison (R. Mousnier, G. Lefèbvre lui-même). Mais ce purisme est comme balayé par la violence de la pratique. Dès les premiers jours de la Révolution, le terme s'est imposé sans discussion : l'histoire légitime l'abus condamné par les historiens, à condition qu'on se demande ce que les Français de 1789 ont voulu entendre par « féodal » ou « féodalité ». Les juristes de la Constituante en avaient une idée claire, qui ont rangé, dans leur jargon, sous le titre de « complexum feudale », les éléments du système social et juridique dans son ensemble : d'abord au sens strict ce qui relève du fief, mais aussi tout ce qui porte sujétion privée d'un individu à un autre, et tout ce qui est prélèvement économique en travail, en nature ou en argent. Puis cette définition, admise par la pratique jusqu'en 1792, va à la fois disparaître partiellement, et exploser par élargissement péjoratif : le terme de « féodalité » sera associé, voire substitué, à ceux de régime tyrannique, gouvernement oppressif, royauté même [1] : plus qu'un système défini de rapports de sujétion, il en vient à désigner l'ensemble du système économique, social et institutionnel d'Ancien Régime.

A ce stade, on n'est plus très loin de ce que nous appelons le « féodalisme », soit la féodalité telle qu'un récent colloque vient de la redéfinir avec précision : « Tous les historiens présents... ont été d'accord pour qu'on continue à employer l'expression *régime féodal* pour désigner le régime qui était caractérisé par une forme particulière de la propriété, souvent par le servage, toujours par le paiement de redevances appelées droits féodaux et seigneuriaux [2] », mais aussi plus largement l'ensemble des institutions socio-économiques, politiques même, qui sont associées à ce mode de production.

L'originalité du système français.

Dans la définition que nous venons de rappeler, la féodalité, dans la France de 1789, est sinon agonisante, du moins menacée. On peut, pour en apprécier à la fois l'existence et les limites, confronter le système qui caractérise la France aux deux autres

1. C. Mazauric, *Sur la Révolution française*, p. 119-134 (18*).
2. Colloque de Toulouse (nov. 1968) sur *l'Abolition de la féodalité*.

* Le chiffre entre parenthèses renvoie à la bibliographie finale.

modèles de régime agraire que décrirent Henri Sée, et à sa suite Georges Lefèbvre [1].

En premier contrepoint s'affirme une Angleterre déjà émancipée, où les paysans — ceux qui restent — sont libres, dans le cadre d'une agriculture déjà capitaliste; autre référence, le monde du régime domanial couvre toute l'Europe centrale et orientale, où loin de régresser il s'affirme parfois de plus en plus lourdement (Russie de Catherine II). Ici, le domaine du grand propriétaire aristocrate — boyard, magnat, junker — l'emporte largement en étendue, il est mis en valeur par les corvées d'une paysannerie serve.

Par rapport à ces deux références, l'originalité française éclate. Le régime à la française est moins évolué qu'en Angleterre : libre le plus souvent de sa personne, la paysannerie reste soumise à un prélèvement dans le cadre du système seigneurial; d'autre part, petite et moyenne paysanneries sont autrement vivantes qu'outre-Manche. C'est une différence aussi par rapport au régime domanial : propriétaire d'une fraction non négligeable du sol, le paysan ne subit plus la corvée que comme une charge relativement très légère. Le régime juridique de la propriété foncière exprime, dans sa diversité, cette situation intermédiaire : il n'y a plus beaucoup de « tenures serviles », mais inversement, la terre libre de toute charge et de toute entrave, l'« alleu », reste minoritaire, sauf en certaines régions : elle a reculé au nom de l'axiome « nulle terre sans seigneur ». Mais dans la terre des seigneurs, depuis la dissolution du système médiéval, on distingue le domaine proche, ou « réserve », que le seigneur fait valoir par lui-même, et dont il a conservé la propriété pleine et entière, et le domaine utile, les « mouvances » sur lesquelles il ne garde qu'un droit éminent, lointain, sanctionné cependant par le paiement de redevances, mais dont la propriété véritable revient à un autre — paysan ou non — qui peut la vendre, ou la transmettre en héritage. L'originalité du système par rapport au régime domanial est le poids minoritaire des « réserves » seigneuriales dans l'appro-

1. Henri Sée, *Histoire du régime agraire en Europe*... — G. Lefèbvre, « La Révolution et les paysans » (74, 12).

priation globale du sol : un quart peut-être de l'ensemble, on le verra.

La condition juridique des paysans confirme cette situation : la paysannerie française est, à 95 %, une paysannerie libre de sa personne. Il subsiste des serfs et « mainmortables », un million peut-être. Le « serf de corps » que l'on peut ramener de force s'il s'évade, en fonction du « droit de suite », est en voie de disparition. Mais les mainmortables, plus libres de leur personne, pénalisés dans leurs biens s'ils quittent la terre, subsistent encore dans certaines régions du centre de la France et de l'Est (Franche-Comté).

Le réseau des droits seigneuriaux.

L'essentiel du régime seigneurial et du régime féodal, de ce « complexum feudale » des juristes, s'exprimera donc en redevances, en prélèvements, ce qui n'est point dire pour autant que ce soit une charge légère.

Dans le cadre du régime *féodal* au sens strict, se distinguent les charges qui pèsent sur les tenures nobles ou terres de fief, de celles qui pèsent sur les terres roturières ou censives. Les premières pérennisent les anciennes obligations du vassal à son suzerain, alors même que le « vassal » est devenu un bourgeois — voire un paysan. Vient-il à vendre, ou transmettre par héritage : il paie ces droits de mutation — relief, rachat, quint — assez avantageux au seigneur pour définir ce qu'on appelle les « fiefs de profit » par opposition aux « fiefs d'honneur » où le suzerain a droit à l'hommage et rappelle sa présence par l'« aveu et dénombrement » périodiquement passé.

Les terres roturières ont leurs charges spécifiques. Certaines sont périodiques : le « cens » perçu en argent et, bien souvent, de ce fait, réduit par les avatars du mouvement des prix à bien peu de chose; il n'en va pas de même pour les droits en nature, calculés en fonction de la récolte : ainsi le champart, ailleurs appelé carpot, terrage, agrier, tasque dans le Midi, dont l'ampleur varie, suivant les lieux, du vingtième au cinquième de la récolte. A côté de ces droits périodiques, il existe des droits casuels, perçus lors des mutations : ces « lods et ventes » dont on dénonce la lourdeur.

On range dans les droits ressortissant au régime *seigneurial* ceux qui proviennent du démantèlement de la puissance publique autrefois usurpée. Les droits de justice en témoignent particulièrement, qu'on hiérarchise en haute, moyenne et basse justice. La haute justice — autorisant à juger des causes « de sang » — et symbolisée par le droit d'ériger une potence, est devenue une rareté, mais en certaines régions les basses justices, remises au juge du seigneur, prolifèrent et sont jalousement défendues comme source de revenus. On serait tenté de passer sur les droits honorifiques : les armoiries, la place dans les cortèges, le « banc d'œuvre» réservé au seigneur de l'église, mais à tort, car ces marques symboliques de domination sont très vivement ressenties et attaquées. Ces facteurs ne sont pas mineurs : on le sent aussi en dénombrant les droits « utiles » qui complètent le régime seigneurial. Certains sont en voie d'extinction : ainsi le droit de guet, ou de garde. D'autres, relativement limités, n'en sont pas moins lourdement ressentis : ainsi la corvée, différemment calculée (réelle ou « personnelle »), rarement supérieure à une douzaine de jours par an — peu de chose si l'on songe au paysan russe, trop encore pour une paysannerie sensible à l'arbitraire de cette servitude. Elle dénonce aussi l'absurdité vexatoire des banalités : obligation d'utiliser, contre paiement, le moulin, le four ou le pressoir du seigneur. Le droit de ban s'exerce au profit du seigneur, il lui donne l'autorité de décider de la date des vendanges ou de la fauchaison, le banvin l'autorise à vendre le premier le vin de sa récolte. Les péages seigneuriaux ont presque disparu : mais on perçoit encore les droits de foire et de marché. Enfin les droits de chasse, de pêche et de colombier, privilèges du seigneur, sont âprement dénoncés, on évoque le pillage des pigeons, et les ravage de la chasse seigneuriale.

Au-delà de cette confusion de droits enchevêtrés, ce qu'il importe de connaître, c'est sans doute le poids de ce prélèvement seigneurial : thème de recherches en cours [1]. Les données discontinues dont on dispose témoignent de contrastes marqués : dans le Midi où le régime seigneurial est faible, il peut représenter,

1. Voir l'état de la question dans le récent cahier du C.E.R.M., *Sur le féodalisme* (46).

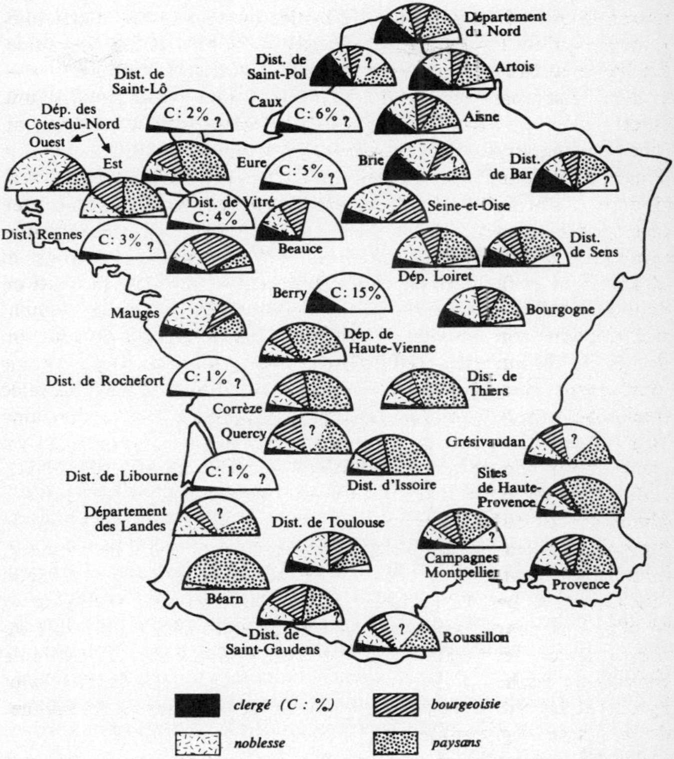

Fig. 1. *Quelques données sur la répartition du sol en France à la fin de l'Ancien Régime.*
N. B. Pour certains sites on ne dispose que du pourcentage du clergé. Pour d'autres, les auteurs n'ont pas distingué paysans et bourgeois. Il va de soi que ce piquetage n'offre que des suggestions et des ordres de grandeur.

semble-t-il, 3 à 4 % du produit brut, parfois moins. Au contraire, en Bretagne, ou en Bourgogne et sans doute dans tout le Nord-Est, il semble extrêmement lourd. Plusieurs France s'opposent ainsi et le contraste est vif de cette zone défavorisée qui va de la Bretagne à la Marche et à la Franche-Comté, et d'un Midi qui commence juste au sud, à une Auvergne où les alleux fourmillent, et qui confirme sa personnalité dans le monde méditerranéen.

Contrastes géographiques, contrastes chronologiques aussi : constatons avec E. Labrousse [1] que le prélèvement seigneurial pénalise la mauvaise année, la mauvaise récolte qui le fait plus lourd encore relativement qu'à l'accoutumée. Le prélèvement seigneurial, pièce majeure d'une « féodalité » dont on a mesuré l'ampleur et les limites, en vient à être l'un des aspects les plus significatifs, mais en même temps les plus compromis du « féodalisme », mode de production fondé sur la rente foncière, et qui demeure, sans conteste, dominant.

Monde de la rente : répartition de la propriété.

Les droits féodaux et seigneuriaux ne sont qu'une des pièces du système, le noble n'est qu'une des images « privilégiées » du rentier. La dîme, versement d'un dixième en moyenne des récoltes, destinée originellement à assurer les frais du culte, s'adjoint d'autant plus facilement au réseau des prélèvements d'Ancien Régime que son produit ne profite pas toujours — il s'en faut — à ses destinataires naturels : le « gros décimateur » plus que le desservant de village est bien souvent le chapitre ou l'abbaye qui nomme à la cure; parfois aliénée comme une rente ordinaire, la dîme « inféodée » s'intègre souvent dans les revenus de la seigneurie. Et puis il y a la rente foncière, multiple, juxtaposant formes anciennes et archaïques.

A qui appartient la terre? On est loin de le savoir partout avec précision et les contrastes considérables d'un lieu à l'autre rendent hasardeuse toute généralisation. Dire qu'en gros la noblesse doit disposer de 20 à 25 % du terroir français, le clergé de 6 à 10 %, la bourgeoisie de 30 % peut-être, et les paysans de 40 à 45 %, c'est

1. E. Labrousse, *La Crise de l'économie française...* (66).

gommer sans doute abusivement des contrastes régionaux très marqués. On peut en juger dans le cas du clergé grâce, si l'on peut dire, à l'expropriation complète qu'il a subie sous la Révolution. C'est dans le Nord et dans les plaines du Bassin parisien que sa richesse s'affirme le plus, atteignant 20 à 40 % dans les plaines du Nord ou de l'Ile-de-France; cette proportion s'abaisse dans le Nord-Est, et plus encore dans l'Ouest bocain : elle est faible (1 à 4 %) dans la majeure partie du Massif armoricain; cette discrétion se confirme encore dans les montagnes, elle est très marquée, sauf exception, dans le Midi aquitain ou provençal. La propriété nobiliaire confirme ce déclin tendanciel du Nord vers le Midi. C'est dans les plaines autour de Paris que ses implantations sont les plus massives : jusqu'à 70 % autour de Versailles, 30 à 40 % ailleurs. Dans le Nord comme en Bourgogne, la noblesse détient le tiers des terres; dans l'Ouest, le quart ou à peu près. Lorsqu'on aborde la moitié sud de la France, cette part se réduit sensiblement, avoisinant 15 à 20 %. La présence d'une ville de noblesse parlementaire la fait occasionnellement remonter sensiblement (Toulouse : 45 %). Même inégalité accentuée par l'inégale distribution des villes et de leur rayon d'influence caractérise la propriété bourgeoise : autour des cités de quelque importance, elle atteint sans peine 50 % ou plus; dès qu'on s'éloigne, le taux est plus modeste.

Par le cumul de ces propriétés non paysannes, l'implantation terrienne des ruraux se présente très inégale d'un lieu à l'autre : l'Aquitaine nous fait passer ainsi de 22 % de terres paysannes autour de Toulouse... à 98 % en Béarn. La moyenne nationale de 40 % apparaît comme le compromis d'une implantation modeste (un tiers) dans la moitié nord de la France, et de la primauté souvent incontestée des démocraties rurales montagnardes du Plateau central aux Alpes, la possession indivise des communaux renforçant ici le poids de la propriété individuelle. En résumé, le faire-valoir direct n'est que rarement très minoritaire, dans un pays où la propriété paysanne est respectable : il va de soi qu'il faut tenir compte du nombre des parties prenantes par catégorie.

Formes d'exploitation du sol.

Dans cette grosse moitié du sol qui échappe aux paysans, les modes d'exploitation jouent un rôle déterminant. Dans les régions en marge du royaume primitif — Bretagne, Aquitaine, Sud-Est —, c'est un fourmillement de statuts archaïques, intermédiaires entre les liens de dépendance anciens et le faire-valoir indirect de type moderne : albergement ou locatairerie perpétuelle dans le Sud-Est, casement en Gascogne, bordelage en Nivernais ou Bourbonnais, tenure en quevaise ou domaine congéable en Bretagne, autant de statuts divers, inégalement avantageux pour l'exploitant, qui associent souvent une stabilité réelle, héritée de l'ancien lien du paysan à la terre, à la lourdeur des redevances.

Quel que soit le poids réel de ces formes de transition archaïsantes, ce sont les formes de tenure de type moderne, fermage et métayage, qui l'emportent de plus en plus. Le fermage, ou arrentement, paiement annuel durant la durée du bail d'un revenu fixe en argent ou en nature, caractérise les pays riches, où l'exploitant aisé peut se permettre d'affronter une ou plusieurs années de vaches maigres... pour mieux profiter des bonnes récoltes; le métayage ou mégerie, bail à part de fruit, caractérise l'économie précaire des régions pauvres. La frontière des deux modes de faire-valoir délimite deux France : la France riche des plaines de grande culture est celle du fermage; la métairie, sous des formes diverses, trouve son terrain d'élection dans le Sud-Ouest. Il est des terroirs mixtes où les deux formes coexistent — ainsi la Provence; de même la frontière se révèle parfois fluide : en Lorraine les alternances de prospérité et de marasme font avancer ou refluer la limite du fermage.

De cette morphologie sur le terrain, on doit passer à un autre type de mesure : que représente la rente dans le revenu des individus comme des collectivités? Elle est en tous points prépondérante : prélèvement seigneurial et rente foncière de type moderne s'associent tout un réseau de formes annexes, marginales et en même temps omniprésentes : les rentes constituées, singulièrement sous la forme que cet Ancien Régime appelle au sens strict « rente foncière », en l'espèce une rente perpétuelle dont est grevé un bien-fonds, se trouvent en foule dans tous les patrimoines notables.

Dans quelques sites, on est à même de mesurer l'ampleur du capital foncier : ainsi à Toulouse, l'aristocratie nobiliaire étudiée d'après les sources notariales[1] apparaît-elle détenir 71 % des biens ruraux, 68 à 85 % des rentes, 63 % des effets mobiliers. Dans la France de 1789, incontestablement, la rente l'emporte encore sur le profit.

On comprend dès lors la force d'attraction du modèle social que représente l'aristocratie, ou plus largement le propriétaire. Pour la bourgeoisie productrice, l'ascension sociale s'exprime en termes d'investissements fonciers, et de passage à l'oisiveté rentière; un type social original prend naissance, celui du « bourgeois » roturier, vivant « noblement » de revenus essentiellement fonciers. A un degré supérieur, on cherche mieux et plus : l'acquisition de terre noble d'une part, puis l'accès à l'aristocratie par les voies de l'anoblissement sont le couronnement de toute ascension sociale. Le féodalisme, à la veille de la Révolution, façonne encore la majeure partie des comportements, dans les groupes mêmes qui sont destinés à mener l'attaque contre lui.

Monde paysan : vie collective.

Ainsi largement défini, le féodalisme s'appuie sur le primat d'un monde rural encore largement majoritaire. L'univers des dominés à la fois s'oppose à celui des dominants et le complète.

Il a pour lui son poids : démographique, économique, et son organisation dans le cadre d'une société paysanne séculairement structurée. Au décompte des hommes, comme à celui des revenus, ce monde rural pèse lourd. La France compte sans doute quelque 26 millions d'habitants à la fin de l'Ancien Régime : la population rurale en représente 85 %, pour les 2/3 au moins paysans.

Cette importance se trouve mise en forme par les rythmes et les structures d'une vie collective strictement réglée. Le paysage rural et l'habitat, dans leur stabilité, en dictent les lois. Ils opposent la France des plaines de grande culture, des champs ouverts en lanière et de la mise en œuvre intensive, qui couvre les étendues du Nord et du Bassin parisien, au bocage de l'Ouest, adapté au

1. J. Sentou, *Fortunes et groupes sociaux à Toulouse...* (40).

primat de l'élevage, et à un individualisme agraire plus poussé, comme au Midi méditerranéen, des champs irréguliers souvent complantés de vignes et d'arbustes, et aux terroirs montagnards où prédomine la « montagne » d'appropriation collective : dans sa variété, le terroir français donne une place inégale aux « manses » (ou aux mas, selon l'endroit où on va les chercher), ensemble de l'habitation et des terres riches et clôturées qui l'entourent, aux terres labourables, et à l'entour aux terres « vaines et vagues », pâtures, landes, broussailles et forêts. Dans tous les cas, l'organisation de l'espace requiert une discipline collective précise dans le cadre de la paroisse. Unité de vie municipale, surtout dans le Midi, partout unité de vie spirituelle autour de l'église : la communauté paroissiale règle les pratiques et contraintes collectives qui soudent la cohésion du groupe, principalement dans les pays de champs ouverts de la France du Nord. La rotation des cultures dans le cadre de l'assolement triennal, la pratique de la vaine pâture sur la jachère périodique, le troupeau communal qui en est le complément, autant de rites vitaux. Puis il y a la gestion collective des communaux, les coupes de bois, souci majeur dans les régions montagnardes. L'Ouest bocain ou le Midi individualiste partagent à un moindre degré ces pratiques, mais on y retrouve le « ban » des vendanges ou de la moisson.

Sociétés paysannes.

Le groupe paysan, à première vue homogène, n'en est pas moins structuré très différemment suivant les régions. Si l'on veut décrire en quelques traits cette société rurale beaucoup moins monolithique qu'il ne paraît, on peut prendre comme point de référence la structure commune, à quelques nuances près, aux plaines de grande culture. Ici le clivage majeur se fait selon l'accès au moyen de production essentiel : l'attelage et la charrue, conditions d'un train de culture minimum. C'est ce critère plus encore que la propriété qui définit le « laboureur », exploitant généralement en faire-valoir mixte ses terres et celles qu'il tient en fermage. Le fermier, riche laboureur, n'a pas besoin d'être propriétaire pour tenir le haut du pavé, par la concentration des terres d'autrui. Au-dessous, le petit exploitant souvent propriétaire appelé « personnier » ou « haricotier », le plus souvent « ménager », forme la transition avec le groupe des manouvriers, propriétaires parcellaires, qui louent leur force de travail pour compléter leur revenu. Les journaliers sans terre constituent la strate inférieure de cette société. Les termes, comme la stratification fondamentale, se retrouvent dans la France de l'Est et la Bourgogne ; mais avec cette nuance que l'introduction du métayage y fait paraître des personnages nouveaux — le « granger » ou le « colon », parfois coiffés d'un fermier général amodiateur. Dans l'Ouest armoricain, mêmes formes de transition : le laboureur domine une hiérarchie de petits propriétaires ou de métayers qui, du closier au bordager et au méthivier, s'échelonnent jusqu'aux niveaux les plus modestes de l'exploitation parcellaire. On s'achemine ainsi par degré vers un autre style de hiérarchie rurale, dont l'Aquitaine est le lieu d'élection, et dont le métayage est la clef. « Pagès » ou « bientenants », propriétaires souvent modestes en faire-valoir direct, s'y effacent en effet derrière les bordiers, tenanciers en métayage, qui coiffent toute une hiérarchie de métayers parcellaires (faisandiers), de salariés logés (méthiviers), de simples salariés (brassiers)... Dans sa hiérarchisation à la fois complexe et stricte, ce schéma se retrouve avec des variantes des Pyrénées au revers ouest du Massif central. Ici se présente cependant un autre type de société où les petits propriétaires dominent et où les communaux tiennent une place essentielle : type de démocratie rurale dont les Alpes comme le Plateau central offrent des exemples. Le Midi languedocien ou provençal ramène à un schéma apparemment beaucoup plus simple. Les deux personnages sont ici le ménager, exploitant indépendant en faire-valoir direct ou mixte d'une quinzaine d'hectares en moyenne, et le travailleur de terre, propriétaire parcellaire beaucoup plus modeste qui loue en outre sa force de travail.

Ainsi présentée dans sa diversité régionale, la société rurale apparaît, malgré ses personnages conquérants (le fermier du nord de la France souvent « coq de village »), dominée par le cloisonnement et la tradition. Mais n'est-ce pas l'impression aussi que l'on retire à l'examen de la production, comme de la technique agricoles ?

Un monde de l'inertie? Techniques et production.

Tradition dans les techniques et façons culturales, tradition dans les cultures pratiquées, faible rentabilité, autant d'éléments qui prouvent combien il serait impropre de parler déjà de Révolution agricole. L'agronome Duhamel du Monceau peut écrire en 1760, avec peut-être quelque exagération : « Ce royaume a près de moitié de son terrain en friche, l'autre moitié est si mal cultivée en général qu'elle rapporterait au moins le double si elle était travaillée convenablement. »

Vrai ou faux? Il est vrai que l'outillage agricole reste traditionnel : la charrue l'emporte dans la moitié nord de la France, mais l'araire devient le moyen presque exclusif d'égratigner la terre, à partir de l'Anjou, du Limousin, du Berry et du Lyonnais. Le débat le plus révélateur en ce domaine oppose la moisson à la faux à la moisson à la faucille. La première n'est pas inconnue dans les plaines de grande culture, mais si les laboureurs y sont favorables, les pauvres des campagnes défendent la faucille qui leur donne du travail plus longtemps et laisse plus à glaner à leurs femmes... De tels blocages, où l'économique, le social et le mental se mêlent, se rencontrent à tous les niveaux. Si l'on passe de l'outillage à la production, on la trouve dominée en tous lieux par le souci des « bleds », qui impose une culture céréalière de subsistance. Devant cet impératif, les cultures nouvelles progressent lentement. Il y a certes eu, dans le Sud-Ouest, une véritable « révolution du maïs », puis la vigne, culture commercialisable, a connu un essor incontestable; la garance dans le Midi provençal et comtadin témoigne des premiers pas d'une agriculture nouvelle... mais l'introduction dans une rotation continue des assolements nouveaux dans les plaines de grande culture (plantes et racines fourragères) reste localisée et surtout vue avec suspicion. Les faibles rendements sont le résultat de procédés archaïques, d'une terre peu engraissée parce que l'élevage demeure second; combien de régions qui récoltent, comme on compte alors, à 2 ou 3 pour 1, le grain semé!

Dans sa stagnation, ou du moins dans sa croissance très lente, l'économie rurale est à l'image de ce monde de la rente, de ce mode de production du féodalisme, qui ne postule pas la reproduction accélérée des richesses. Mais cela ne va-t-il pas changer?

Tensions dans le monde rural.

Si, les choses changent; mais pas toujours dans le sens du progrès, et pas toujours où on le souhaiterait : la lenteur de l'amélioration des façons culturales contraste avec l'apparition de tensions et de problèmes nouveaux à la campagne. Pour lutter contre la paupérisation relative dont elle se sent menacée, la noblesse propriétaire inaugure, dans la seconde moitié du siècle, le mouvement que l'on a dit de « réaction seigneuriale » : combat en retraite, d'autant plus âprement mené.

C'est une lutte sur tous les fronts. Au plan du prélèvement féodal, un mouvement de réfection des livres et plans terriers, ces documents qui comptabilisent les obligations paysannes, se généralise dans les dernières décennies; des « feudistes » ou commissaires à terriers s'efforcent de faire revivre les droits tombés en désuétude. Aussi à la fin de l'Ancien Régime, le poids des droits féodaux et seigneuriaux est-il particulièrement odieux; et puis, qu'une mauvaise récolte advienne : il leur « suffit alors d'exister » (E. Labrousse) pour être ressentis de façon insupportable.

Du prélèvement féodal à la propriété, l'attaque aristocratique se développe dans une noblesse soucieuse de revenus, et parfois de rendement; on multiplie les opérations de « triage » et de « cantonnement » par lesquelles le seigneur impose à la communauté le partage autoritaire des communaux, surtout précieux aux pauvres : qu'il mette la main sur les deux tiers ou se « contente » du tiers, il apparaît comme odieux à son antagoniste collectif, le groupe des paysans, qui n'ont à se partager que les miettes.

Enfin, voici que le régime de l'exploitation lui-même subit une évolution significative : le mouvement des « grandes fermes » affecte la France riche des plaines de grande culture, et se marque par la concentration de l'exploitation aux mains de gros fermiers, interlocuteurs valables souhaités par la classe propriétaire. Mais le laboureur moyen y voit la destruction des corps de ferme, et la difficulté de placer ses garçons. Dans la France pauvre du métayage dominant, un personnage s'impose pour la même raison : c'est le « fermier général », qui prend à bail la perception des revenus annuels d'une aristocratie absentéiste. Doit-on préciser que cet intermédiaire sans souplesse et sans philanthropie n'est pas aimé en général?

Loin de régresser, le « système » semble ainsi s'alourdir dans les dernières décennies de l'Ancien Régime. Quelle est la portée de ce combat en retraite? Il faudra pour en juger insérer la réaction seigneuriale dans le cadre plus large de la réaction féodale.

2. Société d'ordres

Société d'ordres? On a pu parler du féodalisme, et en gros de la société rurale, sans trop y faire allusion. Simplement parce que, comme le note P. Goubert, ces mises en forme ne s'imposent pas à la campagne où les hiérarchies sociales se présentent au vrai; du laboureur au ménager, point n'est besoin de limite officielle, chacun sait ce dont il parle. Cela ne veut pas dire que cette seconde idée-force autour de laquelle s'organise notre présentation de l'Ancien Régime social ne soit intimement liée à la première : on verra comment.

Une polémique actuelle.

Cette structure en ordres, que l'approche de la Révolution porte aux avant-postes de la polémique, n'apparaît si importante que parce qu'elle coiffe tout un réseau de représentations collectives, qui font de la société un système hiérarchisé, où les ordres eux-mêmes se subdivisent en « états », et dont toute considération sociale dépend. Cette échelle des honneurs, loin d'être... honorifique, comporte des privilèges bien réels, qu'ils soient politiques ou fiscaux; elle est vivement ressentie au niveau des relations sociales vécues.

On comprend bien que pour certains auteurs contemporains (R. Mousnier [1]) cette classification révèle mieux que tout autre mode de classement l'état au vrai d'une société telle qu'elle se présente à elle-même. Dans son tableau des « hiérarchies sociales », R. Mousnier place la France d'Ancien Régime au rang des « sociétés d'ordres » qu'il oppose aux sociétés de classes, comme aux sociétés de castes. Il ne manque pas de documents pour authentifier cette lecture : anciens, mais non désuets, des ouvrages comme le *Traité des ordres* de Loyseau exposent l'agencement des estimes qui structure cette société.

A ce schéma qui souhaite refuser tout dogmatisme pour « coller » au plus près aux réalités ressenties comme telles par les contemporains, d'importantes objections ont été présentées : Pierre Goubert s'interroge pour savoir si l'on ne touche pas là une « vision traditionnelle » plutôt que des « réalités profondes », si ce n'est point là la société traditionnelle « telle qu'elle se voyait » stratifiée en corps, alors que les historiens la reconnaissent constituée en classes [2].

Ce n'est point prôner un compromis petit-bourgeois que de penser, avec R. Robin [3], qu'il y a entre les deux visions possibilité pour une interprétation plus satisfaisante peut-être : considérer que les « états », statuts juridiques inégalitaires, sans s'identifier complètement aux classes dans ce mode de production féodal, remplissent cependant une fonction essentielle qui va au-delà d'une simple fiction, puisqu'elle cautionne et met en forme les hiérarchies qu'elles sécrètent.

Reste que la période envisagée présente l'affrontement d'une structure ancienne — structure de *classes*, mais coulée dans le moule d'une société d'*ordres* — et des classes à l'état pur du nouveau système capitaliste naissant. Affrontement qu'il serait très inexact et sommaire de concevoir simple : de l'un à l'autre monde, des formes de pénétration multiples existent, les statuts mixtes foisonnent, les « ordres » de l'Ancien Régime se révèlent à nous, dans toute leur ambiguïté.

1. R. Mousnier, *Les Hiérarchies sociales...* (50).
2. P. Goubert, *L'Ancien Régime* (43).
3. R. Robin, *La Société française en 1789...* (59).

Ordre par excellence : la noblesse.

Second ordre en droit derrière le clergé, la noblesse est le premier en fait, et peut-être le seul qui ait une homogénéité réelle. Elle répond à une définition économico-sociale sans ambiguïté véritable, formant le noyau de la classe rentière, et bénéficiaire majeure du prélèvement féodal. Tout un ensemble de privilèges, politiques, fiscaux, juridiques, sanctionnent cette prééminence de fait; classe et ordre, ici, dévoilent une complicité réelle.

Ce groupe dominant, que représente-t-il? : 80 000 personnes, 400 000? S'il faut trancher, disons 300 000 peut-être, soit 1,5 % de la population globale. C'est que, malgré les apparences, la noblesse se délimite difficilement. Elle n'est pas cette élite de la richesse et du pouvoir que représente avec souplesse la « gentry » anglaise, mais inversement, elle est loin de se réduire à la définition stricte que l'ordre donne de lui-même. L'incontestable noblesse, c'est celle qui se transmet par filiation masculine : « Il y a dans les semences je ne sais quelle force et je ne sais quel principe qui transmet aux enfants la vertu de leurs parents. » Noblesse de « race » donc, qui se cherche des confirmations historiques : les nobles ne sont-ils point les descendants des guerriers francs? En fait, seule une petite minorité peut faire remonter sa noblesse à 1550 ou même à 1400; le plus souvent l'anoblissement s'est fait par lettres royales, moins libéralement vendues qu'on ne l'a dit parfois, et plus fréquemment par les charges dites « anoblissantes » : offices de robe, judicature, finances... procurent à ceux qui y accèdent une noblesse tantôt héréditaire et transmissible, tantôt personnelle, c'est-à-dire viagère. Cette noblesse d'acquisition n'est pas la plus réputée, on s'en doute, et l'on glose un peu sur la noblesse de « cloche » des consuls ou échevins. Puis il y a tout simplement la noblesse acquise par abus et usurpation, sanctionnés par prescription séculaire. Cette noblesse, on la perd par dérogeance en se livrant à une activité productive non noble. Outre les carrières militaires et le service du roi, seules quelques professions ne « dérogent » pas : maître de forge, ou maître verrier par exemple, de même que le grand commerce. De ces stratifications résulte un groupe composite et uni à la fois. En tête les « grands », princes ou grands seigneurs, noyau de la noblesse de cour qui se concentre à Versailles, et dans laquelle il faut être « présenté ». Les fortunes des plus apparents sont impressionnantes : un revenu annuel de 6 800 000 livres pour le duc d'Orléans, 3 700 000 pour le prince de Conti. Cette grande noblesse a des prétentions : c'est dans ses rangs que se recrute le groupe de pression du « parti de la cour », elle cueille à la source pensions, grades et gratifications. C'est peut-être à elle que la définition classique du XVIIIe siècle, comme temps de la « douceur de vivre », s'applique le mieux. Elle est très libre dans ses mœurs, encore que le personnage du roué ne soit plus à la mode, mais sa liberté d'allures est souvent émancipation de surface; elle est surtout fragile. Par un train de vie au-dessus de ses moyens, par l'endettement... L'ampleur même de besoins inconsidérés la rend singulièrement dangereuse pour cet Ancien Régime finissant auquel elle s'accroche, en contribuant à l'asphyxier.

Plus structuré, moins riche individuellement, mais combien plus solide, apparaît le groupe de la noblesse parlementaire! Lointainement ces gens sont sortis de la roture, souvent du négoce, et leur noblesse n'a pas deux siècles en général mais ils y tiennent, et ils ont, la plupart du temps, fermé la porte : il faut être noble pour pénétrer dans la plupart des parlements de province. Ajoutons qu'une charge coûte très cher et rapporte relativement fort peu. Dans cette caste parlementaire, l'esprit de corps l'emporte sur toutes les nuances locales. On se marie entre soi, on vit identiquement. La propriété foncière souvent considérable (qu'on songe aux vignobles bordelais et bourguignons) assure un revenu important; la stabilité, la bonne conscience de ces milieux font plus qu'agacer parfois : ceux qui dénoncent la « caste » s'appellent Voltaire, Mirabeau... ou Sade. Pour être fermés, ces groupes ne sont pas ignorants : Montesquieu à Bordeaux, ou le président de Brosses à Dijon témoignent individuellement de la culture d'un groupe, que l'analyse des bibliothèques ou l'appartenance aux sociétés savantes révèle à la pointe du savoir.

Dans la hiérarchie descendante des groupes nobiliaires, la petite et moyenne noblesse de province apparaît multiple. On a souligné à juste titre l'existence d'une « plèbe » nobiliaire, dont les nobles poitevins qui se rendirent en blouse en 1789 à la convocation de leur ordre ne sont que les exemples extrêmes. Mais, statistiquement parlant, c'est encore la moyenne noblesse qui l'emporte. Sa fiche type s'établit sans grands détours. Oisive (mais souvent le chef de famille a servi), elle dispose d'une centaine d'hectares au moins, souvent plus, et vit du revenu foncier de ses tenanciers, comme des droits seigneuriaux que rapportent une ou plusieurs seigneuries, elle a château aux champs et hôtel en ville.

A la moyenne ou petite noblesse de tradition se juxtapose, sans s'y fondre, la noblesse de robe ou de cloche dont on a parlé : identique dans son mode de vie, comme dans son revenu, elle peut être symbolisée par le personnage du conseiller-secrétaire du roi que le moindre bourg de quelque importance offre en plusieurs exemplaires.

La réaction nobiliaire.

A la veille de la Révolution l'ambiguïté de la condition nobiliaire éclate, mais reste plus apparente que réelle. Certes l'ordre est ouvert, d'une certaine façon, et les filières de l'ascension à l'instant suggérées indiquent comment on peut devenir noble en trois générations — le grand-père négociant, le fils conseiller secrétaire du roi, le petit-fils conseiller en parlement. Complémentairement, nous ne pourrons passer sous silence que cet ordre s'intéresse, de plus en plus, dans ses groupes les plus dynamiques, à de nouveaux placements : spéculation immobilière sur la propriété bâtie parisienne, parts d'armement à Nantes ou à Marseille, participation dans les mines ou dans les forges, qui le sortent de cet univers de la rente foncière séculairement le sien, pour l'intégrer dans un univers bien différent. Mais cette attitude est loin d'être le cas général; c'est du sceau de ce qu'on appelle la réaction aristocratique, forme agressive du refus, qu'est marquée la seconde moitié du XVIIIe siècle. On en a vu les composantes agraires : essentielles, elles ne sont pas tout, cependant.

La réaction nobiliaire ou aristocratique s'installe dans la seconde moitié du siècle, s'aggrave dans les dernières décennies. On la décèle à certains indices. Dans les cadres supérieurs du gouvernement du royaume, c'en est fini de ce que Saint-Simon avait nommé, parlant de Louis XIV, « un long règne de vile bourgeoisie » :

secrétaires d'État, grands commis, intendants de province appartiennent de plus en plus à une noblesse confirmée. Dans l'Église, le dernier évêque roturier, l'abbé de Beauvais, est nommé dans les années 70, et les grands chapitres des cathédrales se ferment aux bénéficiers non nobles.

Dans l'armée, ce mouvement trouve sa sanction officielle : ce moyen d'ascension sociale, jusqu'au milieu du siècle, où le service anoblissait, n'anoblit plus à la suite des instructions du maréchal de Belle-Ile (1758) et surtout de l'édit de Ségur (1781) qui ferment aux roturiers l'accès direct au grade d'officier. Les tensions sont vives, dans la troupe comme dans la marine, où les officiers nobles du « grand corps » — les habits rouges — s'opposent aux roturiers, plus savants mais subalternes — les bleus. La fermeture de l'ordre de la noblesse débouche sur un affrontement de classes sans ambiguïté.

Le clergé : structures et fonctions.

Le clergé est-il le premier ordre du royaume, comme on le dit officiellement, ou n'en est-il pas un du tout, comme le pensent ceux qui insistent sur sa hiérarchie contrastée, ou qui n'y voient qu'une fonction, voire un service public? Dans son ambiguïté, le cas du clergé illustre à la fois et contraint à remettre en cause tout le schéma d'une société d'ordres.

Aisé à délimiter, comme à définir, il présente une structure articulée : numériquement, on peut l'apprécier à 130 000 personnes, 2 % peut-être des Français. Moitié de religieux, là-dessus, constituent le clergé régulier, pour deux tiers féminin. Mêlé au siècle, le clergé séculier exerce les fonctions de la paroisse : il est scindé en deux groupes bien inégaux, l'état-major des évêques, chanoines des chapitres cathédraux ou collégiaux (8 000 en tout peut-être) et le groupe massif des ecclésiastiques, curés, vicaires, chapelains, sans oublier la foule des « prêtres habitués » qui vont glanant les messes sans se rattacher à aucune paroisse.

Un ordre? Une fonction aussi, bien sûr: et même plusieurs, dont le cumul ne peut étonner qu'en fonction de notre vision actuelle. Le clergé veille au salut des âmes, soit en assurant le culte, soit par la vie contemplative des réguliers. En ce domaine, qui semble aller de soi, une date charnière se place à la veille même de la Révolution, avec l'Édit de tolérance de 1787. En accordant l'état civil aux réformés, et en sanctionnant une tolérance de fait durement gagnée depuis 1750 par les protestants, cet édit est la première brèche opérée dans le privilège de la religion catholique comme religion du royaume.

En second lieu, les registres paroissiaux tenus par les curés font office de l'état civil moderne, l'enseignement est quasi-monopole de clercs dans les collèges, où les oratoriens se sont substitués aux jésuites, comme dans l'enseignement « primaire » au moins urbain, pour l'essentiel aux mains de congrégations; enfin l'assistance et la charité restent très liées aux structures de la vie religieuse.

A ce niveau, c'est plus que d'une fonction qu'il faut parler : le clergé est une institution. L'ordre a son indépendance et ses privilèges, qui sont de grande importance. L'indépendance paraît sans doute mesurée, si l'on considère comment se recrute l'ordre. Depuis le concordat de 1516 qui a réglé les rapports de la papauté et du roi vis-à-vis de l'Église gallicane, les bénéfices majeurs sont à la nomination ultime du pape sur un choix préparé par le roi et ses conseillers. Compromis incertain, laissant place à des chicanes séculaires autour des annates (une année de revenu d'un diocèse nouvellement pourvu) ou du droit de régale (les revenus d'un diocèse sans titulaire). A la veille de la Révolution, ces vieilles querelles semblent dépassées, mais d'autres systèmes et d'autres groupes de pression s'imposent ailleurs. Pour les bénéfices mineurs (curés, vicaires), la collation des grades revient généralement au « patron » successeur ou descendant du fondateur du culte, qu'il soit clerc ou laïc. Il est souvent clerc, abbaye ou chapitre. Les hiérarchies parallèles s'en trouvent renforcées dans l'Église, d'autant qu'au niveau intermédiaire (chapitres, par exemple) la cooptation l'emporte généralement, accentuant le caractère fermé du milieu.

Les privilèges de l'ordre sont réels, qu'ils soient judiciaires ou fiscaux. Les juridictions ecclésiastiques, les « officialités » tranchent non seulement des causes qui concernent les clercs, mais de certaines de celles qui intéressent les laïcs, en matière de mœurs notamment. Le clergé est exempt du commun des impôts que paient les non-privilégiés; il négocie avec la royauté le subside annuel qu'il lui verse sous le nom de « don gratuit » : des assemblées du clergé tenues tous les cinq ans en règlent la répartition. Le clergé-institution se révèle ainsi, pris dans son ensemble, comme une puissance considérable. Il est riche, et toute l'opinion éclairée suppute la fortune de l'ordre. Le clergé a non seulement des exemptions fiscales, mais il bénéficie du produit de la dîme qui, de toute ancienneté, était censée rétribuer l'exercice du culte. Sans doute a-t-elle été aliénée parfois comme une rente foncière, pour devenir « dîme inféodée » perçue par le seigneur. Surtout, ce ne sont pas toujours les desservants qui bénéficient de son produit : le « gros décimateur » ne laisse souvent au clergé local qu'une fraction, la « portion congrue », qui est fort maigre.

Puis le clergé est, on l'a vu, un très gros propriétaire. Qu'on s'arrête à 6 ou 10 % du terroir national pour la portion qui lui revient, c'est là un capital énorme : domaines campagnards ou maisons et terrains en ville en font le plus gros possédant du royaume.

Le monde des clercs : sa diversité.

Derrière ces constatations massives, l'ordre du clergé révèle son hétérogénéité, voire des cassures majeures : la plus évidente sépare le haut du bas clergé. Le haut clergé des prélats et chanoines est véritablement corps privilégié. L'épiscopat s'octroie parfois à des jeunes gens : Talleyrand devient évêque à trente-cinq ans, le cardinal de Rohan à vingt-six, et des familles (La Rochefoucauld, Talleyrand, Castellane) accaparent les places. Elles sont souvent fort rentables : Paris rapporte 200 000 livres, Narbonne 160 000 par an; il est vrai que les micro-évêchés du Midi n'atteignent même pas 10 000 livres en ce qui les concerne. L'image du prélat d'Ancien Régime qui s'élabore à partir de ces données trop exclusivement économiques doit être nuancée. Le prélat de cour, non résident, insolent dans sa richesse, sceptique en matière de religion (Loménie de Brienne), coexiste avec l'évêque-pasteur, charitable, régulier et dévoué (Mgr de la Marche, évêque de Saint-Pol de Léon). Beaucoup, en cette fin du XVIIIe, se font administrateurs attentifs au bien-être ou à la misère de leurs ouailles, ce qui est à la fois être fidèles à leur vocation et s'ouvrir à l'esprit du temps. On n'aime pas, en général, les chanoines des églises cathédrales et collégiales, dans leur attitude défensive de privilégiés nantis, ils font figure d'ennemis pour la majeure partie du clergé paroissial.

Autre monde : on a souvent souligné la misère des pasteurs opposée à l'opulence du haut clergé. L'image du prêtre famélique de campagne, réduit tragiquement à sa portion congrue, n'est point fausse, mais doit sans doute être nuancée. On revient un peu de nos jours de ce misérabilisme peut-être exagéré pour noter que le « bon prêtre » dont l'image s'élabore et qui sans doute s'impose au XVIIIe siècle par une régularité et une instruction qu'il n'avait jamais eues à ce point, est le plus souvent d'origine bourgeoise, plus urbaine que rurale, et qu'il dispose d'une certaine aisance [1].

Crise dans le clergé français?

La diversité et la force des courants idéologiques dans le clergé amènent, autant peut-être que les contrastes sociaux, à reconsidérer l'apparent monolithisme de l'ordre. Le bas clergé paraît à la veille de la Révolution comme façonné par toute une tradition d'affrontements dont la querelle janséniste a été le point de cristallisation. On pourrait croire que c'est déjà du passé : l'expulsion des jésuites et la dissolution de la Compagnie de Jésus en 1763 n'a-t-elle pas donné au jansénisme, brimé du siècle, une satisfaction quasi posthume?

Au niveau des idées-forces comme des attitudes, rien n'est oublié : une bonne partie du clergé français s'est trouvée renforcée dans le désir de défendre les libertés de l'Église gallicane, puis le dernier avatar d'un certain jansénisme, ou plutôt du « richérisme » qui en avait été le relais ou le substitut, s'investit dans une défense quasi « syndicale » des prêtres du second ordre. La polémique a changé d'esprit comme de thèmes.

Finalement, c'est l'impression de crise qui prévaut, en manière de bilan : affrontement localement très vif du bas et du haut clergé, inconfort ressenti par beaucoup , dans cet ordre qui n'en est pas un.

1. En particulier les travaux en cours de D. Julia sur le clergé paroissial au XVIIIe siècle.

La religion, question naïve, en souffre-t-elle? Dès maintenant, on doit relever les signes non équivoques d'un malaise. Nulle part il n'est plus net que dans le clergé régulier, le plus fragile sans doute; dans un siècle où la vie contemplative n'est plus à l'honneur, le déclin des ordres monastiques, surtout masculins, est flagrant. La « commission des réguliers » réunie en 1766 pour étudier le problème a fait prononcer par l'édit de 1768 fermetures ou réunions de couvents désertés; la chute s'en trouve précipitée puisqu'en vingt ans (1770-90) le nombre des religieux tombe de 26 à 17 000. En pleine mutation interne l'ordre du clergé témoigne à sa manière de la crise de la société d'ordres.

Le tiers état est-il un ordre?

Ne nous attendons pas à trouver ici une structure aussi affirmée qu'au monde des privilégiés. Dans sa définition même, toute négative, le « tiers état » n'est pas un ordre. Ce qui ne veut pas dire qu'on n'y rencontre pas les mêmes principes de hiérarchisation des groupes, ou des « états ». Mais, comme le fait remarquer P. Goubert, la stratification est d'autant plus lâche qu'on descend dans l'échelle sociale [1]. Dans les villes on ne saurait parler sérieusement d' « états » pour cette moitié environ de la population urbaine qui commence « au-dessous de l'artisan »; à la campagne, il y a certes une hiérarchisation fort nette des estimes : et le bourg provençal distingue soigneusement le ménager du bourgeois et du travailleur jusque dans la nature de ses fêtes : aux uns le tambourin, aux autres les violons. Mais ces stratifications recouvrent sans ambiguïté des statuts sociaux qu'on ne serait pas en peine d'exprimer en termes de classes.

Les corporations.

C'est dans la médiocrité des métiers urbains, le monde que l'on dit « de l'échoppe et de la boutique », que se découvre le schéma le plus net d'une structure adaptée à l'idéal de la société d'ordres, dans le cadre des corporations. Ces « communautés d'arts et

1. P. Goubert, *L'Ancien Régime* (43).

métiers », ainsi qu'elles se dénomment, se rencontrent dans la plupart des villes. Les métiers libres qui échappent à ce cadre n'ont plus d'importance que là où l'archaïsme (petits bourgs) ou au contraire le modernisme (grande cité comme Nantes) limitent la place des corporations. La corporation est un cadre strict, octroyé et confirmé par les autorités royales et municipales, elle comporte des statuts qui règlent l'accès dans ses rangs, les rapports entre les maîtres, les organismes de gestion et de police interne que sont jurés et jurandes. De l'apprenti au compagnon, dont l'état intermédiaire est défini dans sa durée et sa discipline, à la maîtrise, à laquelle on accède par le chef-d'œuvre lorsqu'on n'a point la chance d'être fils ou gendre de maître, un système se dessine dans sa rigidité. C'est que la corporation, monde clos, doit défendre son monopole, et les fronts de la lutte sont multiples. L'ennemi commence au voisin (pâtissiers contre traiteurs, drapiers contre merciers), mais il peut aussi se trouver dans les métiers libres « non corporés », qu'il s'agisse du négociant envahissant ou, à l'autre bout de la chaîne, du rival clandestin, l'artisan en chambre, ou « chambrelan »; puis, il faut se défendre aussi contre les compagnons et leurs coalitions, contre les pressions d'une fiscalité royale envahissante; pire encore : contre le progrès. Au nom d'un idéal qui n'est pas illusoire de l'ouvrage bien fait, s'exprime une hostilité croissante à l'invention, concurrente jugée déloyale au travail manuel : en 1736, on fait encore interdire la fabrication des bas au métier... A cette lutte incessante on s'épuise ou on se ruine : la corporation avait progressé tout au long du XVIIe siècle, le XVIIIe la voit en déclin. Elle se ferme : les droits de réception deviennent de plus en plus élevés, le chef-d'œuvre plus difficile, mais en même temps les communautés s'endettent et la royauté, responsable partielle de cette situation du fait de sa pression fiscale, commence à se détacher du système. Des économistes (Gournay) l'y poussent, des hommes d'État les suivent, Bertin et surtout Turgot qui inspire l'édit de 1776 sur la suppression des communautés au nom de ce « droit de travailler (qui) est la propriété de tout homme ». La chute de Turgot a amené la réorganisation, au moins partielle, des communautés, sur une base que l'on voudrait simplifiée, mais ce retour en arrière même, masque mal l'ampleur de la crise.

Des confréries aux compagnies.

La corporation, dans ses structures figées, est l'exemple type du groupement humain dans cette société d'ordres urbaine. On ne serait pas en peine de trouver dans l'entre-deux qui sépare le maître-artisan du simple gagne-deniers, d'autres formes d'associations : les réseaux, d'ailleurs, se recoupent ou se superposent. Ainsi les « confréries » professsionnelles, à la fois proches et distinctes des communautés, par leur vocation d'entraide et leur ouverture — bien limitée d'ailleurs — aux compagnons. Ceux-ci ont leurs groupements spécifiques, qui sont, pour leur part, parfaitement illégaux. Compagnons du devoir ou du devoir de liberté, solidarités cimentées par la pratique du tour de France, regroupent les salariés de certains métiers de tradition. Mais parallèlement, d'autres groupes, à mi-chemin entre la maîtrise du producteur indépendant et le salariat — ainsi ce « prolétariat de clientèle » dont les portefaix des ports et marchés sont le meilleur exemple —, tendent aussi à s'enfermer dans les cadres de métiers jurés qui défendent jalousement un monopole de travail.

Ce sont là associations spécifiques des professions « méchaniques »; on les connaît assez bien; mieux sans doute, du fait de leur organisation stricte; que ces « corps » ou « compagnies » qui leur font pendant dans les sphères supérieures des sociétés urbaines : officiers royaux, magistrats, avocats, notaires ou procureurs. Ce n'est point pourtant qu'on n'y rencontre un esprit de corps très nettement affirmé, une hiérarchie très stricte des estimes, dont l'intermariage recherché ou refusé donne la mesure.

Conclurons-nous? Cette société d'ordres peut paraître bien vivante à la fin de l'Ancien Régime. L'idée-force n'a pas perdu de son efficace, dans le jeu des attractions et des répulsions qui conditionnent la dynamique sociale. Elle inspire ce combat en défense que l'on appelle la réaction aristocratique, comme on la retrouve dans les doléances des artisans de métiers corporés. Le thème n'est pas seulement défensif. Dans l'ascension sociale du bourgeois type, en trois niveaux ou trois générations, la dernière voyant le passage à la noblesse, on peut mesurer l'attraction poursuivie d'un modèle social. La savonnette à vilains continue à bien se vendre.

Seulement le charme est rompu, parce qu'une société nouvelle est en train de naître, qui postule ce « libre contrat » incompatible avec les cloisonnements et les hiérarchies d'une société d'ordres. Ne disons pas qu'une société de classes est en train de se substituer à une société d'ordres [1] : les classes n'avaient pas à être inventées. Mais leur équilibre s'est modifié; la représentation collective qui codifiait l'ancien système est devenue inadéquate à la réalité.

3. Absolutisme

Controverses : l'absolutisme à la française.

Que l'absolutisme soit un des éléments majeurs de l'Ancien Régime, qui le niera? Ce serait nier l'évidence des faits : n'est-ce pas lui qu'on a voulu abattre? Mais dans quelle mesure se trouve-t-il partie intégrante de ce complexe socio-économique que nous avons symbolisé par deux idées-forces : féodalisme, société d'ordres? Le roi n'est plus, dira-t-on avec vraisemblance, le suzerain, chef de cette aristocratie guerrière puis foncière qui coiffe le système féodal, il prend ses distances vis-à-vis de la société d'ordres : écoutons Louis XV s'adresser au parlement de Paris le 6 mars 1766 dans la célèbre séance de la « Flagellation » : « ... Je ne souffrirai pas qu'il se forme en mon royaume une association... la magistrature ne forme point un *corps* ni un *ordre* séparé... C'est en ma personne seule que réside la puissance souveraine... C'est à *moi seul* qu'appartient le pouvoir législatif, sans dépendance et sans partage... » Les faits, semble-t-il, confirment les déclarations d'intentions : n'allons-nous pas voir débuter la Révolution française par la « révolte nobiliaire » d'une aristocratie soulevée contre l'absolutisme?

Pour poser au vrai le problème, il faut laisser un instant la parole aux controversistes, ceux du temps, ceux de notre époque. Au XVIIIe siècle, c'est le roi lui-même qui a répondu par la voix de Louis XV : il ne saurait être question pour la monarchie absolue

1. Pour cette mise au point, voir Mazauric, p. 112-113 (18).

de confesser un lien quelconque de dépendance, ni même de solidarité. Le roi est père de ses sujets, notion, toutes proportions gardées, égalitaire, même s'il cautionne la pyramide inégalitaire des ordres. Évidemment, il y aura le cri du cœur : Louis XVI, dans la mêlée révolutionnaire, refusant d'abandonner « sa » noblesse; celle-ci a-t-elle du moins été consciente d'une solidarité aussi compromettante? Là encore, il faut doser. L'aristocratie n'a cessé de récriminer depuis Saint-Simon et Boulainvilliers jusqu'à Montesquieu, nostalgiques des anciennes libertés comme de la suprématie aristocratique. Mais ce dernier lui-même, dans *l'Esprit des lois*, en vient à considérer la royauté comme une puissance autonome, au même titre que la noblesse (chambre haute) ou le peuple (chambre basse). Il cautionne ainsi l'idée du roi-arbitre, qui n'est pas particulière à la pensée aristocratique, mais va imprégner tout le courant philosophique, pour lequel « despote » est un mot haïssable, mais le monarque éclairé demeure la solution la plus souhaitable. Voix isolée dans ce concert, la grande anticipation de Barnave dans son *Introduction à la Révolution française* soupçonne déjà l'importance de la « distribution des richesses », mais conserve malgré tout son autonomie à cette « puissance royale » longtemps « opprimée par l'aristocratie ».

Les historiens, bien souvent, n'ont pas pensé autrement. La tradition d'un État arbitre n'a guère cédé de terrain, depuis Lavisse. Le renouvellement ou la mise à jour de problématiques voisines amènent à la remettre en cause. Une vision à l'échelle européenne conduit à formuler une interrogation rétrospective : pourquoi le royaume de France n'a-t-il pas connu le « despotisme éclairé [1] »; ce phénomène aurait-il été spécifique des pays de pouvoir autocratique sans contrepoids affirmé, en l'absence de bourgeoisie véritable, de l'Europe centrale et orientale? En nuançant, d'autres demandent s'il serait possible de détecter dans les tentatives de réformes du second XVIIIe siècle le « despotisme légal » qui aurait pu être la voie française des réformes de l'État. Mais cela laisse entier le problème du pourquoi de l'échec de ces tentatives réformistes. L'historiographie traditionnelle avait ses expli-

1. Sur cette problématique, voir l'introduction de D. Richet à l'ouvrage de L. Gershoy, *L'Europe des princes éclairés*, Paris, 1966.

cations qui ne sont pas périmées : raisons techniques, causes « événementielles » aussi, tenant à la personne des souverains. A l'inverse, on peut se demander si l'absolutisme monarchique ne faisait pas partie trop intégrante, comme on l'a dit, de l'« ancien système » pour que ses velléités réformistes ou rationalisatrices ne fussent vouées à l'échec. Dans cette interprétation, qui réinsère la structure politique de l'absolutisme dans la crise globale d'un monde, toutes les nuances sont permises... et F. Furet et D. Richet, en constatant que la seconde moitié du XVIIIe siècle voit s'éteindre la « vocation réformiste de l'absolutisme royal [1] », conservent une part de jeu, ou de responsabilité aux individus comme aux groupes motivés... Problème qui débouche sur une autre interrogation, non plus rétrospective mais prospective ; tout simplement : « Pourquoi la Révolution? » Était-elle inévitable? Peut-on imaginer un « despotisme éclairé » ou un « compromis bourgeois » avec l'aristocratie qui eût réalisé sans pleurs ce qui s'est fait par la violence, en conservant à l'arbitrage monarchique une place éminente? Autant de problèmes nouvellement reformulés qui prouvent que présenter l'absolutisme à la française n'est point exercice de style de tout repos.

Le roi et sa cour.

Le système s'organise autour d'un homme, le roi : « Tout l'État est en lui, la volonté du peuple est enfermée dans la sienne »..., « Au roi seul appartient la puissance souveraine dans son royaume... il n'est comptable qu'à Dieu. » Loi vivante, représentant de Dieu sur la terre, autant de qualificatifs qu'une tradition séculaire cautionne, que des gestes rappellent. Investi du « sacrement » du sacre, le roi demeure le thaumaturge qui touche les écrouelles, « le Roi te touche, Dieu te guérit ». Même s'il a en 1789 les traits sans grandeur de Louis XVI, ce personnage sacré, image du père, conserve un pouvoir de fascination qui n'a rien d'illusoire.

Le cadre est à la mesure du souverain. Avant de l'évoquer en ses conseils, il faut le placer dans sa cour, à Versailles. L'entourage commence à la famille royale, de la reine Marie-Antoinette

1. F. Furet et D. Richet, *La Révolution française*, t. I, p. 8-9 (9).

aux princes et princesses de sang, enfin à la foule de cette noblesse présentée à la cour, à la fois domestiquée et insatiable, inconditionnellement fidèle, et terriblement compromettante. Ce monde, réglé par une étiquette qui ne s'est pas vraiment assouplie depuis le Grand Siècle, s'insère partiellement dans des cadres : maison du roi (maison civile et maison militaire), maison de la reine, des princes ou des enfants de France. Dans les affrontements ultimes de la fin de l'Ancien Régime, la cour apparaît d'abord comme organisme de prestige, fort coûteux, le gouffre où s'engloutit un douzième du revenu du royaume. Elle est plus, et, sans vouloir abuser du jugement de valeur, pire que cela : une « image de marque » pourrait-on dire, à travers laquelle le système, quelle que soit l'honnête simplicité personnelle de Louis XVI, apparaît lié à ce monde d'immoralité notoire, où l'intrigue, le jeu, la spéculation sont le grinçant revers de la douceur de vivre. Puis c'est aussi un groupe de pression dont l'importance politique n'est pas niable. Instrument de domestication de la noblesse à l'âge classique, la cour reprend en cette phase un poids politique nouveau : on parlera du « parti de la cour ». Avant que les premières secousses n'en cimentent la cohésion, on est sensible surtout au jeu des coteries : la résultante de ces pressions va dans le sens du refus de la nouveauté, de la défense et consolidation des privilèges acquis.

Le gouvernement royal.

Retrouverons-nous le roi en majesté dans son gouvernement? La centralisation monarchique paraît sans doute très poussée. Le conseil du roi, dont les arrêts sont l'expression de la volonté royale, se subdivise en sections : conseil d'État ou d'en haut, très fermé, traitant de la politique étrangère et des grandes questions de gouvernement, conseil des dépêches qui centralise les rapports avec l'administration locale, conseil des finances qui a absorbé en 1787 le conseil du commerce, enfin conseil privé ou des parties, cour d'exception ou d'évocation des causes que le roi se réserve, tribunal contentieux, « gardien de la puissance exécutive ». Cette organisation centralisée s'est affermie, amplifiée aussi au cours du siècle par la multiplication des bureaux, dont le bureau de commerce ou celui des ponts et chaussées donnent le style; elle recherche l'efficacité, comme une certaine technicité. Le personnage du « commis » s'impose, jusqu'à ces « premiers commis » qui assistent chaque secrétaire d'État. Ceux-ci, qui tiennent la place de nos ministres, restent au nombre de cinq : le chancelier, seul haut officier médiéval à avoir conservé une fonction publique, nommé à vie, premier personnage après le roi, subit le contrecoup de ce trop grand pouvoir virtuel. En disgrâce, comme c'est le cas pour Maupeou depuis 1774, il est doublé par un garde des sceaux, secrétaire d'État comme les autres, dans ses attributions judiciaires. Le principal d'entre eux est devenu le contrôleur général des finances par une concentration d'attributions, qui en fait presque, sans le titre, le principal ministre. Le secrétaire d'État à la Maison du roi a la responsabilité de la police, comme des affaires religieuses, les secrétaires d'État à la Guerre, à la Marine, à l'Étranger enfin, partagent avec lui l'administration des provinces, encore que la Guerre et la Maison du roi tendent à concentrer de plus en plus ces attributions. Tout cela ne constitue pas, semble-t-il, un ministère de type moderne, dans la mesure où il ne possède pas une personnalité collective qui affirmerait son autorité auprès du roi : toutefois, les « comités de ministres » réunis autour du ministre dirigeant pour préparer la tâche des conseils, que le règne précédent avait connus, « cessant d'être une pratique, deviennent une institution [1] ».

L'administration locale.

Au niveau de l'administration locale, la monarchie absolue de l'âge classique a réussi, par une évolution menée sur plus d'un siècle, à placer son homme : non pas un officier, mais un commissaire, agent direct du roi et révocable par lui. Cet homme, c'est l'intendant « de police, justice et finances », « le roi présent dans la province » pour reprendre l'expression de Lavisse [2]. Ils sont 32 à

1. H. Méthivier, *L'Ancien Régime* (52).
2. Bien connu aujourd'hui par d'importantes monographies : ainsi M. Fréville, *L'Intendance de Bretagne*, Paris, 1953, pour n'en citer qu'une.

administrer les 34 « généralités » du royaume, dans deux cas associés deux à deux. Leur titre dit assez l'ampleur de leurs attributions : « police » au sens où l'entend l'Ancien Régime, c'est l'administration au sens le plus large : application des lois, maintien de l'ordre, religion, travaux publics, industrie, commerce et communications. Rien ne leur échappe en théorie. Si l'intendant « de justice » limité par les autres instances de la justice royale agit surtout comme surveillant ou régulateur, l'intendant « de finances » a une importance essentielle. Il lui revient de répartir l'impôt entre les Élections dans la France du Nord, d'en discuter avec les États dans le reste du royaume. Ce sont là responsabilités multiples, que l'intendant assume bien souvent avec une économie de moyens bureaucratiques, qui étonne. Il a ses adjoints, en la personne de subdélégués, généralement choisis sur place dans le groupe des robins. Souvent citée, l'action de Turgot, intendant du Limousin avant d'être ministre, est exemplaire, non unique : animateur de la société d'agriculture locale, propagateur de la pomme de terre, il stimule aussi la manufacture, s'intéresse spécialement aux transports en développant routes et canaux, en réformant la corvée des chemins, comme il se penche sur le paupérisme et la santé publique.

Ces intendants, quels sont-ils? La typologie du groupe montre qu'ils sont recrutés, souvent jeunes, parmi les maîtres des requêtes du conseil, qu'ils sont généralement très stables dans leurs places, et parfois se succèdent de père en fils en dynasties amorcées. Le milieu d'origine est très cohérent. Qu'ils soient de noblesse ancienne ou récemment consolidée, les intendants appartiennent à cette nébuleuse d'une « noblesse d'État » où magistrature parlementaire et municipale font converger leurs apports. Notable parmi les notables, perméable aux groupes de pression locaux, l'intendant s'éloigne sensiblement de l'image du fonctionnaire de combat qui fut la sienne sous Louis XIV; pour défendre sa région, il prend parfois ses distances à l'égard du pouvoir royal. Il en est peu récompensé. Ces agents généralement actifs, souvent ouverts, de l'absolutisme royal portent le discrédit du système qu'ils représentent, et l'on condamne le « despotisme des intendants ».

Armée, justice, fiscalité.

Dans l'État absolutiste élaboré à l'âge classique, il y a quelques postes clés auxquels se mesure l'achèvement du régime, et la puissance de l'État : l'armée, la justice, la fiscalité surtout. De l'armée, on dira ici peu de chose, peut-être parce que, sur terre, elle n'est pas opérative depuis plus de vingt ans, aussi parce que c'est de tous ces « instruments » celui qui se prête le plus à modernisation. Sous l'action de ministres réformateurs, cette armée française (175 régiments pour quelque 200 000 hommes) peut apparaître comme un bon instrument. Au plan technique, l'armement (canon Gribeauval), la tactique (naturalisation à la française, par Guibert, des innovations frédériciennes), la formation des cadres et l'organisation ont sensiblement progressé. Si, au-delà de l'institution, on regarde les réalités humaines, reste le problème de la condition du soldat de métier, malmené, durement dressé, et la crise de l'encadrement à la suite des édits de Ségur.

La conquête de la justice a été l'une des entreprises majeures de la royauté. Le souverain justicier « paiseur » a généralement réussi à faire prévaloir sa loi, il s'en faut que ce soit sans restrictions. Du moins les justices non royales sont-elles confinées dans un rôle précis, voire second : justices seigneuriales, tribunaux d'Église ou officialités. La justice royale est hiérarchisée en tribunaux de bailliage ou de sénéchaussées, puis en présidiaux, qui jugent les causes plus importantes. Enfin l'échelon supérieur — mis à part, bien sûr, le conseil du roi — est constitué par les treize cours de parlements et quatre cours souveraines [1]. Ce sont des puissances, et qui méritent sans doute leur réputation, quelle que soit l'inégalité de leur importance. Mais le parlement de Paris, avec une « Grand Chambre » assistée de trois chambres des enquêtes, une chambre des requêtes, une chambre des Tournelles, donne une illustration exceptionnelle de ces grands corps qui détiennent la justice royale à ses plus hauts échelons. Tribunal d'appel des causes jugées par les cours inférieures, tribunal de première et dernière instance de certaines causes privilégiées, le parlement est bien plus encore : il se considère comme gardien

1. Voir la carte de leurs ressorts p. 45.

de cette constitution non écrite que forment pour lui les « lois fondamentales du royaume », à ce titre il utilise le « droit d'enregistrement » qui veut que pour être exécutoires les édits royaux soient inscrits sur ses registres; quitte à présenter des remontrances, et ne céder que devant l'autorité royale exercée solennellement dans le cadre d'un « lit de justice ». Ces prétentions démesurées n'ont tant de force qu'en fonction de l'autonomie d'une magistrature propriétaire de charges qu'elle transmet héréditairement, condition favorable à la constitution de ces « corps intermédiaires » dont parlait Montesquieu. La vénalité des offices qui permet d'acheter et de transmettre sa fonction trouve ici un terrain d'application exemplaire. Instrument théorique de l'absolutisme, la justice royale, du fait même de ses structures, en est venue, non seulement à n'être pas maniable, mais à représenter pour la monarchie un élément d'opposition majeur.

Mais que dire alors de la fiscalité, cependant, dans le système absolutiste, l'un des postes les plus importants? La monarchie française a mis en place, par accumulation, tout un arsenal de moyens fiscaux. L'impôt direct, c'est la taille, impôt de répartition qui pèse essentiellement sur la terre, puis la capitation, impôt par tête sur le revenu présumé de chacun, puis les vingtièmes, présumés indexés sur le revenu, héritage des dixièmes créés par Louis XIV, supprimés, rétablis, parfois doublés... Multiples également, les impôts indirects vont des aides, perçues sur les boissons et sur certains produits fabriqués, aux traites, véritables droits de douane intérieurs. Si impopulaires qu'ils soient, ces impôts indirects le sont moins encore que certains monopoles d'État : sur le tabac, et surtout sur le sel, sous la forme odieuse de la gabelle. Là où la multiplicité même des impôts suggère la lourdeur du système, que dire de leur perception, et plus encore peut-être de leur utilisation dans un État qui ne connaît pas de budget prévisionnel? Mais on passe là trop visiblement à l'autre face de ce système absolutiste : son inachèvement et ses limites.

Incohérences, poids du passé.

Ces limites sont d'abord « techniques ». On a dit l'état-major réduit de l'intendant de province; l'exemple de la fiscalité permet sans doute au mieux d'illustrer le propos. Parce qu'il n'est pas en état de procéder lui-même à l'exaction de l'impôt, et qu'il n'a pas su mettre en place une administration spécialisée, le système monarchique a dû recourir au système de la « ferme » qui fait prendre à bail, tous les six ans, par le groupe puissant des « fermiers généraux », la perception des impôts indirects, essentiellement la gabelle depuis que les aides ont été mises en régie en 1778. Système lourd, et odieux : la perception brutale par les agents de la Ferme générale, l'inquisition des gabelous, la consommation à la fois forcée et réprimée, les abus du système sont inversement proportionnels à sa rentabilité.

Rusticité et inachèvement des rouages : en partageant l'optimisme du siècle des Lumières, on pourrait voir là défauts transitoires, qu'un régime éclairé réduirait progressivement. On en doute, à mesurer le poids du passé : en procédant par successives retouches, la monarchie a laissé subsister à chaque étape les institutions antérieures.

Chacune des rubriques clés du gouvernement du royaume en fournit sans peine l'illustration. L'intendant, homme du roi dans les limites de sa généralité? Bien sûr... mais il y a aussi les gouvernements, autrefois terrain d'action de ces grands personnages de haute noblesse que furent les gouverneurs. En les doublant de lieutenants généraux, la royauté a vidé l'institution de son contenu — quitte occasionnellement à utiliser l'influence demeurée réelle localement de certains de ces très grands seigneurs. Si le gouverneur n'est plus le rival de l'intendant, celui-ci doit toujours tenir compte, en certains lieux du moins, de la réalité des provinces. Le terme n'a plus de contenu officiel dans la majeure partie de la France, mais il demeure des pays d' « états », régions généralement les plus récemment réunies au royaume, et qui ont leurs « états provinciaux », assemblées des trois ordres, dotées en matière fiscale ou administrative d'un rôle souvent essentiel. A part la Bretagne ou le Languedoc, et secondairement la Provence, les états n'ont plus cependant d'importance politique, parfois même (Dauphiné) ne sont plus réunis. L'expérience des assemblées provinciales, à la veille de la Révolution, fera plus toutefois que réveiller des souvenirs : elle se greffe sur des réalités encore bien vivantes. A travers tous ces réseaux superposés, les limites « historiques » de l'absolutisme se fixent en frontières géographiques.

La fiscalité oppose aux pays d'états, mieux armés pour se défendre, et où la taille dite « réelle » est assise sur une estimation précise de la propriété, les pays dits d'élection, où la répartition de la taille « personnelle » est remise à un « élu ». La fiscalité indirecte oppose sur la carte des gabelles les pays de « grande gabelle » aux pays de petite gabelle, aux provinces « rédimées » ou aux pays de salines, carte différente elle-même de celle des douanes intérieures.

La justice n'offre pas plus de simplicité : à l'extrême inégalité du ressort des différents parlements, se superpose l'hétérogénéité du droit —, droit romain dans la partie sud de la France, de la Guyenne au Dauphiné, multiplicité des droits coutumiers dans le reste du royaume.

Dans sa confusion, cet habit d'Arlequin peut confirmer l'idée, qu'ont eue beaucoup de contemporains, que l'unité du royaume n'était qu'un mythe : « agrégat de peuples désunis », dira Mirabeau... et combien de notations le confirment, dans les cahiers de doléances, notamment, où les particularismes se donnent libre cours, chacun excipant des privilèges, qui de sa province et qui de sa petite ville, pour refuser de partager le lot commun.

Limites sociales : le monde du privilège.

Ne donnons pas à ces réalités plus que l'importance, bien réelle, qu'elles méritent. Il est d'autres clivages que la carte ne révèle pas massivement, et qui sont peut-être plus lourds encore : ainsi le contraste essentiel en matière fiscale, entre villes et campagnes. Au vrai, la principale limite à l'absolutisme royal est d'ordre social. La royauté est prisonnière de ceux qui sont censés lui être les plus fidèles. Contradiction essentielle d'un absolutisme structurellement incapable d'atteindre à la rationalisation du « despotisme éclairé », comme contradictoire avec sa base de classe, qui suppose la défense des privilèges.

On les a rencontrés partout, encore que sélectivement : les plus importants, sans doute, étant ceux dont bénéficient la noblesse et le clergé, en matière fiscale d'abord, mais aussi, confirmés et alourdis par la réaction du second XVIIIe siècle, privilèges politiques

Fig. 2. *Les généralités en 1789.*

Fig. 3. *Les gouvernements en 1789.*

Fig. 4. *Les parlements en 1789.*

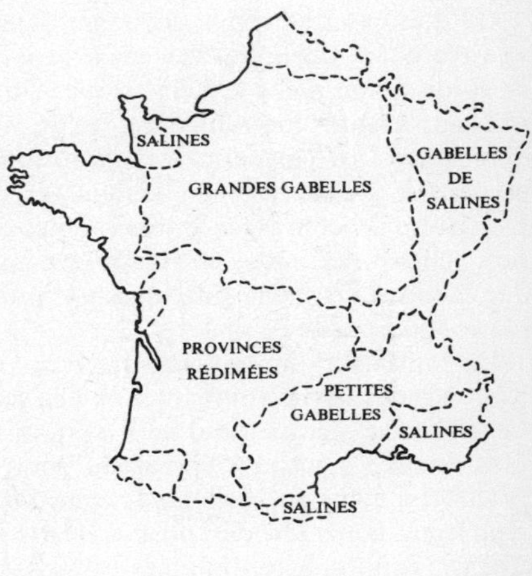

Fig. 5. ***Inégalité de la charge fiscale. Un impôt impopulaire : la gabelle.***

et sociaux. Mais on les retrouve ailleurs, de façon parfois moins ostensible. Il y a cet énorme monopole des « offices » royaux qui découle de leur vénalité. En acceptant pour des raisons fiscales de vendre des charges transmissibles, la royauté s'est exposée à l'accaparement d'une partie de la puissance publique, à la formation d'un de ces « corps intermédiaires » dont parlent les théoriciens et dont la « caste parlementaire » est l'expression la plus achevée.

Plus insidieux encore, mais autre face d'une même réalité, il y aurait ce qu'on appellerait en langage moderne les « groupes de pression », coalitions informelles mais que la fragilité des structures étatiques rend opérantes. On dénonce les financiers — tels ces fermiers généraux — dont la royauté ne peut se passer, on dénoncera le parti de la cour ou les coteries. Ce sont là réalités vieilles comme la monarchie, mais qu'un contexte de crise met en lumière.

L'absolutisme en question.

On doit, pour conclure, envisager l'absolutisme non pas comme une réalité et valeur établie, mais dans ses avatars, comme dans la vision qu'en a eue le XVIIIe siècle. On risque d'être trompé par une impression contradictoire. D'un côté, l'image d'une sorte d'apogée du système, dont les innovations du siècle témoigneraient, et dont le personnage de l'intendant éclairé serait le symbole. De l'autre, la convergence massive des oppositions, la condamnation répétée des abus, la mauvaise conscience même de certains des cadres du système (Malesherbes, protecteur de Diderot et des philosophes).

La contradiction n'est sans doute qu'apparente. On peut penser avec certains qu'un tournant a eu lieu au cours du siècle : progrès ou défensive victorieuse d'un « despotisme ministériel de plus en plus éclairé [1] » jusqu'à un certain point, assaut contre les ordres privilégiés mené en 1749 par le contrôleur Machaut, puis en 1770 deuxième assaut du despotisme éclairé des ministres Maupeou et Terray, enfin malgré d'ultimes tentatives dont le ministère Turgot

1. L'expression est de H. Méthivier, dans *l'Ancien Régime* (52).

Fig. 6. *Privilèges des Frances périphériques : les pays d'état.*

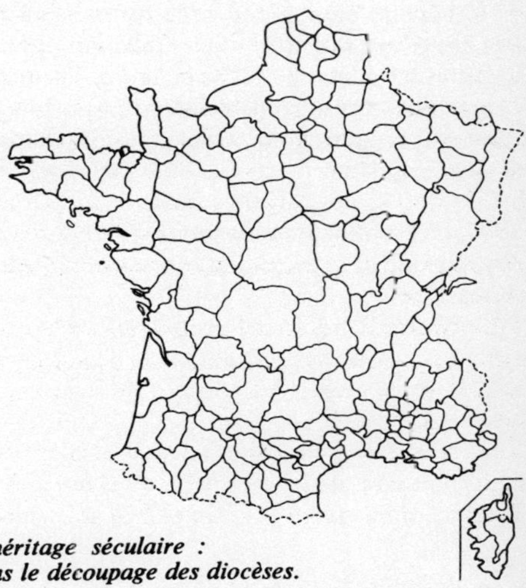

Fig. 7. *Le poids de l'héritage séculaire : extrême irrégularité dans le découpage des diocèses.*

est le type, abdication progressive de la monarchie devant les privilèges et enlisement du système. C'est sans doute dans cet esprit que F. Furet et D. Richet peuvent écrire : « Des réformes? Voilà où se noue le drame. Car voilà l'époque où s'éteint la vocation réformiste de l'absolutisme royal [1]. »

On pourrait discuter pour savoir s'il y a eu vraiment « tournant » et dans quelles limites se délimitait la « capacité d'arbitrage » de la monarchie absolutiste, on peut du moins, avec les auteurs, noter la conquête ou plus précisément l'investissement progressif de l'État par les privilégiés qui en font un instrument au service de leurs intérêts de classe, la défensive victorieuse des privilèges par les « corps intermédiaires » que sont les parlements. Dès lors au libéralisme aristocratique nostalgique « des libertés » dont Montesquieu avait présenté le programme, se substitue, sans que le relais soit toujours évident, une autre attaque, celle de l'idéologie bourgeoise partie en guerre pour la conquête de ses libertés.

Entre ces deux attaques, formellement convergentes, au fond radicalement opposées, la monarchie pouvait-elle retrouver un rôle d'arbitrage, et renonçant elle-même au despotisme (fût-il éclairé), réconcilier les deux élites, celle du passé et celle de l'avenir, dans le cadre d'une « gentry » dont elle eût été la monarchie constitutionnelle à l'anglaise? C'est lui supposer une indépendance qu'elle n'avait pas. C'est sous-estimer l'importance de l'attaque menée contre l'Ancien Régime social et politique, par les forces montantes de la bourgeoisie.

1. *La Révolution française*, p. 8 (9).

2
Tensions et mutations

L'Ancien Régime ne meurt pas par accident : on le soupçonne au vu de ces contradictions internes, décelées dans le système. Crise et durcissement du système « féodal », lézardes dans l'édifice de la société d'ordres, imperfections ressenties ou valeurs rejetées du système absolutiste ne prennent telle valeur que parce qu'une autre France est en train de naître de l'évolution des forces et des rapports de production. Cette autre France, « seconde encore mais non secondaire », pour reprendre une expression de Pierre Goubert[1], s'affirme dans sa nouveauté à l'issue du « glorieux » XVIIIe siècle.

1. Le « glorieux » dix-huitième siècle

La France des villes.

A côté du monde des villages, c'est par la France des villes que nous aborderons les fronts pionniers de la novation. Ne l'attendons pas triomphante. Dans un pays pour 85 % rural dans sa population, le monde urbain reste second : 38 ou 39 villes de plus de 30 000 habitants, une quinzaine de 15 à 30 000 définissent un réseau urbain assez lâche. Paris peuplé sans doute de quelque 550 000 habitants fait figure de métropole par comparaison. Cette France des villes trahit les structures du monde qui l'a fait naître : un semis pour partie périphérique, et singulièrement

1. P. Goubert, *L'Ancien Régime* (43).

littoral puisque le quart des villes de plus de 20 000 habitants sont des ports, avant tout les capitales du grand commerce : Marseille, Bordeaux, Nantes, Rouen. La ville à fonction industrielle n'est pas absente de ce palmarès, qu'elle soit d'ancienne tradition textile (Lille, Amiens, Troyes... Lyon bien sûr) ou bien plus rarement métallurgiste (Saint-Étienne). Mais à l'exercice de style des attributions de fonctions dominantes, ce sont les capitales régionales qui l'emporteraient encore : villes de parlements, ou à vocation politique, Toulouse, Rennes, Montpellier, Dijon, Versailles, tandis que d'Orléans à Caen ou de Metz à Strasbourg se tisse la trame d'un réseau urbain sans vocation vraiment dominante, si ce n'est, peut-être, d'être bien souvent encore un lieu de résidence de la classe propriétaire, d'échanges régionaux, d'administration d'une généralité. A ce survol des concentrations humaines, on devine où nous allons chercher la France bourgeoise.

La France « atlantique » des négociants.

C'est d'abord la France atlantique : une France atlantique que nous serions tenté de pousser... jusqu'à Marseille. Sur la grisaille des petites villes, dont le capital collectif est encore pour plus de moitié foncier, tiré des profits de la rente, ce sont les ports qui témoignent de la façon la plus éclatante d'une autre forme de prospérité dont le XVIIIe siècle a vu l'épanouissement. Ici se rencontrent négociants et armateurs enrichis du commerce lointain dont le « trafic triangulaire » avec les Antilles fournit l'illustration trop simple à coup sûr, mais démonstrative. La cargaison de pacotille est embarquée à Nantes ou à Bordeaux, valorisée dans le golfe de Guinée par troc contre le « bois d'ébène », des esclaves de la traite négrière, revient des îles en produits exotiques des plantations tropicales : sucre, mélasse, café, cacao, coton ou colorants végétaux. Voilà une des filières les plus sûres, audacieuse mais rentable, de l'enrichissement bourgeois qui se refuse à la médiocre sécurité de la rente foncière.

Il faudrait nuancer à coup sûr. Au schéma atlantique, Marseille opposerait la vocation complexe d'un port jadis satisfait de son monopole du Levant, s'ouvrant au cours du siècle des routes plus lointaines. Mais, au-delà des nuances, les hommes sont les mêmes : qu'il s'appelle Montaudouin à Nantes, Seymandy, Tarteiron ou Audibert à Marseille, le négociant témoigne de l'importance du capital commercial dans cette France en voie de mutation.

D'autant que c'est le marchand aussi qui donne à la France industrielle son impulsion et son visage : une industrie pour bonne part à l'ancienne, où la nouveauté se fraie son chemin. Il est un peu trop facile sans doute, mais non sans enseignements, de confronter les cartes que propose Morazé[1] de l'Angleterre et de la France industrielles vers 1780.

Structures de l'industrie française.

D'un côté, un semis qui laisse déjà apparaître les fortes concentrations industrielles de l'Angleterre noire du charbon comme du coton, textile conquérant. Par référence, la France industrielle présente des nébuleuses lâches. Ainsi pour une métallurgie, pour l'essentiel au bois, et qui éparpille la foule de ses fourneaux et ateliers suivant une diagonale nord-est-sud-ouest, de l'Ardenne au Quercy et au Périgord. Mais il est d'autres pôles, de la basse Normandie bocaine, aux Pyrénées ariégeoises ou catalanes et au Dauphiné. Même éparpillement se retrouve dans le secteur du textile. Car s'il est des branches de relative concentration géographique (le coton ou la soie), l'industrie lainière, encore prépondérante, intéresse de vastes zones rurales, dans le nord du Bassin parisien comme en Languedoc. Mais quelle région en est totalement dépourvue?

L'approche cartographique introduit ici à la description des structures. L'éparpillement sur le terrain rend compte d'une concentration encore faible. A la ville, l'atelier artisanal, employant peu d'ouvriers, à la campagne, l'emploi d'une main-d'œuvre dispersée et semi-paysanne sont la règle. Ils correspondent à une hiérarchie des secteurs de production bien différente de celle à laquelle la Révolution industrielle du XIXe siècle nous a habitués, comme au faible rôle de la machine dans une production qui reste

1. C. Morazé, dans son ouvrage, *les Bourgeois conquérants*, Paris, 1957.

essentiellement manuelle. Hiérarchie différente? C'est le textile, ici, qui l'emporte par l'importance de la main-d'œuvre employée, comme par son poids dans l'ensemble de la production, par le dynamisme enfin de secteurs en pointe, toilerie ou indiennes.

L'effacement relatif de l'industrie lourde tient évidemment à la faiblesse d'une révolution technique à peine amorcée : 700 000 tonnes de houilles extraites par an seulement, le chiffre est bien inférieur à ceux de la Grande-Bretagne; les bassins houillers de la Loire, de Carmaux ou d'Anzin restent fronts pionniers d'une métallurgie pour l'essentiel au bois. L'industrie textile naturalise avec retard, et à faible dose, les découvertes techniques d'outre-Manche. Dans la filature et le tissage du coton, la « jenny », machine à tisser, demeure rare, son perfectionnement, la « mule-jenny », est inconnu. Il faudrait sans doute apporter des nuances multiples à cette vision nécessairement sommaire de l'archaïsme de l'industrie française à la veille de la Révolution. En Dauphiné, en Lorraine, ou tout simplement près de Paris, à la manufacture de toiles peintes que lance le self-made-man Oberkampf à Jouy-en-Josas, un nouveau type d'entrepreneur et d'entreprise prend naissance : nous y reviendrons. Mais il reste que dans le cadre du « capitalisme commercial », c'est encore le marchand qui tient le haut du pavé. Sans multiplier les exemples, on n'est pas en peine de proposer plusieurs fiches types. Le maître marchand de Conches ou de Rugles qui commercialise les fabricats des cloutiers de la forêt normande, le négociant d'Orléans qui fait tricoter à des milliers de paysannes chaussettes ou bonnets, illustrent chacun à leur manière l'emprise du capital marchand urbain sur la campagne environnante; à Nîmes ou à Lyon, le groupe des maîtres marchands en soieries, d'où sortiront les « soyeux », se subordonne étroitement le travail et la production des maîtres fabricants dont les canuts lyonnais offrent l'exemple. Par la migration rurale d'une partie des industries textiles, comme par les liens de dépendance nouveaux à la ville, le capitalisme commercial attaque déjà très largement le monde artisanal dont le système corporatif réglait l'activité.

Changements dans le monde rural.

Monde des villes, monde du grand commerce, monde de l'industrie, autant de fronts pionniers qui remettent en cause l'Ancien Régime de la société française. Mais doit-on se laisser tromper à l'apparent monolithisme de cette France rurale dont nous avons fait, trop simplement sans doute, le support de l'ancien monde? Elle aussi sécrète ses nouveautés, fait naître sa bourgeoisie. On hésite à abuser des mots : on a trop parlé capitalisme agraire, ou de cette révolution agricole que l'on attend toujours et qui se fait prier. Mais le monde rural à la veille de la Révolution offre déjà des bases de différenciations majeures, incompatibles avec la survie de l'Ancien Régime socio-économique.

Que l'on suive, recourant là encore à l'approche cartographique, les limites du fermage telles qu'on les a définies et l'on délimite l'aire d'implantation d'une agriculture évoluée, comme d'une paysannerie différenciée. Gros exploitant même s'il est maigre propriétaire, le fermier mène au coq du village, à ces notables ruraux par qui se trouve contestée l'homogénéité de la communauté rurale traditionnelle, comme le respect du régime seigneurial. Par eux s'effectue la concentration de l'exploitation, la modification des pratiques culturales qui va de pair avec les progrès de l'individualisme agraire [1]. Aux progrès par la base d'une bourgeoisie rurale conquérante, répondent, en anticipant souvent, les initiatives au sommet d'une « classe propriétaire » qui, noble ou non, s'embourgeoise, recherche la rentabilité et les améliorations.

Mais ne nous enfermons pas dans des frontières géographiques tranchées : ailleurs aussi, la sollicitation est vive, même si les approches sont différentes, si l' « ébranlement multiple [2] » n'entraîne pas des modifications aussi décisives. Le nouveau riche ici, ce sera le fermier général des pays de métayage, parasite conquérant; en Provence, ce sera le « bourgeois » vivant de ses rentes au bourg urbanisé. A la campagne, il en va des mutations sociales

1. Sur ces problèmes : G. Lefèbvre, *Questions agraires au temps de la Terreur*, Paris, rééd. 1952.
2. L'expression est de E. Labrousse, dans *le Paysan français...* (47).

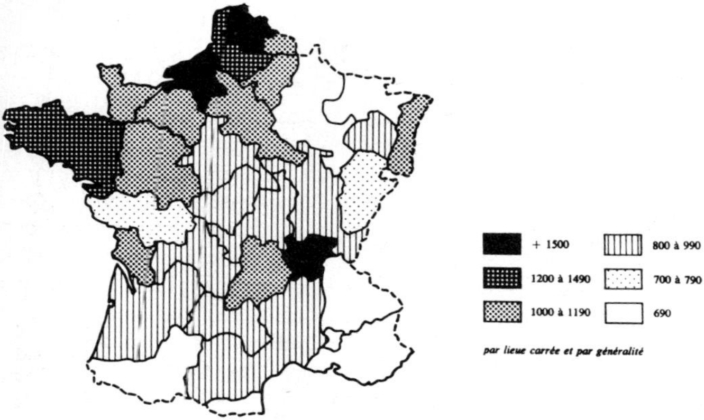

Fig. 8. *Densité des populations en France à la fin de l'Ancien Régime.*

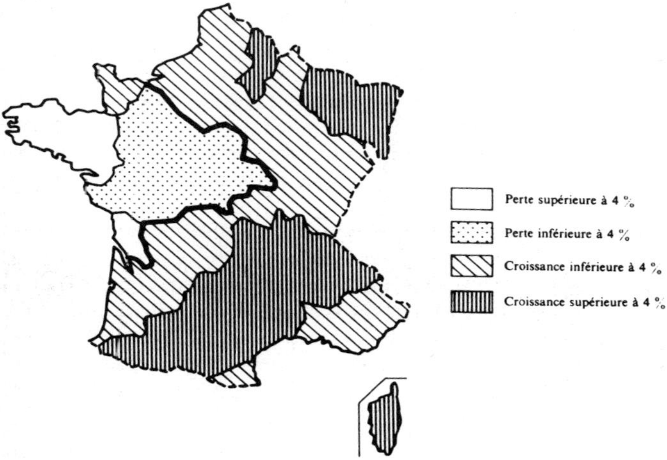

Fig. 9. *La France qui progresse et la France qui recule.*

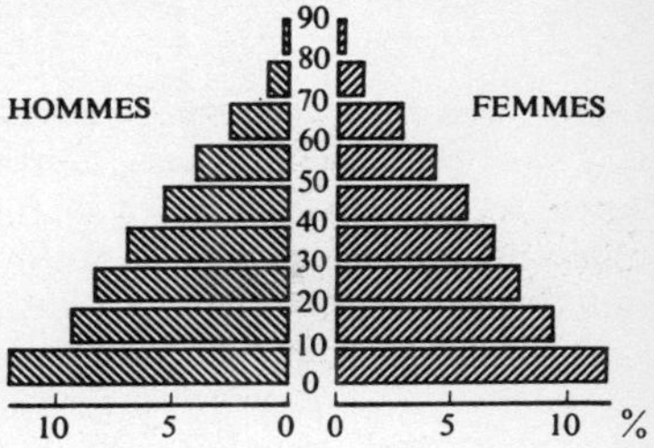

Fig. 10. *Pyramide des âges en France en 1775.*

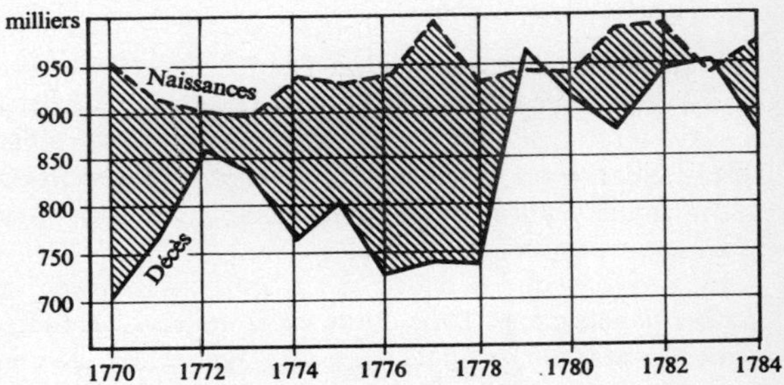

Fig. 11. *Mouvement de la population de la France de 1770 à 1784.*

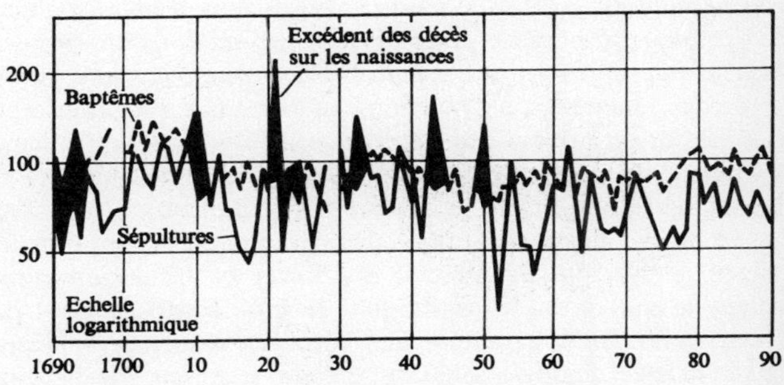

Fig. 12. *Saint-Lambert-des-Levées, paroisse angevine, illustration de la révolution démographique au XVIII*[e] *siècle.*

comme des renouvellements techniques — la suppression de la jachère, l'introduction de la rotation continue — que plus d'un auteur évoque rayonnant en clairière à partir de prémisses très modestes, parcelle enclose ou jardin de curé. Un piquetage s'opère, inégalement, un peu partout : le bourgeois, là aussi, s'installe.

D'autant plus que le XVIIIe siècle, sans connaître encore de véritable « révolution » économique, n'en est pas moins, dans son flux général, période de grande mutation.

Croissance démographique.

Le glorieux XVIIIe siècle n'est pas incontesté : et pour tel qui travaille sur la Provence (R. Baehrel [1]), le XVIIe siècle que l'on se plaît à croire « tragique » mériterait mieux que le suivant les épithètes laudatives. Des nuances pourront être apportées : depuis les travaux de Labrousse et de son école, nous disposons toutefois d'un certain nombre de certitudes.

Nous savons que le XVIIIe siècle voit une poussée sensible du nombre des hommes. Sans doute est-il malaisé de chiffrer strictement, en période préstatistique qui ignore les dénombrements précis. Mais des supputations de Vauban à la fin du XVIIe aux estimations de l'abbé Terray vingt ans avant la Révolution, il est permis de comparer au moins deux ordres de grandeur. En 1700 et jusqu'à 1750 encore, la population française resterait voisine de 20 millions; en 1789, il n'est pas imprudent de chiffrer à quelque 26 millions le nombre des Français. Six millions en moins d'un siècle, le progrès est net, même si l'accroissement qu'il révèle est moindre que ce qu'on rencontre ailleurs. On s'est interrogé sur les raisons véritables de ce « décollage », de ce « take-off » démographique dans la France du XVIIIe : il semble qu'aujourd'hui les modalités, sinon toutes les causes, en soient connues.

Le terme de « révolution démographique », imprudemment lancé, paraît abusif : non, il n'y a pas eu révolution véritable, dans un monde où les techniques de lutte contre la mort restent inchangées. Si, à natalité égale, voire déclinante, le solde positif de la balance démographique est dû à un recul sensible de la morta-

1. R. Baehrel, *Une croissance, la basse Provence rurale*, Paris, 1961.

lité, c'est par l'espacement et l'atténuation progressive des grandes mortalités de crise qui auparavant s'en venaient, tous les dix ans ou presque, rafler brutalement tous les excédents cumulés de la période écoulée [1].

Dans le cadre de ce schéma on peut se permettre des nuances. C'est sans doute dans les plaines de grande culture du nord de la France que la modification a été la plus nette et la plus amplement ressentie; ailleurs les progrès sont beaucoup moins nets, de même que dans les villes, d'ores et déjà organismes déficitaires. On peut aussi proposer du phénomène une périodisation séculaire : après le creux d'une vague généralement situé au tournant des XVIIe et XVIIIe siècles, on doit attendre 1720 au moins pour enregistrer un progrès sensible, accentué entre 1750 et 1770, avant un ultime tassement qui couvre les vingt dernières années de la fin de l'Ancien Régime.

On le voit, un tel schéma, jusque dans cette médiocre conclusion du « glorieux XVIIIe siècle », invite à nuancer l'idée d'un progrès continu, et comme « révolutionnaire ». L'amorce d'une révolution démographique véritable se situerait à un autre niveau, dans le fléchissement de la natalité et l'accroissement de l'espacement intergénésique en certaines campagnes (Quercy), indice d'une attitude collective nouvelle devant la vie, de la diffusion par les voies les plus frustes d'une contraception paysanne, d'une restriction volontaire des naissances. Ce retournement même ne fait en tout cas que s'amorcer comme réponse à ce qui reste le fait majeur du XVIIIe siècle démographique français, l'accroissement pour la première fois continu et sensible depuis des siècles du nombre des hommes.

Le mouvement des prix.

Qui dit flux des hommes ne dit pas forcément mouvement de la prospérité publique ou de l'aisance collective, il s'en faut. Pour P. Goubert, l'essor conjoint de l'expansion économique et de la population, l'un étayant l'autre, caractérise le cœur du

1. Ces données sont devenues familières depuis les travaux de P. Goubert, notamment *Beauvais et le Beauvaisis, de 1600 à 1730*, Paris, 1961.

XVIIIe siècle, jusqu'aux années soixante-dix : c'est alors que dans une expansion ralentie, voire stoppée, la croissance poursuivie de la population commencerait à être ressentie lourdement en termes de saturation, de chômage et d'errance [1].

On se trouve ainsi amené à se tourner vers les indices les plus indiscutables du mouvement économique : prix, profit, production. Les prix? C'est le secteur agricole, de tous le plus important dans l'ensemble de l'économie française qui en donne le reflet le plus fidèle. Depuis les magistrales études d'E. Labrousse, nous en connaissons le mouvement général, pour l'ensemble du XVIIIe siècle, époque des bons prix, d'une hausse de longue durée que l'on voit s'amorcer entre 1725 et 1730, se poursuivre en plusieurs étapes : pente douce, « lent décollage » de 1726 à 1760, ou 63 selon que l'on voudra; élan prononcé ensuite sur une décennie, jusqu'aux années 1770-75 qui voient un nouveau palier sans toutefois que le mouvement séculaire à la hausse en soit renié [2]. Si l'on prend pour base l'indice 100 appliqué à la période 1771-89, le mouvement de longue durée fait partir de 57 en 1726 pour aboutir à 119 à la veille de la Révolution. Dans cette évolution séculaire il conviendrait, à la recherche des causes, de faire la place de l'inflation monétaire comme des variations climatiques; à la recherche des nuances d'opposer les différents tempéraments régionaux, d'une France rurale multiple, où l'essor à peine ralenti du Midi s'oppose à la courbe brisée entre 1775 et 80 du Nord et de la région parisienne, comme il conviendrait enfin de laisser sa place à l'événement : crise de subsistance, sous-production, famine et flambée des hauts prix. Nous lui donnerons le rôle qu'il mérite dans les causes immédiates de la Révolution. Mais ne gardons que le mouvement général, et soyons attentifs à tout ce qu'il entraîne. Montée des prix? Montée de la rente, principalement de la rente foncière perceptible dans les fermages : hausse du simple au double, voire, d'après les recherches nouvelles, au triple entre 1730 et 1789, elle calque pour l'essentiel la courbe des prix, avec peut-être quelque inertie mais plus de continuité.

1. Une synthèse ramassée dans *l'Ancien Régime* (43).
2. E. Labrousse, *Esquisse du mouvement des prix... au XVIIIe siècle*, 2 vol., Paris, 1933.

Parler rente foncière en enchaînant sur la montée des prix, c'est sous-entendre une autre variable : le volume même de la production.

Le problème du « décollage » de l'économie française.

La nouveauté de la recherche, l'incertitude, voire l'absence de sources se rencontrent ici avec la multiplicité des comportements régionaux pour laisser une impression ambiguë, en première apparence du moins. Malgré les défrichements, la surface cultivable ne progresse au plus que de quelques centièmes (mais pouvait-on espérer mieux?), la jachère recule lentement, autre gain de place limité. A surface presque égale et à culture identique, point de révolution dans la productivité. A technique culturale généralement inchangée, le rendement ne varie guère. Or, de la rencontre de ces médiocrités, ou de leur sommation, s'impose malgré tout l'idée d'un accroissement de la production agricole chiffrable en dixièmes, 20 % peut-être si l'on peut risquer un ordre de grandeur. Exprimée en termes malthusiens de croissance comparée de la production et de la population, une importante constatation s'impose du moins : la production « n'a pas perdu la course[1] », son accroissement répond à la multiplication des hommes.

Aux courbes que propose le monde rural, il faut confronter celles du commerce et de l'industrie. On peut se permettre ici de partir directement non des prix, mais du flux même de la production ou du trafic, de mesurer cargaisons et armements. Le bilan est sans appel : entre les années vingt et la veille de la Révolution, une hausse de 400 à 450 % du commerce total exprime la massiveté du progrès. On nuancera : le commerce européen a quadruplé; le négoce colonial (Antilles, puis ouverture vers les Indes et l'Extrême-Orient) se place en pointe puisqu'il a décuplé. Chronologiquement aussi, des contrastes apparaissent. C'est entre 1716 et 1748 que la croissance serait la plus forte, suivie d'un tassement entre 1750 et 80, d'une légère reprise ensuite. Mais le bilan séculaire reste exceptionnellement favorable, confirmé par l'essor,

1. E. Labrousse.

sans défaillance pour sa part, du commerce intérieur, se traduisant dans l'enrichissement national spectaculaire, d'un royaume où la masse métallique circulante serait passée dans le siècle, de 700 millions de livres à quelque 2 milliards, plus ou moins.

Même dynamisme conquérant dans l'industrie, qu'un souci statistique plus poussé et révélateur fait mieux connaître. Générale, la croissance se différencie selon les secteurs de production. La draperie ne progresse, si l'on peut dire, que de 61 % dans sa production, alors que la toilerie, secteur plus dynamique, enregistre un progrès de plus de 80 %, que cet accroissement est bien dépassé encore par la soierie, comme par les cotonnades et les toiles peintes.

Puis il y a l'amorce de ce « relais industriel » que révèle la croissance exceptionnelle de certains secteurs : le leadership textile commence à être remis en cause. La production houillère progresse de 7 à 800 %, celle de la fonte de 200 %, du fer de 300 %. Pour certains, le taux d'accroissement industriel français serait supérieur à celui de la Grande-Bretagne, au moins comparable, disent d'autres (F. Crouzet).

Dans l'inégalité de leur ascension, très forte pour les matières premières, moins vigoureuses pour les produits ouvrés, à l'exception des secteurs conquérants de la toilerie et des cotonnades, les prix confirment ce tableau contrasté. Mais la résultante de ces deux données, production et prix, en l'espèce la montée du profit, reste presque partout spectaculaire, même dans les secteurs les plus mous de la croissance industrielle : dans la draperie de Sedan, le chiffre d'affaires quintuple de 1732 à 1788. Le profit considérable et constamment accru dans la grande entreprise fait apprécier par référence l'extrême médiocrité de la hausse du salaire nominal dans le prolétariat industriel (10 à 25 % peut-être), et plus encore la chute du salaire réel exprimé en biens de consommation.

Au bilan du « glorieux XVIIIe siècle », tous les Français ne se présentent pas gagnants; et en se plaçant au seuil du mouvement révolutionnaire, on peut reposer la question qui n'est point exercice de style : Révolution de la prospérité, ou Révolution de la misère?

Révolution de la prospérité ou Révolution de la misère?

Au dictionnaire des idées reçues, c'est Michelet sans doute qui présente l'image la plus saisissante, dans son évocation de la misère du paysan français à la fin de l'Ancien Régime : « Voyez-le couché sur son fumier... Pauvre Job... » Dans une optique toute différente, d'autres, alors, maniaient aussi la métaphore suggestive. Ainsi Taine évoquant le paysan français, semblable, dans la précarité de son sort, à qui passerait à gué une rivière : qu'un trou d'eau se présente, le voici qui perd pied... Jaurès, en réaction contre le « misérabilisme » antérieur, affirme au contraire la Révolution comme le mouvement conquérant d'une bourgeoisie sûre de sa force, à l'issue d'un siècle d'épanouissement. On sait aujourd'hui, grâce à E. Labrousse et à son école, que les uns et les autres ont eu raison à leur manière, mais qu'il faut distinguer les perdants et les gagnants du siècle,

Dans la première rubrique, on rangera d'abord les perdants par nature, vulnérables à la fin du siècle comme ils l'étaient au début. Entendons la plus importante fraction de la population paysanne, le monde des manouvriers, des parcellaires, plus largement de ceux qu'on a pu ranger dans la paysannerie « consommatrice » qui achète son pain. Pour eux, la Révolution sera, partiellement du moins, Révolution de la misère, mobilisation pour la subsistance quotidienne. N'ont-ils donc rien gagné à l'expansion du siècle? On a pu dire qu'ils y avaient au moins « gagné la vie [1] », par l'espacement des grandes famines mortelles qui jusqu'au début du siècle fauchaient périodiquement l'excédent démographique de la période précédente. Mais comme ce gain est ambigu! Le revers de la médaille, c'est, en campagne surtout, l'impression de surcharge démographique dans plus d'un pays et ses traductions concrètes : le déracinement, l'errance, le gonflement de toute une population flottante qui n'a pas sa place dans la communauté villageoise.

Mais le groupe des vaincus du siècle mord aussi largement sur les catégories populaires urbaines. Pour autant qu'on en puisse juger, l'accroissement médiocre du salaire nominal au cours de

1. L'expression est de E. Labrousse.

la période ne couvre pas la montée séculaire du prix des denrées; le salaire réel, au travers d'oscillations en gain ou en recul, est finalement amoindri au bilan du siècle : au mieux, ceux-ci n'ont eu que les miettes du festin.

C'est sauter du coq à l'âne que de joindre à ces « perdants » pour lesquels le terme de Révolution de la misère se traduit en réalités très cruelles, ces autres vaincus que sont les nobles. Ne forment-ils point une part importante de cette « classe propriétaire », consolidée au fil du siècle par la montée de la rente? Le terme de « paupérisation » prend, en ce qui les concerne, un sens bien précis. Un revenu accru, sans doute, mais dans les proportions du flux de la rente foncière; la noblesse terrienne se trouve pénalisée de son oisiveté par son déclin relatif vis-à-vis de la bourgeoisie productive, comme elle est pénalisée dans son train de vie de grosse consommatrice par la montée des prix. Il n'y aura pas ici révolution de la misère, mais agressivité du déclassement ressenti.

En face, dans cette bourgeoisie productrice, bénéficiaire essentielle du mouvement du siècle, le mouvement est inverse : agressivité de frustration d'une classe à qui la société ne fait pas la place qu'elle mérite. C'est à elle que reviendra l'initiative révolutionnaire. Elle mérite que l'on s'interroge sur elle, et en tout premier lieu sur sa réalité.

2. La bourgeoisie : mythe ou réalité?

Polémique autour de la Révolution « bourgeoise ».

Le terme de Révolution bourgeoise n'est ni un lieu commun, ni une invention récente dont Jaurès et ceux qui écrivent après lui porteraient l'imprudente responsabilité. Ce contenu de classe de la Révolution française a été senti et exprimé avec une prescience étonnante par un contemporain comme Barnave. Avec plus ou moins de netteté, par des voies et dans un esprit bien différents, les historiens du siècle dernier, de Louis Blanc à Tocqueville ou à Taine, ont admis cette réalité. Puis se forge cette tradition jacobine d'une école française travaillant, de près ou de loin, à la lumière du marxisme et qui conduit de Jaurès à Mathiez, Lefèbvre et Soboul. A travers eux l'interprétation sociale de la Révolution bourgeoise s'impose, semble-t-il, par consensus quasi universel.

Et voici que toute une série de critiques se fait jour, mise en forme initialement par des historiens anglo-saxons, Cobban, Taylor, Palmer, mais qui trouve en France un certain écho [1]. Révolution bourgeoise, nous dit-on? Encore faudrait-il qu'il y eût une bourgeoisie. Et l'on nous dit, dans l'une de ces critiques les plus pertinentes [2], combien le capital « non bourgeois », placements immobiliers, rente foncière, offices royaux, tient de place pour cette « bourgeoisie » roturière en gestation. On montre, inversement, comment la classe aristocratique occupe une place parfois prépondérante aux origines du capitalisme industriel : les forges ou les houillères ne sont-elles pas pour plus de moitié aux mains d'aristocrates?

On insiste sur le fait que le « bourgeois » tel que le connaît le vocabulaire de la fin du siècle désigne électivement le roturier « vivant noblement » de ses rentes. Plus qu'à une Révolution « bourgeoise » n'aurait-on pas affaire à la Révolution des « propriétaires » ou simplement à un mouvement dont il serait vain de rechercher — si l'on peut dire — l'appartenance de classe, dans la mesure où il défierait toute sociologie, mené sur base de considérations essentiellement politiques [3]?

De cette grande attaque, on retiendra plusieurs aspects positifs. Le poids de la conjoncture idéologique du milieu du XXe siècle la motive sans doute en bonne partie, mais on peut dire que cette reconsidération était dans l'ordre des choses. Elle s'imposait à partir du moment où les progrès d'une histoire sociale quantifiée, comptant et hiérarchisant les hommes, avaient conquis de nouveaux fronts pionniers, essentiellement ces sociétés urbaines où la multiplicité des statuts sociaux découverts impose un effort de classe-

1. Une mise au point commode en forme d'état de la question chez R. R. Palmer, « Sur le rôle de la bourgeoisie dans la Révolution française » (58).
2. R. Taylor, *Non capitalist wealth at the origins of the french Revolution.*
3. Reprise du débat par Mazauric, p. 75-79 (18).

ment. On s'est aperçu que la bourgeoisie dont on parlait depuis le début du siècle était loin d'avoir été définie de façon satisfaisante : Georges Lefèbvre dans ses dernières études s'était posé le problème sans parvenir à le résoudre [1]. Partir des « ordres » officiels de l'Ancien Régime? Il avait trop le sens des réalités sociales pour ne point sentir la stérilité d'une méthode qui, comme l'avait dit déjà l'abbé Sieyès, et comme le dit P. Goubert, range d'un côté les 5 % de la population que représentent les nobles et le clergé, de l'autre les 95 % du tiers état. Mais en voulant tailler dans cette masse, toute méthode empirique se révèle décevante. Pour G. Lefèbvre, la bourgeoisie de 1789, très largement conçue, hiérarchisait, de la haute à la moyenne ou à la petite bourgeoisie, des apports très divers; du banquier au négociant, à l'entrepreneur, aux gens de loi, aux « bourgeois oisifs », aux petits-bourgeois boutiquiers et artisans de l'échoppe et de la boutique. Définition trop large sans doute qui n'exclut que le salariat urbain, et en même temps trop étroite peut-être pour le monde rural où l'on ne soupçonne point la naissance d'une nouvelle bourgeoisie rurale et même proprement paysanne.

A la suite de certaines approches récentes, dont celles de R. Robin sont les plus suggestives sans doute [2], il convient de reprendre le problème de la définition et du poids de la bourgeoisie française à la fin de l'Ancien Régime. Ayons le courage de définir nettement avec elle la bourgeoisie comme « la classe dont le statut juridique est la roture, qui à la ville comme à la campagne groupe tous ceux qui se situent en position de domination économico-sociale dans la sphère des rapports sociaux capitalistes... antagoniste des privilégiés non engagés dans ces mêmes rapports sociaux dans la mesure où elle postule consciemment ou inconsciemment un autre appareil d'État et à la longue (avec décalage) un autre cadre productif ». Telle hypothèse de travail a l'intérêt de répondre aux objections formulées par l'école anglo-saxonne en permettant de présenter l'Ancien Régime social dans « l'imbrication des rapports sociaux » qu'il représente.

Cette bourgeoisie, ne l'attendons ni majoritaire, ni triomphante :

1. G. Lefèbvre, *Études orléanaises* (38).
2. R. Robin, *La Société française en 1789...* (59).

elle se trouve limitée par l'importance encore essentielle de toutes les classes dont le revenu n'est point le profit mais la rente, dont les rapports ne sont point régis par le « libre contrat » du libéralisme économique mais par ces liens de dépendances diverses, par ces structures hiérarchisées et codifiées dont la société d'ordres est une mise en forme qui n'a rien d'illusoire encore ou de désuet. Échapperont ainsi à la bourgeoisie sans conteste l'aristocratie des seigneurs, la paysannerie encore engagée dans les liens de dépendance et, dans le monde des villes, l'important groupe des maîtres insérés dans le cadre corporatif. Mais si la bourgeoisie strictement définie risque de sortir « exsangue [1] » de cette élaboration par élimination, ce sont les classes « mixtes » sans doute qui se trouvent réévaluées dans leur importance à ce stade de transition : entendons par là celles dont le statut social comme le revenu, les aspirations et la conscience collective aussi se trouvent à mi-chemin entre les deux mondes.

Financiers, négociants, patrons.

Bourgeoisie vraie et bourgeoisie mixte, ou ambiguë « d'Ancien Régime » s'interpénètrent et coexistent d'inextricable façon. Parlerons-nous de la finance, de tous ces groupes apparemment l'un des plus mobiles? L'ancien monde précapitaliste avait son type social du « financier », par vocation manieur d'argent professionnel d'un État dont la fiscalité reste le point faible, spécialiste des emprunts et de la finance publique. Ce personnage installé « dans le régime » (H. Lüthy [2]) apparaît bien, comme on l'a dit, comme l'homme indispensable, mais le définir comme homme du passé n'est pas sous-estimer sa puissance, comme l'évolution qui, au fil du siècle, a conduit du « traitant », dont Samuel Bernard avait représenté le type équivoque, au financier dont les fermiers généraux symboliseraient le personnage affermi et stabilisé. Mais, à côté du financier consolidé, un nouveau personnage s'élabore et s'affirme, surtout dans les vingt dernières années de l'Ancien Régime : c'est celui du « banquier » de type moderne qui commence à se tourner vers

1. Selon l'expression de R. Robin.
2. H. Lüthy, *La Banque protestante en France*, Paris, 1961.

le public des rentiers dont il gère les capitaux, comme à élaborer une politique d'investissements associant aux participations dans le grand négoce et l'armement un intérêt nouveau pour les entreprises industrielles. Mallet, Perrégaux, Hottinguer, Delessert ou Périer sont les grands noms de cette finance nouvelle.

Même rencontre si l'on passe de ce monde, malgré tout marginal, de la finance à ce qui est le centre de la société bourgeoise : le groupe des marchands et patrons d'industrie. Quitte à différencier, c'est conjointement qu'on doit les aborder de prime abord. Le marchand l'emporte de beaucoup ; il est vrai que les limites sont moins fermes, d'une catégorie qui commence à la foule des petits marchands urbains, ou ruraux, qui se hisse au groupe intermédiaire des « marchands » proprement dits (l'indétermination du vocabulaire social correspondant à l'ubiquité des activités), pour trouver son couronnement dans la personne du négociant, dont Savary dans son manuel du « parfait négociant » a tracé le portrait type. A cette hiérarchisation correspond sur le terrain celle qui mène du bourg marché aux villes plus importantes, aux centres portuaires enfin où se rencontre l'élite du négoce, monde structuré où liens d'affaires, liens familiaux, et confessionnels parfois (protestants à Marseille, israélites à Bordeaux), renforcent la cohésion du groupe. Le mode de vie, comme la fortune elle-même, suffiraient d'ailleurs à placer ces gens à part. Si l'on peut sans trop de peine fixer autour de 100 000 livres en capital le seuil au-delà duquel le marchand se transforme en négociant, il n'y a pas de limite supérieure : à Nantes, Bouteiller laisse 8 millions de livres, à Marseille, Joseph Hugues dépasse 4 millions et Georges Roux « de Corse » est crédité par la légende de 30 millions. Mais, au vrai, est-ce bien là un groupe encore conquérant, porteur d'avenir, ou ce tableau ne nous présente-t-il que l'apogée du capital marchand, d'un capitalisme commercial adapté par ses structures comme par la nature de ses opérations à l'Ancien Régime? On aimerait, et ce n'est point problème abstrait, vérifier dans quelle mesure et par quelles transmutations le capital commercial a pu être à l'origine du capital industriel du siècle suivant. On saisit sur le fait un chaînon intermédiaire dans la personne du marchand du textile — voire de la petite métallurgie — faisant battre les métiers urbains ou travailler la main-d'œuvre campagnarde dans le cadre de ce capitalisme commercial dont nous avons relevé l'importance. Mais à côté de lui, voici que commence à naître l'industriel de type moderne, manufacturier et patron d'industrie. Ce grand entrepreneur vient parfois de haut; des nobles s'intéressent de près à la manufacture : les Ségur ou les Montmorency à Saint-Gobain, le prince de Croy et le marquis de Cernay à Anzin; d'autres se font patrons d'industrie : de Wendel dans la métallurgie lorraine, le chevalier de Solages dans les mines de Carmaux. Mais on fait aussi remarquer que même dans la métallurgie les bourgeois l'emportent sur les privilégiés dans nombre de régions; dans le textile, cette prépondérance bourgeoise se fait monopole exclusif. Qu'il soit venu du commerce (les Périer, toiliers de Grenoble) ou qu'il ait été accumulé directement par ceux que l'on a appelés des « patrons techniciens », le capital industriel est en train d'acquérir son autonomie, partielle encore sans doute, progressivement affirmée cependant. Où s'arrêtent les limites de cette bourgeoisie « vraie»? Le menuisier Duplay, chez qui habita Robespierre, exemple classique depuis Jaurès, artisan, mais avec une vingtaine de compagnons à la table desquels il ne mange pas, est à coup sûr un bourgeois (en même temps qu'un rentier puisqu'il a des maisons de rapport). Mais où s'effectue le saut? L'ambiguïté ici n'est point formelle, elle est dans le mouvement même de l'histoire.

Types mixtes: rentiers et professions libérales.

On comprend dès lors que la bourgeoisie à la fin de l'Ancien Régime se doive d'être élargie, mais avec toutes les précautions requises, à ces « forces hybrides, types mixtes, combinaisons de sources de revenus... », classes charnières, « produit spécifique du mode de transition constitué par la pénétration du capital dans le mode de production féodal » (R. Robin). A côté des éléments déjà engagés dans des rapports sociaux capitalistes, il est tout un réseau de groupes insérés structurellement dans l'Ancien Régime, soit par leur condition de rentiers, soit par leur statut de profession libérale propriétaire de son office, mais en même temps aptes à s'insérer dans le combat pour la destruction des anciens rapports de classes préexistants. Ainsi en va-t-il pour le groupe de ceux que *stricto sensu* le XVIIIe siècle dénomme « bourgeois », restreignant le terme autrefois largement appliqué pour ne plus désigner que ceux qui vivent noblement de leurs rentes. Ainsi réduit, ce groupe de l'oisiveté roturière professionnelle n'est pas numériquement négligeable : 3,5 ou 6 % des effectifs urbains dans une ville moyenne. Leur statut, leur revenu même varie d'un lieu à l'autre : rentiers sur l'État ou sur l'Hôtel de Ville, propriétaires d'immeubles bâtis à Paris, ils tirent au contraire dans la petite ville l'essentiel de leur richesse des fermes et des terres possédées alentour. Pour être souvent urbain, ce « bourgeois » vivant de ses rentes ne l'est point exclusivement; dans ses bourgs urbanisés, le Midi le rend présent et actif jusqu'au cœur de la société villageoise. Quitte à ce qu'il se transmue, ici comme ailleurs, en bourgeois véritable comme négociant rural, rassembleur de terres, grignotant de l'intérieur le pouvoir du seigneur dont il est le fermier général.

Même dialectique complicité-hostilité dans les rapports qui lient à l'Ancien Régime social les professions libérales, les cadres des services publics, ici insérés dans les structures spécifiques du monde des officiers. A qui les décompte dans les villes d'alors, ces groupes apparaissent à la fois maigres... et hypertrophiés. Expliquons-nous : un intendant de province administre avec une demi-douzaine de secrétaires, et trois douzaines de cavaliers de la maréchaussée. Inversement prolifèrent les offices municipaux, les offices de judicature, et en dehors même des offices royaux la foule des gestionnaires du monde de la rente : notaires, avocats, procureurs se comptent par dizaines dans une ville même médiocre. Une nébuleuse se dessine, à première vue sans cohésion, puisqu'elle va d'une plèbe de la chicane — procureurs ou hommes de loi faméliques — jusqu'au président à mortier d'un parlement. Le conseiller secrétaire du roi, anobli par son office, présent dans la plus petite ville, est le personnage charnière de ce groupe; en lui s'accomplit la transmutation de la roture à la noblesse. Mais, si divers et hiérarchisé soit-il, le groupe a ses dénominateurs communs en termes de mode de vie et d'attitudes collectives. Ce qui assure ses liens multiples comme sa facile transition au groupe des bourgeois rentiers d'Ancien Régime est la généralité de son accès à la propriété foncière : cela est vrai à la base, encore plus au sommet. On comprend très bien comment Pierre Vilar, sur la base d'une stricte définition, peut légitimement exclure de la bourgeoisie ces « professions libérales parce qu'elles assurent dans n'importe quelle société certains services rémunérés par les hautes classes...[1] ». Ni ces groupes, ni la « bourgeoisie propriétaire » n'entrent à proprement parler dans le réseau des forces d'attaque qui mènent l'assaut contre l'Ancien Régime.

Il n'en reste pas moins qu'on trouvera bien souvent aux premiers rangs de la Révolution, dans ses assemblées comme dans ses comités, les avocats et robins et que la Révolution au village sera très souvent animée par les « bourgeois » du lieu. S'en étonner pour proposer la solution de rechange d'une « Révolution des propriétaires » ou, poussant plus loin encore la remise en cause, d'une Révolution politique sans détermination sociale impérative, c'est à notre avis revenir, quoique de façon plus élaborée, à la constatation affligée de ces érudits du siècle dernier, lorsqu'ils découvraient l'ingratitude comme phénomène historique. Tel érudit chartrain, étudiant les misères du plus grand peut-être des chapitres cathédraux à la fin de l'Ancien Régime, ne découvrait-il pas que les hommes de loi qui ont animé la Révolution sur place, ou à Paris, tel Jérôme Pétion, avaient grandi et prospéré à l'ombre de ce corps privilégié dont ils se disputaient les charges de gestion et de justice ! Pour être « dans le système », tout un ensemble de groupes n'en sont pas pour cela dépendants, il s'en faut. Ils y entrent par la petite porte, par l'anoblissement comme par l'investissement foncier. Mais une partie d'entre eux seulement, dont la caste parlementaire est l'exemple type, pousse à ses dernières limites cette mutation. Pour la majeure partie des autres, la revendication bourgeoise de la destruction de l'Ancien Régime social et politique peut être d'autant plus séduisante qu'ils n'ont rien à y perdre, et beaucoup à y gagner. Telle considération amène à faire une part dans ces forces d'assaut aux options idéologiques mises en forme. Mais avant d'aborder ce niveau, place aux autres groupes, qui pour n'être point bourgeois n'en mèneront pas moins fort vivement l'attaque contre l'Ancien Régime.

1. Cité et commenté par R. Robin dans *la Société française en 1789* (59).

L'autre révolte.

Quittés les bourgeois urbains ou ruraux, nous allons retrouver d'abord cette moyenne et petite paysannerie dont on a vu qu'elle représente la plus grande part d'un monde rural largement majoritaire. Eux aussi ont leur mot à dire dans la crise qui va s'ouvrir.

Petits exploitants aux franges de l'indigence dont le métayer du Sud-Ouest serait le type, parcellaires contraints pour subsister de travailler sur la terre des autres, vignerons aussi, sont mobilisables par l'un des leviers les plus puissants encore des attitudes collectives : la cherté et la faim. Qu'une crise de subsistance se présente et la révolte paysanne est prête à éclater. Mais réduire à cette rébellion primitive sans perspectives le soulèvement de la paysannerie médiocre ou moyenne, c'est se condamner à n'en pas saisir la portée, l'obstination et la continuité aussi ; à voir, par suite, dans la Révolution française la rencontre à la limite fortuite, en tout cas incoordonnée, de mouvements sans liens. Pour survivre, la petite paysannerie mène une lutte sur plusieurs fronts. Un combat en retraite, d'abord, sur le front antibourgeois (mais souvent aussi antinobiliaire) de la lutte pour les droits d'usage, pour les contraintes collectives, contre l'individualisme agraire qui prépare les révolutions agricoles à venir. La lutte peut porter plusieurs noms : en Provence, ce sera la défense de la « montagne » ou des droits sur les « terres gastes » qu'ailleurs on appelle vaines et vagues, et l'ennemi peut avoir plusieurs visages, ce qui pèsera lourdement sur les options à venir. Ce peut être le bourgeois de la ville, accapareur de terres, exempt d'impôts, innovateur indiscret, ce peut être le coq de village, gros laboureur intéressé au partage des communaux (où il est sûr de gagner), comme à la clôture de ses champs. Ce peut être aussi, bien souvent, le seigneur âpre à exercer son droit de triage ou de cantonnement, faisant revivre dans le cadre de la réaction seigneuriale les anciennes servitudes et limitations. Alors, la défense des droits d'usage, de la vache du pauvre, et de ces frêles éléments de survie dont disposent les groupes les plus démunis du village, apparemment « rétrograde » au vu du mouvement de l'histoire, renforce au contraire l'autre thème : cette grande attaque contre le régime seigneurial, où se retrouve le front commun de la bourgeoisie et des paysans. Contre le prélèvement seigneurial sous toutes ses formes directes ou lointaines — du champart à la dîme —, le combat de la paysannerie va dans le sens d'une destruction de l'ancien régime social, d'une émancipation de la terre, de cette table rase que poursuit à sa manière la bourgeoisie urbaine. D'évidence, le front commun n'est pas sans faille, du fait de la participation bourgeoise au prélèvement de la rente seigneuriale : suivant les lieux, la physionomie de la Révolution au village s'en trouvera changée du tout au tout.

Multiplicité des statuts urbains.

Passerons-nous à la ville? Définir numériquement la part de ceux qui n'entrent pas dans le cadre privilégié ou bourgeois et n'appartiennent pas non plus au salariat de type moderne de la grosse industrie, c'est se trouver devant une foule de statuts, diversement articulés et hiérarchisés, devant une masse importante aussi recouvrant, de l'échoppe et de la boutique aux différents salariés, la majorité des populations urbaines : maîtres et marchands détaillants représentent, dans la petite ville moyenne, 30 % à peu près de la population totale, les salariés au moins autant. Cette foule qui va devenir révolutionnaire, abordons-la par la base. Le prolétariat industriel de type moderne n'y tient, sauf exception de villes et plus encore de quartiers, qu'une place très limitée. A Marseille, où nous les avons saisis au gîte dans les garnis [1], les ouvriers ne représentent encore qu'un dixième du prolétariat flottant; on trouverait sans doute plus à Paris ou dans les grandes villes textiles. Mais l'ordre de grandeur est significatif. Le groupe le plus important est constitué par la domesticité, surtout féminine, qui se chiffre d'une ville à l'autre autour d'une quasi-constante d'un dixième à peu près de la population totale urbaine. Vient ensuite le salariat du compagnonnage : métiers artisanaux du bâtiment, de l'ameublement, de l'habillement ou de l'alimentation, main-d'œuvre masculine, juvénile pour l'essentiel, le plus souvent logée au domicile du patron, partageant ainsi les préoccupations des maîtres. L'un des traits majeurs de ce salariat à l'ancienne reste

1. M. Vovelle, « Le prolétariat flottant à Marseille sous la Révolution française », *Annales de démographie historique*, 1969.

sans doute l'importance presque aussi grande d'un prolétariat sans qualification précise — journaliers, gagne-deniers, manœuvres — dont la prolifération est sans cesse réalimentée par l'afflux des ruraux qu'amènent les crises de subsistance. C'est dans ce groupe que le *Lumpen proletariat*, des grandes villes, dont l'âge classique n'a pas réussi à bannir les mendiants, peuple encore de vraies cours des miracles. Sans doute l'importance relative de ce salariat indifférencié est-elle accrue par la proximité du monde rural : il n'est guère de ville qui ne compte un cinquième, peu ou prou, de sa population en ruraux, jardiniers, vignerons ou maraîchers.

A l'autre frange du salariat, au contact des maîtres des corporations, une forme de transition est offerte par les métiers jurés, localement très importants, et dont les portefaix des ports et des marchés fournissent l'exemple type : aristocratie du muscle qui se ferme sur elle-même dans son traditionalisme et son endogamie pour préserver ses positions, portée par là même aux attitudes, éventuellement, les plus conservatrices. Mais si le salariat lui-même se structure occasionnellement aux franges de la société d'ordres en marge de laquelle il se trouve, le monde des corporations s'ouvre à sa limite inférieure par toute une gradation de statuts intermédiaires avec le salariat. En dehors des corporations, il est une foule de métiers libres, généralement assez humbles, puis des travailleurs en chambre ou chambrelans qui fraudent le monopole, puis des travailleurs à façon... Artisans et petit commerce, groupes de l'échoppe et de la boutique, délimités ainsi par éliminations successives, gardent néanmoins une place essentielle. C'est le monde des producteurs indépendants, dont la corporation a été le cadre de sauvegarde et de stabilité, jusqu'à ce que son déclin soit avéré, après 1775 surtout, mais qui se défend à sa manière en se fermant aux inventions comme aux concurrences, contre la libre entreprise naissante.

L' « échoppe » et la « boutique ».

Par conquête insidieuse ou concurrence directe, le monde des corps de métiers est un monde sur la défensive sans être encore déclinant. Doit-on pour cela le ranger aux côtés des défenseurs de l'ancien régime social? On sait bien au contraire que la sans-culotterie y puisera une bonne partie de ses cadres. Par ce biais se pose le problème des attitudes collectives et des dynamismes sociaux dans les groupes urbains en marge de la bourgeoisie conquérante. En quels termes s'y formuleront attitudes et luttes de classes? C'est dans le salariat sans doute que l'ambiguïté pourrait être la moindre : mais on a vu la complexité archaïsante de ses structures, la cohabitation aussi de toute une partie de ses éléments avec les producteurs indépendants de l'artisanat. Surtout on a fait remarquer (E. Labrousse) comment, dans un monde où l'inertie très forte du salaire en fait une quasi-constante, alors que la consommation des salariés, rythmée par le mouvement des prix, est à la merci d'une courbe encore très brutale, la revendication collective se trouve naturellement polarisée par la flambée des hauts tarifs. L'émeute de subsistances, les troubles à la porte des boulangeries tiennent dans les comportements populaires urbains la place que tiendra la grève au siècle suivant : mais par là même, l'ennemi n'apparaît pas encore toujours clairement comme étant la bourgeoisie. Sans doute la grève commence-t-elle à être pratiquée : mais on ne saurait s'étonner toutefois de rencontrer l'image de tel maître, courant les marchés avec ses compagnons pour y taxer le grain. Dans l'équilibre des affrontements de classe, la lutte essentielle réunit encore contre l'Ancien Régime et l'aristocratie, patrons et ouvriers.

On conçoit la position ambiguë d'un artisanat sensible au même titre que le salariat aux agressions des crises de subsistances comme au chômage et au marasme économique. On le verra élaborer au feu de l'expérience de la sans-culotterie l'idéal du producteur indépendant où il trouve sa sauvegarde. Mais n'attendons pas de lui qu'il se désolidarise encore gravement du programme de la bourgeoisie : avant que le flux même de la Révolution ne fasse apparaître des clivages majeurs, il tend à s'aligner sur l'idéologie révolutionnaire de la bourgeoisie conquérante, et à partager les mots d'ordre que la diffusion des Lumières jusqu'aux milieux populaires y a propagés.

3. Une révolution des Lumières ?

La diffusion des Lumières.

« Je suis tombé par terre, c'est la faute à Voltaire, le nez dans le ruisseau, c'est la faute à Rousseau. » La chanson de Gavroche dans *les Misérables* exprime en caricature gouailleuse l'interprétation que le XIXe siècle bourgeois donne du poids de l'idéologie dans la Révolution française, pour le déplorer ou pour s'en réjouir, suivant le camp dans lequel on se place. La bourgeoisie voltairienne revendique cet héritage : repentie, elle dénonce avec Monsieur Taine l'action dissolvante des philosophes. On avait mieux : depuis la Révolution même, sur un thème lancé par l'abbé Barruel, ne disait-on pas qu'elle était le fruit d'un complot dressé par les loges maçonniques?

D'autres sont venus ensuite, historiens, ou historiens de la littérature, de Paul Hazard à Daniel Mornet [1], qui, en réaction contre une critique littéraire souvent haineuse à la fin du XIXe, ont commencé à débrouiller le problème. Il est indéniable que la Révolution française a pris appui sur tout le mouvement de la philosophie, des idées du siècle, comme sur une sensibilité collective modifiée : ses leaders en ont eu conscience et l'ont dit; l'eussent-ils tu, que tout le vocabulaire, la thématique, le corps de doctrine révolutionnaire le proclameraient. Dans une histoire des idées qui, suivant le mouvement général, tend à se fondre dans celle des mentalités, le problème est devenu aujourd'hui celui de la diffusion des Lumières. Comment, et jusqu'où, ces idées-forces ont-elles pénétré? Pour le résoudre, on a dû se tourner vers des sources nouvelles, étudier la production des livres dans la France du XVIIIe siècle [2], et, à l'autre extrémité du circuit, analyser dans leur contenu les bibliothèques, suivant une technique sans cesse affinée [3],

1. Notamment ce dernier dans ses *Origines intellectuelles de la Révolution* (62).
2. Estivals, *La Statistique de la librairie en France au XVIIIe*...
3. Exemples suggestifs dans *Livre et société...* (60).

pour y déceler dans l'équilibre modifié des centres d'intérêt les traces d'une mutation des goûts comme des structures de la pensée et de la réflexion. Mais lorsqu'on en arrive à ceux qui n'ont pas de bibliothèques, pas même de livres, qui bien souvent ne savent même pas lire, l'approche devient beaucoup plus difficile pour savoir ce qu'ont pensé ceux qui ont vécu pour grande part en dehors d'une civilisation de l'écrit.

On cherchera alors à atteindre dans ses formes les plus humbles la littérature populaire par où se définit la culture des masses [1]. Mais attitudes et comportements sont ici vécus beaucoup plus que lus ou exprimés par l'écrit : il faut les retrouver par tous les biais possibles. Dans le secret de la demeure, on cherche à reconstituer les attitudes devant la vie ou devant la mort; sur la place publique on se préoccupe de la fête, moment privilégié [2]; dans un monde où la religion tient une place essentielle, les études de la pratique commencent à découvrir les siècles de l'Ancien Régime. Immense front pionnier, pour une historiographie longtemps bloquée entre les idées reçues contradictoires d'une déchristianisation des Lumières et de la formule « la France était toute chrétienne en 1789 ». Les comportements collectifs s'expriment aussi en action; c'est par la pathologie sociale, qui recense refus ou révoltes contre l'ordre établi, que l'on peut découvrir en filigrane ou en négatif les attitudes du grand nombre, et apprécier les tensions : du vol ou de la rixe au cabaret, au soulèvement populaire organisé, les sources judiciaires livrent toute une hiérarchie de notations essentielles. Le bilan de tout ceci? Il faut, là aussi, hiérarchiser en suivant des clivages culturels qui sont avant tout des clivages sociaux.

Culture des classes populaires.

En marge, à première vue, des « Lumières », l'immense monde de ceux que l'on peut définir, à l'instar de P. Goubert [3], comme « les analphabètes »; on peut en très gros les dénombrer. Des études

1. R. Mandrou, *De la culture populaire...* (61).
2. M. Agulhon, *Pénitents et Francs-maçons dans l'ancienne Provence*, rééd., Paris, 1968.
3. Dans sa synthèse sur *l'Ancien Régime* (43).

Affirmation du Nord...

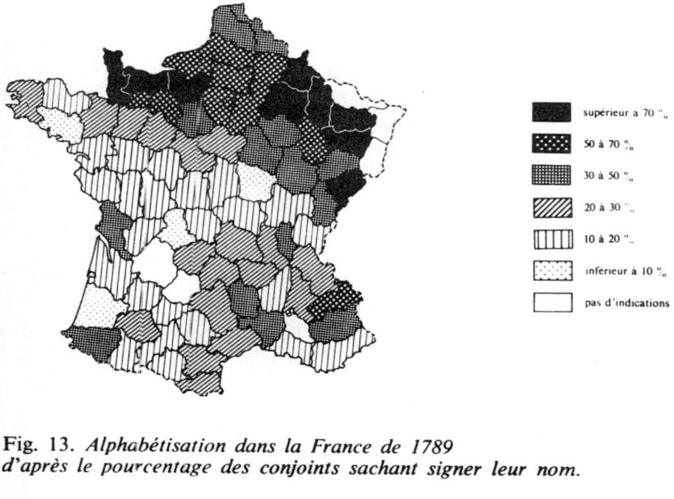

Fig. 13. *Alphabétisation dans la France de 1789 d'après le pourcentage des conjoints sachant signer leur nom.*

... et revanche du Midi

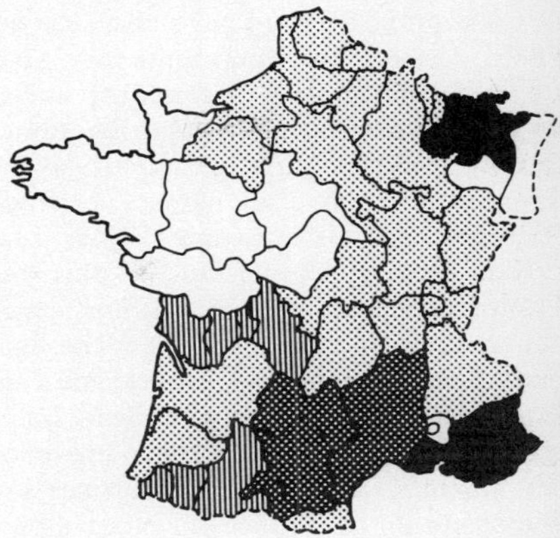

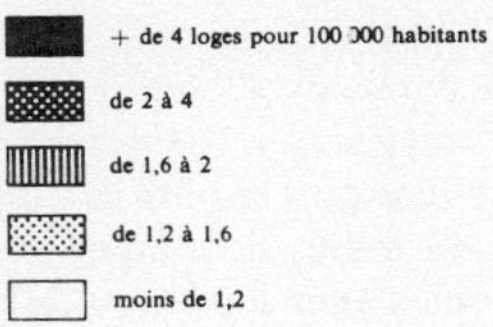

Fig. 14. *Densité d'implantation des loges maçonniques dans les différentes généralités de la France en 1789.*

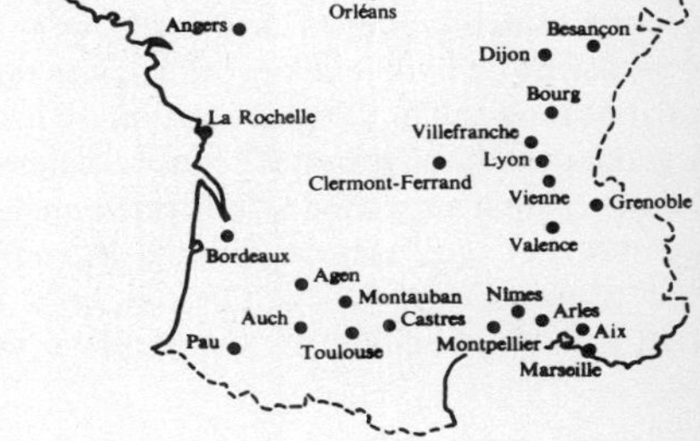

Fig. 15. *Les académies de province à la fin du XVIII*e *siècle.*

anciennes, redécouvertes et rajeunies (Maggiolo[1]), disent la part de ceux qui ne savaient pas signer leur nom sur l'acte de mariage. Elle se découvre très importante : 65 % à la veille de la Révolution. Ce chiffre demande à être nuancé suivant différentes variables; les femmes sont beaucoup plus ignorantes que les hommes : chez ceux-ci, le taux d'alphabétisation s'approche de la moitié. Telles données résultent d'un indéniable progrès séculaire : en 1685, 79 % des Français ne savaient signer. Mais le progrès a été inégal suivant les régions, affectant les plus évoluées déjà : il y a deux France nettement opposées. L'une, lettrée plus que la moyenne, couvre toute la partie nord-est d'une ligne partie du Cotentin qui par la Loire moyenne et la Bourgogne s'en irait jusqu'à la Franche-Comté. Au sud-ouest de cette ligne, on est ignorant et parfois très ignorant : l'exemple de la basse Provence où moins du cinquième des hommes, du dixième des femmes savent signer leur nom, est démonstratif. La France du Nord alphabétisée, c'est aussi celle des villes les plus importantes, milieux où des études moins sommaires que celles de Maggiolo ont permis de distinguer suivant l'appartenance sociale : ce sont les paysans qui apparaissent, dans leur très grande majorité, comme ignorants. La France des analphabètes est, pour une bonne part, la France rurale, surtout dans le Midi.

Analphabétisme n'est pas inculture. Sous certaines formes, l'écrit parvient aux groupes les plus populaires. C'est le cas pour ces livrets de colportage, lus collectivement à la veillée, dont l'étude récente a permis un véritable inventaire mental collectif[2]. On y découvre un monde où la religion tient encore la première place, sous forme de livrets de dévotions, vies de saints ou cantiques, mais qui pour le reste privilégie l'évasion ou le surnaturel : d'une histoire légendaire aux historiettes, contes, calendriers ou livrets de magie blanche, c'est un monde de l'irrationnel, du miracle et de la féerie qui prévaut, qui cherche dans la légende ou le fait divers le héros redresseur de torts dont il a besoin, qu'il s'appelle Roland, Gargantua, Till, ou Fortunatus. On y relève deux lacunes essentielles :

1. Les enquêtes de cet érudit du siècle passé ont été exploitées par Fleury et Valmary dans un article de *Population* (1957).
2. R. Mandrou, *De la culture populaire...* (61).

comme il ignore l'histoire, ce monde ignore la science, fût-ce dans ses applications les plus concrètes. Mais s'il semble fermé à tout progrès comme à toute pénétration des Lumières, il semble étranger aussi à toute contestation sociale, imprégné d'un fatalisme dont la danse macabre reste l'expression la plus grinçante, qui trouve son héros dans le personnage du bonhomme Misère. Une littérature, a-t-on dit [1], d'aliénation ou de substitution. Ce n'est point dans ces livrets que peuvent se deviner changements et tensions; mais ceux-ci se révèlent en actes, et se soupçonnent aussi à de sourdes évolutions.

Pratique religieuse du peuple.

La religion, dont on a mesuré la place par ce biais, tient dans la vie collective une place essentielle. Elle fournit le rythme des fêtes, elle offre aussi les cadres d'associations, telles les confréries de pénitents du Midi provençal ou aquitain. Mais ces formes de sociabilité, récemment étudiées [2], présentent au cours du siècle un processus que l'on a pu dire de laïcisation : devenant hebdomadaire, la fête profane sera le rendez-vous de la jeunesse qui danse; déclinantes, les confréries méridionales deviennent les cadres formels d'une sociabilité qui cherche un support, et qui le trouve, souvent au cabaret, point de ralliement suspect mais fréquenté. Ce monde serait-il en voie de déchristianisation?

Autre problème, et d'importance. Dans un État où les gestes les plus extérieurs de la pratique sont d'obligation et où le registre paroissial, enregistrant baptêmes, mariages et sépultures chrétiennes, propose une trompeuse unanimité, on a pu longtemps affirmer une pratique inaltérée des classes populaires. La Révolution se présentait comme une cassure brutale et traumatisante : on pouvait aussi se demander les raisons d'un si prompt succès. Dépouillant les procès-verbaux des visites pastorales, certains auteurs [3] avaient déjà noté que cette unanimité avait ses réprouvés : forestiers, carriers, cabaretiers, soldats, tous mal pensants. Puis

1. Selon l'expression de R. Mandrou.
2. M. Agulhon, *Pénitents et Francs-maçons dans l'ancienne Provence*, Paris, 1968.
3. G. Lebras, *Études de sociologie religieuse.*

on découvre des régions entières de pratique tiède : sans parler encore des villes, on relève des campagnes de maigre ferveur. Et l'on se demande si cela tient à des conditions socio-géographiques (plaines détachées contre bocages fervents dans l'Ouest) ou peut-être à des traumatismes historiques antérieurs à la Révolution : régions de protestantisme mal déraciné, faisant place à l'indifférence, foyers de jansénisme rural stérilisant pour la pratique : à la limite on s'interroge pour savoir si certaines régions ont été véritablement christianisées en profondeur. On ne manque pas d'arguments pour cela : la vision magique du monde, dont les livrets de colportage témoignent, est vécue au village où le jeteur de sorts et celui qui les lève sont personnages officiels. Si l'on veut parler le langage des Lumières, on notera sans doute qu'au lendemain de la mutation décisive de sensibilité du XVIIe siècle, on ne brûle plus de sorcières, et que la justice ne les connaît plus, que le déclin du pèlerinage « panique » des siècles précédents est partout avéré...

Ne péchons pas par excès : les approches que certaines sources autorisent (les testaments) permettent de nuancer le tableau. Il semble bien que, dans plus d'une campagne, le XVIIIe siècle ait connu sans doute le niveau de pratique le plus assidu et la plus grande régularité, et ce mouvement s'étend jusqu'aux années 1730, voire 1750 : c'est ensuite seulement que les tests de la pratique, demandes de messes, legs ou appartenances aux confréries, œuvres, commencent à fléchir. Les attitudes collectives devant la vie en ont-elles été modifiées? La question actuellement controversée [1] des origines de la contraception dans le monde rural, avec toutes les conséquences indirectes qu'elle entraîne — détachement masculin, fidélité féminine — reste trop mal connue pour permettre des réponses catégoriques : en Languedoc par exemple, il faudra attendre le brassage des guerres de la Révolution et de l'Empire pour qu'un tel tournant soit pris. Doit-on parler d'un monde en marge, alors, dans sa mobilité entravée, dans ses structures mentales dominées par des représentations collectives traditionnelles? Oui et non. De tradition, il existe des moyens pour le monde des

1. Un état de la question commode dans P. Flandrin, *L'Église et le Contrôle des naissances*, Paris, 1970.

analphabètes, correspondant à l'univers des dominés, de faire entendre sa voix.

La contestation peut commencer à la violence quotidienne sans portée apparente : les archives judiciaires renseignent sur les formes de la délinquance d'un monde encore très rude. En s'organisant, elle peut se perdre en rixes et querelles de clocher, village contre village. Mais souvent elle se polarise en termes de revendication ou de contestation collectives : la contrebande du sel ou du tabac, l'émeute antifiscale. On se tourne contre le seigneur pour une affaire de communaux ou de droits abusifs, ou contre l'accapareur, le boulanger ou le blatier quand le grain est cher. L' « émotion populaire » demeure la forme ultime de manifestation d'une opinion dont c'est le seul langage, ou presque. A qui songe à la longue série des soulèvements populaires du XVIIe siècle, le siècle des Lumières peut paraître sage, surtout dans sa seconde partie, à quelques importantes exceptions près, dont la « Guerre des Farines ». Mais ces coalescences spontanées, embrasant toute une province, semblent s'être faites rares, cédant la place au mouvement ponctuel, sans lendemain. Province assagie? Voire : on n'en sera que plus surpris aux explosions de la Prérévolution, témoignages, s'il en était besoin, d'attitudes comme de sensibilité inchangées.

Entre « analphabètes » et « élites ».

Entre le monde populaire et celui des élites, il est un entre-deux : mais d'importance. C'est le niveau intermédiaire, si l'on veut nous permettre une première définition un peu caricaturale, de ceux qui signent leur nom majoritairement mais qui ne lisent pas ou si peu...; nous le rencontrerons surtout dans les villes, encore que le monde rural le connaisse, et singulièrement les bourgs urbanisés du Midi. Mais pour l'essentiel, on peut, socialement parlant, l'organiser autour du groupe des producteurs indépendants, maîtres de l'échoppe et de la boutique, demain cadres de la sans-culotterie révolutionnaire. Dans une hiérarchie descendante, on ne serait pas en peine d'associer à ce groupe la partie du salariat qui en est la plus proche, essentiellement dans le compagnonnage. On est plus gêné pour définir la limite supérieure de ce monde intermédiaire. Si l'on cherche un autre critère dans la possession des quelques dizaines de volumes auxquels commence une bibliothèque, on devra remonter assez haut : aux professions libérales, aux ecclésiastiques, aux notables enfin, pour autant qu'on en puisse juger par quelques sondages monographiques [1].

Ce qui ne veut pas dire que ce groupe intermédiaire n'ait point sa culture; s'il n'a pas de livres, ou peu, il lit quand même : et des observateurs étrangers font avec quelque exagération le tableau d'un Paris où le boutiquier, le crocheteur, le cocher sur son siège, s'adonnent à la lecture. On commence à connaître les livres à bon marché qui les touchent, où la tradition l'emporte encore avec plus de 50 % d'ouvrages de dévotion, où la nouveauté se fraye son chemin en faisant place à la vogue du roman. On peut même dessiner une géographie de cette diffusion : elle oppose la France du Nord qui lit, à une France qui lit peu au sud de la Loire, la France du livre de dévotion, celle de l'Est et celle de l'Ouest, à une France plus profane qui serait, là encore, celle du Midi [2]. Mais il est d'autres formes de lectures : « canards », pamphlets, feuilles volantes, mieux adaptés à une clientèle semi-populaire, et le chansonnier populaire de circonstance en est un prolongement bien vivant. La diffusion de l'écrit, les formes qu'il adopte suggèrent une forme de sensibilité différente, plus mobile et plus perméable que dans le monde rural.

Ce que l'on sait des attitudes religieuses le confirme. Non qu'il soit légitime, à notre avis, de transposer anachroniquement le schéma postérieur de villes de perdition, d'où la déchristianisation rayonnerait sur les campagnes d'alentour. Sites d'implantation privilégiée de la reconquête catholique, riches en maisons religieuses, en paroisses, en confréries, les villes ne sont pas encore sous-équipées, bien au contraire. Pour autant que nous puissions en juger en certains sites d'après les demandes de messes, les legs et appartenances aux confréries; les classes moyennes urbaines, largement définies, révèlent souvent jusqu'au milieu du siècle un taux de pratique remarquablement élevé, supérieur à celui des

1. D. Roche, d'après les bibliothèques de Châlons-sur-Marne.
2. Une cartographie suggestive dans l'étude de Bouissy et Brancolini au t. II de *Livre et société* (60).

campagnes, mais un tournant se fait alors jour, souvent brutal dans l'échoppe ou la boutique comme chez les cadres moyens ou inférieurs [1]. Peut-être ne serait-il pas abusif de mettre en rapport ces comportements différentiels avec ce qu'on sait par ailleurs de la modification de la sensibilité comme des attitudes devant la vie. Le rousseauisme diffus qui pénètre, semble-t-il, jusqu'à des groupes fort modestes, modifiant la structure de la famille, comme le comportement envers l'enfant, est, à sa manière, révélateur.

A sensibilité différente, formes de sociabilité différentes. La fête, on l'a dit, est restée longtemps la forme d'expression et de rencontre privilégiée. Fêtes religieuses, fêtes profanes aussi gardent leur importance, tout en changeant de caractère : une certaine sensibilité baroque n'est plus de mise dans un monde où la réjouissance même change de tonalité.

Le revers et comme le complément de la fête, c'est l'émotion populaire. En ville, elle a sa tonalité spécifique. Non qu'on n'y retrouve, dominante, l'émeute de subsistances, aux portes des boulangeries ou sur les marchés. Mais plus diversifiée, elle vise souvent les oligarchies municipales, la fiscalité royale, elle se politise aussi. Dans les villes de quelque importance, et à Paris surtout, les épisodes de la querelle janséniste ont été vécus intensément comme autant de thèmes de cristallisation d'une opposition fort vive par des classes populaires promptes à s'émouvoir; les parlements, dans les avatars et les ambiguïtés de leur fronde antiroyale, ont profité longtemps de ce soutien populaire. Ce sont rencontres équivoques sans doute, bien souvent, mais on doit leur faire la part qu'elles méritent comme éléments de prépolitisation des groupes populaires ou semi-populaires urbains. Doit-on s'étonner, dès lors, d'une perméabilité certaine aux idées-forces de la philosophie des Lumières? Entre l'élite éclairée et ceux qui n'ont aux Lumières qu'un accès parfois très indirect, on discerne un indéniable mouvement de propagation.

1. M. Vovelle, *Piété baroque et Déchristianisation. Les attitudes devant la mort en Provence au* XVIII*e siècle.*

Une querelle sur l'élite.

Les élites paraissent donc dépositaires du programme des Lumières et comme investies du rôle de le diffuser. Telle responsabilité impose quelque réflexion préalable sur ce qu'elles représentent, d'autant que le problème vient d'être tout récemment repris [1].

Au schéma, trouvé sommaire, de la Révolution bourgeoise opposée à la résistance aristocratique, on a opposé l'unicité d'une culture d'élites, regroupant non seulement la noblesse, mais la fraction supérieure du tiers état, la haute bourgeoisie lettrée. A ce niveau, il y aurait plus que communauté de niveau culturel, une communauté d'option, un programme commun même, le tout se résumant dans cette civilisation des Lumières dont les élites, d'où qu'elles viennent, seraient coresponsables. Telle réinterprétation va loin. La Révolution, à la limite, en devient un accident, ou un malentendu entre deux factions de cette élite d'où pouvait, et devait naturellement sortir, une nouvelle classe dirigeante. Par le biais de la culture de l'élite, c'est tout le problème d'une « Révolution des Lumières » qui se trouve posé, et, par suite, de la Révolution tout entière. Unité de culture, unité de goûts et de sensibilité, unité d'options et de programmes : autant de degrés auxquels il faut appliquer cette problématique; la réponse ne sera pas forcément partout identique. Cerner les contours de l' « élite » peut se faire à plusieurs niveaux. Tout naïvement d'abord, on doit distinguer celui du producteur et du consommateur, entendons celui qui lit et dispose, si peu que ce soit, d'un certain accès à la culture.

Culture et structures de l'élite.

Le test d'alphabétisation, mesuré par les signatures, perd ici sa sélectivité : en cette fin du XVIIIe siècle, la pratique est générale dans ces milieux. L'autre test d'appartenance pourra être la fréquentation du collège : on en sait le réseau relativement très dense encore qu'il reflète parfois très cruellement les déséquilibres d'une région à l'autre. Tenus par des congrégations, dominés longtemps par la

1. D. Richet, « ...Élites et despotisme » (63).

rivalité séculaire entre jésuites et oratoriens, ils restent le lieu où se façonnent aux humanités ces jeunes gens d'un recrutement moins aristocratique qu'on ne l'a longtemps cru, et que la Révolution trouvera nourris de Pétrarque et des Latins. Même si une modernisation modeste, par introduction de disciplines nouvelles, commence à se faire jour, un certain héroïsme néo-classique révolutionnaire serait inconcevable sans cette formation humaniste traditionnelle.

Les contours de l'élite « consommatrice » des Lumières se discernent à nouveau au sortir des années d'apprentissage, dans les lieux de rencontre dont le XVIIIe siècle a vu la multiplication : sociétés de pensée, loges maçonniques. On ne croit plus aujourd'hui à la légende, lancée dès l'époque par l'abbé Barruel et quelques autres, d'une Révolution française, fruit d'un complot maçonnique; cela ne veut pas dire que le rôle des loges dans la propagation des Lumières n'ait été de première importance. Contentons-nous de les prendre à la veille de la Révolution, alors que l'affirmation du Grand Orient depuis 1773 et que l'absorption ou la fédération d'une partie des autres rites permettent d'en mesurer le succès. Les loges sont présentes dans toutes les villes de quelque importance : 363 villes au moins pour le royaume, beaucoup pourvues de plusieurs loges [1]. L'implantation est inégale d'ailleurs, et de façon révélatrice, c'est dans le Midi provençal, languedocien et une partie de l'Aquitaine que la densité est la plus forte. Les pôles « répulsifs » couvriront au contraire l'Ouest armoricain, ligérien, et, malgré les loges militaires, le Nord-Est. Carte des tempéraments révélatrice d'options durables, mais aussi de réalités socio-géographiques enracinées : on sait depuis peu [2] comment, dans le Midi urbanisé, la migration des notables s'est faite des anciennes confréries vers les loges maçonniques mieux adaptées à une sociabilité comme à une sensibilité nouvelles. Faire la sociologie des loges, c'est peut-être saisir sous sa forme la plus diffuse et la plus large, l'élite des Lumières. Le travail n'est qu'amorcé, mais il suggère un paysage social variable d'une ville à l'autre, d'une loge à l'autre. En gros, des nobles, des ecclésiastiques aussi, des cadres de la robe ou des

1. D'après H. Le Bihan, *Loges et Chapitres de la Grande Loge et du Grand Orient de France (seconde moitié XVIIIe siècle)*, Paris, 1967.
2. M. Agulhon, *Pénitents et Francs-maçons dans l'ancienne Provence*, Paris, 1968.

professions libérales, des bourgeois, marchands et négociants, quelques cadres moyens, artisans et détaillants : une nébuleuse que nous avons appris à reconnaître.

Ces élites que l'on saisit aux points de rencontre, on aimerait les connaître en leur intérieur pour « prendre sur le fait » la pénétration des Lumières : on risque une déception. Ne les attendons pas très « liseuses » : là où l'on a décompté dans les inventaires après décès les mentions de bibliothèques, on les découvre rares et peu fournies, les livres se comptent par dizaines, ne dépassant que rarement la centaine, chez des nobles ou des prêtres... L'élite des Lumières serait-elle, paradoxalement aristocratique?

On serait assez porté à le croire si l'on passe de ce que nous avons assez irrespectueusement appelé les « consommateurs », à l'état-major des Lumières. Les académies de province, connues par les sujets qu'elles mirent au concours, sont une des institutions originales de cette culture conquérante : 9 en 1710, 24 en 1750, 35 en 1789. Et pourtant, à dénombrer leurs membres, on y rencontre en général un cinquième en moyenne d'ecclésiastiques, souvent plus de moitié de nobles, fréquemment d'offices. Le tiers état réduit à la portion congrue inclut surtout des membres de professions libérales et une bourgeoisie de « talents » : le négoce n'y figure pratiquement pas [1]. Il serait bien naïf toutefois de s'étonner de ce déséquilibre. D'abord parce que ces académies, fidèle reflet des hiérarchies provinciales, « bonnes filles qui n'ont jamais fait de mal à personne », selon le mot de Voltaire, ne représentent pas tout à fait le mouvement : et il est significatif que le groupe des Encyclopédistes offre un éventail singulièrement plus ouvert vers la bourgeoisie, et par les représentants de la technique, vers l'élite au moins des métiers. Et puis, il n'est pas nécessaire, ni mécaniquement vérifié, qu'un message soit porté en main propre. L'exemple du négociant est là pour le prouver : il est absent des académies, à peu près totalement (quitte à se rencontrer dans d'autres cénacles de structure plus souple). Est-ce inculture ou désintérêt? Il ne le semble pas : pour autant qu'on connaisse ces hommes, l'idéal étriqué du « parfait négociant » de Savary est bien dépassé. En tout cas, s'il ne se montre pas, on le regarde : la littérature, le théâtre

1. D. Roche, dans *Livre et Société*, t. I (*Bibl. n*° 60).

fin de siècle en font, on l'a noté (J. Ehrard [1]), très fréquemment, le héros positif, par contraste avec l'aristocrate : du Bourgeois gentilhomme à Turcaret, au négociant honnête homme, une courbe significative s'établit.

Une mutation de sensibilité.

Quels qu'en soient les acteurs, un nouveau style s'est imposé, une mutation profonde s'est opérée. Elle affecte les comportements, les pratiques, le goût, elle débouche sur un message qui est celui des Lumières.

On en suit la transmission au relevé des titres rencontrés au fil du siècle dans les bibliothèques. Une ventilation globale des thèmes atteste la constance de quelques valeurs sûres : le droit ou l'histoire; mais aussi un chassé-croisé étonnant. La littérature de religion tenait au début du siècle une première place incontestée, entretenue par toute la polémique autour du jansénisme : son déclin est sans appel. Progressivement les sciences, les arts, les curiosités, et aussi les belles-lettres (mais avec des réajustements internes significatifs : du poème épique ou de la tragédie au roman) prennent une place essentielle, révélant une mutation profonde dans la sensibilité du public. Surtout cette opinion s'est « politisée ». Des traités aux « petits pâtés » en termes d'essais incisifs où Voltaire a excellé, toute une nouvelle littérature s'adresse à elle.

Des attitudes collectives, parfois semi-inconscientes ou incomplètement exprimées, aux options, toute une gradation se dessine. Attitudes devant la vie, attitudes devant la mort suggèrent un nouveau type d'honnête homme. La famille prolifique n'est plus de mode : dans l'aristocratie d'abord, puis dans l'élite roturière, une cellule plus étroite se soude, qui, plus que dans l'abandon chrétien à la Providence ou dans l'indifférence des roués, va trouver ses modèles dans un rousseauisme qui redécouvre l'enfant, élément de cette réhabilitation du sentiment qui caractérise l'époque. Laïcisée, l'effusion a changé de nature.

C'est dans ces « élites » sans doute qu'un processus de déchris-

1. Dans sa participation au colloque sur *les Niveaux de culture*, tenu à l'E.N.S.

tianisation amorcée est le plus nettement décelable. On le connaissait depuis longtemps, quitte à se satisfaire pour le décrire des clichés commodes du dictionnaire des idées reçues : « bourgeoisie voltairienne » ou « aristocratie frivole ». Les comptages qui commencent à être entrepris en certains sites d'après les gestes de la pratique autorisent plus de précision. Très pratiquant si l'on en juge par ses messes et ses legs au début du siècle [1], le monde des notables ne bouge pas, renforce même parfois son zèle jusqu'aux années 1730 ou 1750, suivant les sites, en fonction de l'importance que le jansénisme y a prise. Mais précoce ou tardif, le tournant est brutal, réduisant généralement de moitié (en Provence du moins) la fréquence des gestes. Inégalement toutefois suivant les milieux : dans le domaine des options religieuses, l'élite se révèle dans une diversité qui peut faire douter de sa cohésion réelle. Le taux de pratique reste très élevé, généralement stable dans la noblesse, il s'effondre dans l'élite roturière, professions libérales et négociants donnant l'exemple.

Cette laïcisation très poussée de la vie des couches supérieures est un des éléments majeurs de la sensibilité qui s'élabore, même si, pour certains, elle apparaît surtout comme un transfert de religiosité. Mais l'art, en écho à ces mutations, nous dit vers qui l'on se tourne, et ce que l'on recherche. Il nous dit le désir de solidité, de majesté, voire l'aspiration héroïque dans les projets ou les réalisations architecturales de Ledoux ou Boullée, la simplicité qui se veut austère du mobilier Louis XVI. La peinture investit dans deux voies apparemment bien différentes : l'héroïsme à l'antique qui s'affiche en profession de foi néo-classique dans *le Serment des Horaces* de Louis David (1785), l'effusion mièvre dans la scène de genre moralisante de Greuze.

L'élite est-elle révolutionnaire ?

On pourrait par ce biais formuler le problème que l'on ne peut esquiver. Celui du contenu social et révolutionnaire de toutes ces novations. Et nous savons qu'il serait trop simple, ou mécaniste, de faire du néo-classicisme davidien (pour ne pas parler de Greuze)

1. M. Vovelle, *Piété baroque et Déchristianisation...*

l'expression d'une culture bourgeoise montante face à la frivolité décadente de Boucher continué par Fragonard. Mais il n'en reste pas moins que des fêlures se dessinent, malgré l'apparent consensus d'une culture d'élite. Elles vont se révéler plus flagrantes encore si nous passons du semi-inconscient collectif des goûts, des gestes et des pratiques au domaine des idées claires et des options collectives.

Sans doute la philosophie des Lumières, qui peut apparaître dès lors comme un programme formulé, comporte-t-elle, quels que soient les antagonismes, un corpus commun. Malgré Rousseau, elle se définit en termes d'optimisme et de foi au progrès et à la raison. Un rationalisme conquérant qui veut changer le monde en s'attaquant à tout ce qui attache au passé : le despotisme — s'il n'est point éclairé —, les abus, la superstition. Un système de valeurs nouvelles, dont la liberté est le mot clef, semble s'imposer à tous ou presque. Condorcet, dans son *Esquisse d'une histoire des progrès de l'esprit humain* résume et couronne assez bien (dans ses limites mêmes) le bilan d'un siècle. Mais ne nous y trompons pas et restons sur nos gardes : dans ce corpus des Lumières, il manque un mot chez presque tous (malgré Marat dont *les Chaînes de l'esclavage* datent de 1774), et c'est le mot Révolution. Que cette commotion se produise, et les ambiguïtés se feront jour : le libéralisme aristocratique, fait de plus de nostalgies que d'espoirs et dont Montesquieu avait été le représentant, révélera son vrai visage. Façonné ou non dans une élite qui peut paraître — socialement — bien traditionnelle, le message des Lumières deviendra l'arme de la bourgeoisie au combat. Il n'y a pas d'élite homogène, là où il n'y a pas véritable communauté d'intérêts.

3

Comment naît une révolution [1] *(1787 - mai 1789)*

1. Révolte aristocratique ou Prérévolution (été 1786 - été 1788)

On a proposé des titres divers : « Révolution aristocratique » (G. Lefèbvre), « Révolte nobiliaire » (Mathiez) ou « de l'aristocratie » (Soboul), voire « Prérévolution » (Egret), quitte à y insérer une Révolution « des notables [2] ». Fluidité et repentirs du vocabulaire sont bien révélateurs, puisqu'ils posent tout le problème de l'interprétation de la période qui va de 1787 à 1789. On serait tenté de placer ici les causes « immédiates » de la Révolution en contrepoint des causes « profondes » dont le tableau de structure a tenté de rendre compte. Mais, précisément, il s'agit de bien plus que de convulsions initiales; selon que l'on tranche pour « révolte » ou pour « révolution », pour les « nobles » ou les « notables », c'est un peu toute la suite qui se trouve hypothéquée. Simple incident à contretemps, ou épisode majeur qui eût pu déboucher sur une révolution sans la Révolution par accord des notables sur un programme commun, ainsi se présente cette période, où l'on doit par ailleurs faire la place qui lui revient à la pression d'une crise économique, mobilisatrice des masses.

Un monarque médiocre.

On nous en voudrait à juste titre si nous ne faisions à celui dont dépend la monarchie française en 1789 la place qui lui revient

1. Ce titre reprend une formule célèbre de E. Labrousse.
2. J. Egret (68).

de droit. Louis XVI règne depuis quinze ans, ayant succédé en 1774 à son grand-père Louis XV : « Nous régnons trop jeunes », aurait-il dit alors, avec la nouvelle reine Marie-Antoinette, fille de l'impératrice Marie-Thérèse. Angoisse justifiée par la conscience de ses limites personnelles, dans une situation grave. On a tout dit sur l'honnêteté et certainement le désir de bien faire de ce gros homme limité intellectuellement. Il s'épanouit à la chasse ou dans son atelier de serrurier, mais dort au conseil et vivra semi-inconscient, son journal le prouve, des journées révolutionnaires décisives. Puis il n'a guère de prestige personnel. Empâté, on dit qu'il boit, qu'il brille bien peu aux jeux de l'amour, et qu'il fallut une opération pour le rendre apte à perpétuer la lignée royale : une fille d'abord (1778) qui sera Madame Royale, puis un premier dauphin (1781-89), puis le duc de Normandie (1785) fondent les espoirs de la monarchie. Problème dynastique : les frères du roi surveillent avec attention cette fragile postérité. Le comte de Provence et le comte d'Artois ont des personnalités bien différentes, mais se rencontrent dans une ambition personnelle, au service de l'intransigeante défense des privilégiés. Plus loin, inquiétant dans sa disgrâce même, le cousin du roi, Philippe d'Orléans est l'homme le plus riche du royaume, et joue pour sa part avec habileté le jeu du changement. La reine Marie-Antoinette, dans ce cercle de famille, tient un rôle politique. Affirmation paradoxale, semble-t-il, visant cette jeune femme avide d'évasion, symbole très vite de la dispendieuse frivolité de la vie de cour. Mais ses robes, mais son entourage intéressé et comblé (Mme de Polignac), mais la réputation scandaleuse qui s'attache à elle (on lui prête des amours avec Fersen, colonel du Royal-Suédois) en font déjà, malgré elle, une incarnation symbolique de l'ancien monde. Il y a plus : la souveraine prend et gagnera progressivement un ascendant croissant sur son époux; l'opinion l'accuse de ne point penser français. Elle devient vite « l'Autrichienne ».

Tout cela ne serait rien, ou peu de chose. La monarchie avait traversé bien d'autres drames de palais, et les inhibitions de Louis XVI n'expliquent pas le tarissement de « l'ardeur réformatrice du régime ». Reste, pour revenir au plan politique, un comportement singulièrement velléitaire, dans une période qui ne tolère pas d'hésitations. Voulant se « barricader d'honnêtes gens », Louis XVI a cependant évincé le « triumvirat » (Terray-Maupeou-d'Aiguillon) qui avait proposé la voie française d'un certain despotisme éclairé. Il n'a pas soutenu son ministre Turgot (1774-76) qui apportait au pouvoir une inspiration novatrice inspirée des physiocrates, et l'a remplacé sans profit par Necker, banquier genevois éclairé, mais plus habile qu'inspiré. La publication par ce dernier du *Compte rendu au Roi* sur les dépenses et les recettes du royaume, geste publicitaire plus que politique, révélait cependant à l'opinion le poids disproportionné des dépenses de la cour; l'hostilité de ce groupe de pression provoque en 1781 le renvoi de Necker.

Crise politique : le déficit.

La crise politique se noue dans cette dernière décennie. Succès de prestige international, la guerre d'Amérique a été un gouffre pour les finances : 2 milliards de livres, fournis par l'emprunt. Calonne, successeur de Necker et contrôleur général des finances à partir de 1783, poursuit une politique systématique de recours au crédit pour couvrir les besoins du Trésor. Le poids d'une dette hypertrophiée (elle aura triplé en quinze ans) le contraint à poser enfin le problème d'une réforme des structures en présentant en août 1786 un *Plan d'amélioration des finances.*

Dans ces causes proches ou immédiates de la Révolution le déficit apparaît donc un élément majeur, au point de devenir, suivant la boutade de Mirabeau en 89, « le trésor de la nation ». On ne peut autopsier le mal que par approximations. Le Trésor royal ne connaît pas de budget prévisionnel de type moderne, puisque la pratique des « acquits au comptant » permet au roi de puiser dans ses caisses en fonction des besoins; du moins certains documents ultimes offrent-ils un ordre de grandeur, tel le « compte du Trésor » pour 1788 : 503 millions de livres de recettes pour 629 millions de dépenses. Le paradoxe éclate d'entrée. On ne peut plus rien attendre de l'impôt; son montant a été alourdi de 140 millions en dix ans. Il faudrait prendre l'argent où il se trouve, là où les physiocrates en ont détecté l'accumulation : chez les bénéficiaires de la rente foncière, mais c'est repenser tout un système fiscal fondé sur l'exemption des privilégiés. Au rang des dépenses, le budget paraît aussi disproportionné. Les dépenses militaires représentent plus du quart du total (165 millions, soit 26 %); parmi les dépenses civiles (24 % avec 145 millions), on peut ne pas trop s'étonner de la part infime (2 %) de l'Assistance ou de l'Éducation : il y aurait sans doute anachronisme à transposer ces rubriques dans un système qui ne les connaît pas. Mais la cour, mais les pensions, consomment 6 % du revenu. Ce n'est pas le gouffre unique qu'imagine l'opinion; cela reste énorme, et dans ce domaine, on est légitimement sensibilisé par les exemples d'une largesse royale contrôlée : 23 millions de livres pour payer les dettes du comte d'Artois, 14 millions pour le comte de Provence... c'est trop sans doute. Reste que le poste budgétaire le plus important est devenu le service de la dette qui absorbe en 1788 51 % du revenu annuel. C'est le cercle vicieux d'un budget où les dépenses l'emportent de quelque 20 % sur les recettes, où les anticipations et les avances sollicitées matérialisent une survie à la petite semaine, que Calonne tente de briser en présentant son plan de réformes à une assemblée de notables.

Calonne devant les notables.

Ce ministre trop complaisant avait été un bon intendant de province, il a laissé mauvaise réputation; son plan de réformes, en tout cas, va au-delà d'un système d'expédients fiscaux, il s'en explique lui-même devant les notables : « On ne peut faire un pas dans ce vaste royaume, sans y trouver des lois différentes, des usages contraires, des privilèges, des exemptions...; et cette dissonance générale complique l'administration, interrompt son cours, embarrasse ses ressorts et multiplie partout les frais et le désordre. »

Tel diagnostic entraînait une profonde réforme. Sur le plan fiscal, elle supposait non point l'abolition mais la limitation de l'ancien système inégalitaire et irrationnel : la taille était allégée, la gabelle également et son système uniformisé. Surtout, on attendait beaucoup d'un impôt nouveau, la « subvention territoriale », proportionnel au revenu foncier, et surtout universel puisque toutes les propriétés y étaient assujetties. L'ancien impôt du vingtième se trouvait limité au revenu mobilier : vingtième d'industrie ou vingtième des offices. S'attaquant en ces termes au problème de fond de la fiscalité, Calonne proposait de résoudre l'urgence du moment, le déficit, par l'aliénation progressive, en 25 ans, du domaine royal pour rembourser la dette. Il prévoyait enfin la conversion de la Caisse d'escompte en une banque d'État.

Sortant du strict domaine financier, Calonne entendait augmenter l'activité économique, donc le revenu, par la liberté du commerce des grains et par la suppression des douanes intérieures et de certains droits gênants sans grand profit (la marque des cuirs). Surtout, et pour que la « répartition des charges publiques cessât d'être inégale et arbitraire », il envisageait une réforme administrative profonde par une hiérarchie d'assemblées municipales, de districts, puis provinciales, désignées par les plus riches : si leurs attributions demeuraient consultatives, il y avait là tentative pour généraliser les assemblées provinciales dont Necker avait tenté l'expérience en Guyenne et au Berry.

La tentative de Calonne? Une perche tendue (non la dernière) à l'ancienne aristocratie. En sauvant l'État monarchique malade de ses finances, elle consentait peut-être quelques abandons majeurs en matière d'égalité fiscale, elle acceptait implicitement dans les assemblées locales une nouvelle lecture des mérites non plus par ordres, mais suivant la richesse. Mais elle sauvait les meubles : la plupart de ses exemptions, et la structure d'ensemble de la société.

Ce compromis échoue. L'assemblée des notables est réunie le 22 février 1787, suivant une technique éprouvée par l'ancienne monarchie : 144 personnes, princes du sang, ducs, pairs et maréchaux pour une quarantaine, 33 parlementaires, une douzaine de prélats, 25 maires et échevins, peut-on souhaiter mieux conditionnés pour avaliser les propositions royales, que ces dignitaires du régime que la caricature évoque sous les traits de volailles prêtes à se faire plumer? Un réflexe de privilégiés dresse néanmoins les notables contre le ministre. Échaudés d'entrée par un discours de Calonne qui révèle l'étendue du déficit, ils demandent des comptes : Necker n'a-t-il pas, six ans auparavant, fait état d'un excédent de recettes? Argument habile qui contraint Calonne, pour se justifier, à démonter les supercheries du *Compte rendu*, quitte à se mettre à dos une opinion pour laquelle le banquier genevois reste l'homme du progrès et des Lumières. Puis on attaque Calonne par ses faiblesses. Mirabeau le prend à partie dans une « dénonciation contre l'agiotage ». En vain le ministre tente-t-il de relancer le débat par un « avertissement », dénonçant l'égoïsme des aristocrates; insuffisamment confiante ou éclairée, l'opinion ne le soutient pas contre l'attaque des privilégiés, prélats ou parlementaires qui obtiennent son renvoi et le contraignent à la fuite.

Le ministère Brienne.

Appelé par le roi en mai 1787, l'archevêque de Toulouse Loménie de Brienne, signalé par son opposition à Calonne, est un homme des Lumières, ambitieux, intelligent aussi et prêt à appliquer la politique de celui qu'il a supplanté; mais l'opposition n'a pas désarmé, il s'en faut.

Pour se concilier les notables, il accepte de leur rendre des comptes et annonce des économies. Parallèlement, tentant avec une clairvoyance certaine de dissocier la coalition des aristocrates et de l'opinion bourgeoise, il propose un train de mesures éclairées; ce prélat affronte l'hostilité du clergé en faisant accorder la liberté de l'état civil aux protestants, il se tourne vers l'élite du Tiers en instituant partout des assemblées provinciales nommées sans doute, et purement consultatives, mais où, par une innovation qui ne sera pas oubliée, le tiers état a une représentation égale aux deux autres ordres; à la masse paysanne il offre la reconversion de la corvée royale en une contribution en argent. Mais il achoppe sur la question financière; contraint de reprendre le projet de subvention territoriale de Calonne, en l'alourdissant encore d'un droit de timbre, il se heurte à l'opposition réitérée des Notables. Elle est même assortie d'un considérant nouveau : en se déclarant inapte à consentir un impôt, l'assemblée fait référence implicite à une convocation des états généraux, et La Fayette réclame une assemblée à l'américaine assortie d'une Grande Charte, c'est-à-dire une constitution.

On a épilogué sur l'importance et sur la réalité du choix encore ouvert à la monarchie, à ce stade de l'affrontement : prendre les notables au mot et miser sur la bourgeoisie contre les privilégiés eût-il sauvé le régime? Faux problème de reconstruction historique, qui suppose réelles les possibilités d'arbitrage d'un système lié aux anciennes structures.

Prisonnier des corps intermédiaires que sont les parlements, Brienne doit leur soumettre ses édits. S'il a le flair de céder au moins sur les édits « libéraux » (corvée, assemblées provinciales), le parlement de Paris ne perd pas l'occasion de profiter de l'équivoque antifiscale qui lui permet, en défendant les privilèges, de mystifier encore une opinion qui crie : « Point d'impôts, vive les pères du peuple... », et formulant des remontrances relativement à l'édit sur le timbre, il refuse la subvention territoriale en faisant appel aux états généraux. Un jeu que le XVIIIe siècle tout entier avait bien connu recommence : enregistrement forcé par « lit de justice » (6 août 1787), désaveu le lendemain par le parlement de la violence à lui faite, réponse royale en termes d'exil, à Troyes, comme d'habitude, solidarité des autres cours et des parlements de province, soutien actif du petit peuple parisien, tractations, rappel d'exil sur base d'une capitulation de la royauté, puisque les édits fiscaux sont retirés.

Mais le jeu a été poussé trop loin : on n'en est pas plus riche pour autant, Brienne propose une série d'emprunts — 420 millions étalés sur 5 ans — et concède en contrepartie une convocation des états pour 1792. Une « séance royale » tenue le 19 novembre 1787 est transformée en « lit de justice » par le roi et son garde des Sceaux Lamoignon qui ont opté pour la manière forte : tour de passe-passe, qui, en tout autre temps, eût pu être un acte d'autorité royale. A l'échange lapidaire de répliques entre le roi et son cousin le duc d'Orléans : « C'est illégal... — Si, c'est légal parce que je le veux », on connaît à la fois la doctrine de l'absolutisme et le discrédit de fait dans lequel elle est tombée par rapport à un nouveau mode de penser. Ainsi affrontées, les positions ne peuvent que se durcir et le jeu ne va plus. Du côté du parlement, on réplique à l'exil du duc et de plusieurs conseillers par des protestations réitérées et de plus en plus audacieuses, le 4 janvier 1788, puis le 3 mai enfin : dénonciation des lettres de cachet au nom du droit naturel, proclamation des « lois fondamentales du royaume » dont on se dit gardien et qui reconnaissent la monarchie héréditaire, mais proclament la liberté individuelle, l'indépendance de la justice, le droit à consentir l'impôt dévolu aux états généraux régulièrement convoqués : amalgame ambigu de très ancien et de très neuf.

La révolte parlementaire culmine dans la séance tragi-comique ou, à tout le moins, grandiloquente du 5 mai 1788, où les parlementaires refusent de livrer deux des meneurs de l'opposition, d'Épremesnil et Montsabert. A cette date, la royauté a tardivement décidé de reprendre la politique qui fut celle du chancelier Maupeou à la fin du règne précédent : casser la caste parlementaire en la dépossédant de ses attributions. Six édits préparés par le garde des Sceaux Lamoignon remanient profondément la justice. L'humanité y gagne, puisqu'on supprime la « question préalable »; les plaideurs aussi, puisque nombre de justices inférieures sont abolies; enfin la raison y trouve son compte, dans une hiérarchie mieux équilibrée, qui fait des présidiaux les tribunaux de première instance, et institue en appel 45 grands bailliages, ce qui diminue d'autant les attributions des parlements, dont le droit d'enregistrement passe à une « cour plénière » composée de dignitaires de la couronne. Une des racines du mal subsiste, puisqu'on n'a pas aboli la vénalité des offices; en tout état de cause, cette réforme importante nous laisse sur l'insatisfaction de n'avoir pratiquement pas été mise à l'épreuve : à la révolte parlementaire, se substitue déjà une nouvelle étape de l'affrontement.

La « Révolution des notables ».

C'est le titre qu'on a donné [1] à cette étape singulière qui couvre pour l'essentiel l'été de 1788, des édits de Lamoignon, en mai, à la chute de Brienne et au rappel de Necker, à la fin du mois d'août. La mutation de vocabulaire recouvre bien le changement de rythme, de nature et d'ampleur du mouvement. Pour n'être pas détrôné de son initiative, Paris n'en cède pas moins le pas, pour un temps, à la province, celle du passé, des forces centrifuges que sont les vieux états provinciaux, refuges de la noblesse, et les parlements locaux. Mais ne nous y trompons pas : c'est là aussi,

1. J. Egret (68).

mieux que dans le Paris du mois de mai 1788, que vont pouvoir se structurer les éléments d'une autre force collective autonome, celle de la bourgeoisie. Par là même s'élabore un autre programme, proprement révolutionnaire, qui va au-delà des buts de guerre rétrogrades de la révolte aristocratique.

Inégalement toutefois, suivant les lieux et suivant les moments. Initialement, le mouvement se présente comme une riposte de ceux que lèsent les édits de Lamoignon : les parlements, bien sûr; et la carte des troubles va de Dijon à Toulouse, de Rennes à Pau ou Grenoble. Les milieux urbains qui vivent, directement ou non, de leurs parlements sont intéressés par ricochet; que serait Grenoble sans « Ces Messieurs »? Ce ne serait là encore qu'une solidarité de type traditionnel. Mais il y a plus. Tout d'abord, partiellement distinct, mais prêt à convergence, le particularisme des noblesses en pays d'états ou ci-devant d'états : là où ils subsistent, ils fournissent un support logistique à l'ardeur batailleuse de l'aristocratie locale (Rennes). Mais ailleurs, on note aussi que les assemblées nouvelles ont pu offrir elles-mêmes le cadre d'une revendication parfois agressive (ainsi en Auvergne, à l'instigation de La Fayette). Comme les parlements ont leur réseau de sympathies, les revendications des noblesses particularistes peuvent susciter des résonances populaires. En mai et juin, on n'est pas en peine de trouver à ce schéma des illustrations locales. A Pau, c'est le 19 juin que les campagnards ameutés par le parlement et la noblesse assiègent l'intendant et le contraignent à capituler. A Rennes, la noblesse, unie encore aux étudiants, ne rencontre qu'une résistance bien faible, sur fond de complicité de la part de l'intendant.

L'exemple dauphinois.

Mais si, dans ces sites, l'initiative demeure encore à la coalition de la caste parlementaire et des autres noblesses, le tournant véritable s'esquisse en Dauphiné. Non sans raisons sans doute : Grenoble, ville de parlement, le Dauphiné, pépinière de noblesse nombreuse et qui regrette ses états, abrite aussi une bourgeoisie active et diversifiée. Cela va du gros entrepreneur capitaliste de type moderne, tel Claude Périer, « Périer Milord », à ce groupe apparemment bien différent, proche, semble-t-il, du parlement dont il vit, des avocats et des robins grenoblois dont Mounier et Barnave sont deux représentants éminents. Mais ne confondons pas plus que ces gens ne se trompent : Barnave sait très clairement sur quelles bases définir l'unité de la bourgeoisie dans laquelle il se range, et au nom de laquelle il va traiter avec les privilégiés, déborder leurs revendications initiales, leur proposer enfin une sorte de compromis. A Grenoble, tout commence, comme ailleurs, à l'initiative du parlement : refus d'enregistrer les édits, ordre d'exil (fin mai). Animée par la basoche locale, la riposte populaire prend la forme, le 7 juin 1788, de la célèbre « journée des Tuiles » où la foule lapide la troupe, et ramène au Palais de Justice les magistrats dépossédés. Mais la portée est tout autre : cette émotion populaire suscite un premier prolongement sous la forme d'une assemblée tenue à Grenoble le 14 juin 1788, coalition spontanée de notables : 9 pour le clergé, 33 pour la noblesse, 59 pour le tiers état, surtout gens de robe. Animé par Mounier et Barnave, ce relais bourgeois s'exprime dans un programme qui dépasse déjà de beaucoup le simple soutien aux parlementaires; on en demande certes la réinstallation, mais on y joint l'exigence d'une convocation des « États particuliers de la province », en y appelant les membres du tiers état « en nombre égal à celui des membres du clergé et de la noblesse réunis et par voie d'élections libres »; elle-même prélude à une convocation des états généraux.

Cette esquisse est mise en forme et largement orchestrée dans l'assemblée générale des municipalités du Dauphiné qui se tient le 21 juillet 1788 au château de Vizille, prêté pour la circonstance par « Périer Milord ». Une véritable campagne électorale avait été menée, à la fois active et sélective, puisqu'un peu moins de 200 paroisses sur 1 200 sont représentées. Telle quelle, l'assemblée de Vizille regroupe 50 ecclésiastiques, 165 nobles, 276 représentants du tiers : un tiers état trié sur le volet, mais qui n'en domine pas moins par l'initiative qui revient à ses leaders (Mounier). Les résolutions adoptées réclament le rappel des parlements, mais dépouillés du droit d'enregistrement et de leur influence politique, projettent le rétablissement des états provinciaux sur la base de l'égalité du tiers et des autres ordres, et surtout comme élément d'une restructuration politique dont les états généraux, seuls aptes à « lutter contre le despotisme des ministres et mettre un terme aux déprédations des finances », sont le couronnement. Provincialisme qui se dépasse lui-même, alors qu'il triomphe : les Dauphinois affirment qu'ils ne sépareront jamais leur cause et celle des autres provinces et « en soutenant leurs droits particuliers, [qu'] ils n'abandonneront pas ceux de la Nation ».

Le compromis est-il possible?

L'exemple dauphinois introduisait à une dynamique nouvelle, en termes de dépassement de la révolte aristocratique, mais aussitôt de compromis stabilisateur offert par les notables. Des aspirations bourgeoises, elle retenait la lutte pour les libertés, l'aspiration nationale; une nouvelle lecture, mais très modérée encore, des mérites puisqu'on se satisfaisait d'un doublement du tiers. Les privilégiés n'y perdaient rien de trop essentiel, même si les parlements s'en trouvaient remis à leur place, et les provincialismes bousculés, après avoir été exaltés. On put en juger dès le mois suivant lorsqu'il s'agit de procéder à la constitution de ces nouveaux États du Dauphiné qui avaient été projetés : en décidant de s'en remettre aux Ordres, nos notables conjurés obtinrent des résultats bien significatifs; la noblesse excluait les anoblis, le clergé, les curés congruistes cependant nombreux en Dauphiné, le tiers imposait un seuil censitaire et se fermait aux fermiers ruraux, c'est-à-dire à toute une partie de la paysannerie. Dans la voie de ces concessions à la cohésion d'une « élite » triée sur le volet, les notables dauphinois iront jusqu'à garantir particulièrement la catégorie des terres dites nobles. Un des amis de Mounier précise sur la base de quel choix : « il vaut mieux s'exposer à ne pas voir rétablir de nos jours une égalité parfaite que de ralentir notre marche vers la liberté. N'est-ce donc que du soin d'être moins pauvres que les citoyens doivent s'occuper aujourd'hui et ne doivent-ils pas commencer par vouloir être libres? ».

Pour obtenir les libertés et l'égalité politique, consentir les concessions les plus extrêmes aux structures sociales anciennes : dans ce programme des notables, n'y avait-il point illusion, voire contradiction? C'était préjuger du réalisme de la noblesse, de l'acquiescement aussi de l'ensemble de la bourgeoisie, de la passivité enfin de classes populaires dupées par le compromis des notables, et dont Mounier espérait qu'après la pichenette initiale de la « journée des Tuiles », elles se confineraient dans leur rôle muet : « Les dernières classes du peuple attendaient dans le calme le résultat de nos travaux. Jamais la multitude n'influa sur nos assemblées. »

Espoir radicalement faux : l'équilibre fragile que stipule ce programme de révolution sans Révolution n'existe déjà plus; l'appareil d'État craque, faute d'autorité, faute d'argent surtout puisque Brienne, à court de moyens, doit suspendre les paiements du Trésor. Il a dû promettre (5 juillet 1788) de réunir les états généraux pour le 1er mai 1789, suspendre la Cour plénière prévue par Lamoignon pour remplacer les parlements dans leur contrôle politique. C'est sur la base d'une capitulation presque complète que le roi accepte le 24 août la démission de Brienne, et s'abaisse à reprendre Necker.

D'autre part, la « docilité » des masses populaires urbaines et rurales ne saurait résister longtemps à l'agression mobilisatrice d'une crise économique violente.

2. Une crise, une révolution

Au survol d'un siècle, le XVIIIe est apparu « glorieux » pour une économie entraînée par la hausse séculaire des prix et de la production. Mais on sait, depuis les travaux de E. Labrousse[1], que le « Révolution de la misère » n'est pas illusoire : c'est dans le contexte d'une violente crise économique que la Révolution prend naissance, et cette motivation prend une place capitale parmi les causes immédiates du mouvement. Le bilan séculaire de prospérité n'en est point pour cela remis en cause, mais c'est dans le temps court d'un « intercycle de contraction » (1778-1787) préludant au « cycle révolutionnaire » (1787-91) que s'inscrit, dans le domaine économique, le prélude à la Révolution.

1. *La Crise de l'économie française à la fin de l'Ancien Régime...* (66).

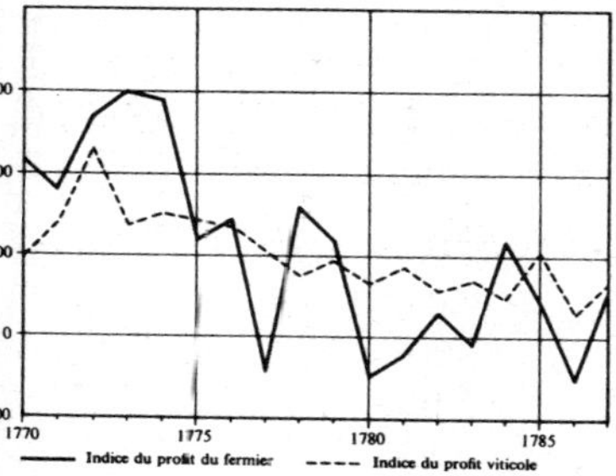

Fig. 16. *« Un intercycle de régression », d'après deux indices de la prospérité agricole : le profit du fermier et le profit viticole.*

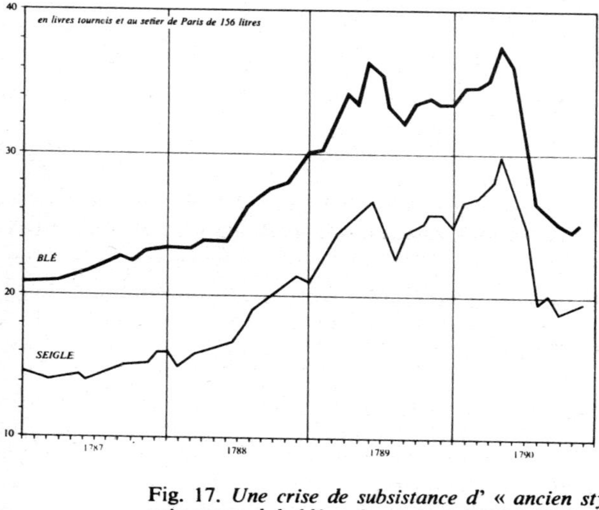

Fig. 17. *Une crise de subsistance d' « ancien style » : prix mensuel du blé et du seigle de 1787 à 1790.*

Un « intercycle de contraction ».

C'est entre 1760 et les années 70 que l'essor du siècle a connu son apogée : puis le vent tourne. Renversement qui n'est pas définitif, et ne marque pas la fin du « XVIIIe siècle économique », mais épisode qui entre dans le cadre de ce que les économistes appellent une fluctuation intercyclique : en l'occurrence, une quinzaine d'années.

La courbe des prix agricoles enregistre un fléchissement marqué en matière de prix viticoles : le prix du vin a baissé de moitié à peu près en 1781, et le malaise durera sept ans. Pour être moins prononcé, le fléchissement des prix du grain entre 1770 et 1780, et encore jusqu'à 1787, touche un autre secteur vital de l'agriculture. Qui peut pâtir de ces bas prix? Ceux qui vendent bien sûr, vignerons et fermiers des plaines de grande culture. Le malaise paysan est d'autant plus prononcé qu'à l'époque même où les prix baissent, les propriétaires élèvent leurs fermages. Mouvement apparemment à contretemps, revanche du propriétaire un temps gagné de vitesse par les profits de son fermier, malaise accru à coup sûr dans une paysannerie plus nombreuse qui ne peut donc guère discuter de fermages alourdis, alors même que son profit baisse. D'autres secteurs sont eux aussi atteints, il y a crise fourragère, et, par suite, de l'élevage après 1785.

L'industrie accuse le contrecoup de ce marasme; sans doute les secteurs de pointe, ainsi l'extraction du charbon, conservent-ils leur dynamisme : mais ils sont si marginaux encore! Les branches essentielles du textile, cotonnades ou draperies, fragilisées, stagnent: manque de matière première consécutive à la famine du coton durant la guerre d'Amérique, ou à la crise de l'élevage ovin après 1785. Dans le grand commerce lointain, c'en est fini depuis plusieurs années déjà de l'explosion conquérante; la stagnation a commencé dès avant la guerre d'Amérique, elle se poursuit jusqu'à 1785-86.

Régression ou au moins palier se retrouvent ainsi dans tous les secteurs, ou presque, de la vie économique... Là même où la courbe demeure à la hausse, c'est en termes de malaise social accusé. La population continue à croître et, selon la formule de Labrousse, la production de l'homme s'accroît, alors même que le rythme de la production ralentit, la ponction de la rente s'alourdit, alors même que le fermier vend moins cher... C'est dans un monde déprimé par plus de dix années de malaise qu'éclate en 1787 le « cycle révolutionnaire » dominé par la crise de 1789, et qui s'étend en gros de 1787 à 1791.

La crise économique.

La crise entre dans la catégorie de ces accidents d'« ancien style » antérieurs à la Révolution industrielle et dont on connaît bien le schéma : la sollicitation initiale, déterminante, est d'origine rurale, mais toute l'économie va en être contaminée.

La récolte des céréales de 1788 est très mauvaise, la suivante encore sera médiocre. On doit faire la part de l'« événementiel » économique, lorsque ses conséquences sont si lourdes ; et les orages, la grêle du mois de juillet 1788, ravageant les récoltes de la Normandie à la Champagne, ont leur part dans le climat révolutionnaire. Suit le rigoureux hiver de 1788-89 : le bilan d'une mauvaise année se chiffre par une hausse de 50 % des prix moyens *annuels* des céréales. C'est à la fois beaucoup et peu ; si l'on compare les prix *mensuels* d'une année à l'autre, on dépasse parfois 100 %, puis il y a des lieux particulièrement défavorisés (le Nord-Est) pour d'autres préservés (le Midi). Inversement, cette poussée reste sensiblement inférieure à celle de 1770, la plus comparable, si l'on remonte le temps. Pourquoi alors cette force explosive? Objectivement limitée, cette crise touche une économie et par suite une société à peine convalescentes au sortir du marasme des années précédentes.

La crise céréalière trouve écho dans les autres domaines de la production : le vigneron ne sait d'abord s'il doit rire ou pleurer de médiocres récoltes qui raffermissent les prix... Il se trouve finalement perdant à l'issue de trois mauvaises vendanges. Et voici que, par voie de contagion, la crise de sous-production agricole provoque une crise de sous-consommation industrielle.

L'industrie, principalement textile, accuse le coup. Elle a ses raisons spécifiques de malaise : les manufacturiers français ont âprement dénoncé les conséquences du traité franco-anglais de 1786 qui abaissait les droits à l'importation sur les produits britanniques. Mais plus largement, on fait remarquer que dans un monde populaire qui consacre déjà en temps normal moitié de son budget quotidien à l'achat du pain, la flambée du prix des subsistances, c'est la fermeture du marché urbain pour les produits de l'industrie textile, comme généralement des autres industries de consommation. En 1789, le textile est tombé à moitié de son niveau de 1782, l'industrie du bâtiment, ce baromètre de la prospérité collective dans l'ancien monde, languit. De 1787 à 1789 la crise touche donc les secteurs d'une économie fragilisée par un malaise antérieur : on s'explique mieux ses implications sociales majeures.

La crise sociale.

Il est assez aisé d'en formuler les données. La crise agraire peut avoir ses profiteurs : propriétaires payés par des fermages en nature, bénéficiaires de dîmes ou de champarts, gros fermiers vendeurs. A des titres divers, ceux-ci peuvent profiter des hauts prix de soudure dont pâtit le consommateur. Mais leur nombre est restreint; la paysannerie dans sa majorité aura les réflexes du consommateur obligé de s'approvisionner sur le marché. Puis, elle est, dans ses catégories inférieures les plus nombreuses, atteinte par le chômage rural : maigre récolte, c'est peu de travail pour le journalier, pour le batteur en grange. Chômage rural, chômage urbain; le malaise des industries, textiles ou autres, est lourdement ressenti au niveau de l'emploi. Entre les deux mondes, l'osmose est d'ailleurs constante : la crise provoque l'afflux en ville de campagnards en quête de travail, puis la main-d'œuvre saisonnière est affectée au premier chef par la crise de certains secteurs comme la « bâtisse ». On voit certes se mettre en place, ici et là, le vieux remède des ateliers de charité que les bourgeoisies urbaines pratiquent pour occuper « leurs » pauvres. Maigre palliatif : c'est le temps des errants, de ceux que G. Lefèbvre décrit, courant les plaines, en bandes parfois importantes. De l'errant au brigand, dans une vision collective encore sensible à des phénomènes paniques, il n'y aura qu'un pas, que l'été 1789 franchira aisément [1].

1. G. Lefèbvre, *La Grande Peur* (71), partiellement repris dans *1789* (70).

Les formes d'expression du malaise diffèrent évidemment d'un lieu à l'autre. Les villes, celles, du moins, qui possèdent un salariat de type moderne, connaissent une agitation pour le salaire : il y a des grèves à Marseille, et c'est à Paris, au faubourg Saint-Antoine, que les attitudes sont les plus nettes. Parce qu'il avait soutenu que l'ouvrier pouvait fort bien vivre de son maigre salaire, un riche manufacturier en papiers peints, Réveillon, voit son établissement mis à sac; l'intervention brutale des troupes termine l'émeute de façon sanglante. Pour spectaculaires qu'ils soient, ces affrontements le cèdent en importance à ceux que suscite la cherté, dans le cadre d'émeutes de subsistances que, peu ou prou, toutes les villes connaissent alors : troubles sur le marché, fixation autoritaire du prix des grains et du pain, pillage... On dénonce, comme quinze ans auparavant, le « pacte de famine », dans lequel trempaient le gouvernement et ses agents, pour affamer le peuple. Les mesures prises par Brienne en 1787 sur la liberté du commerce des grains et l'autorisation de l'exporter, bien que rapportées par Necker, fournissent un aliment au thème de l'accapareur. Sur ce fonds commun, chaque milieu greffe des revendications spécifiques qui vont au-delà du pain quotidien. Les villes s'irritent contre les octrois. Fréquemment l'hostilité se tourne contre les oligarchies municipales ou consulaires rendues responsables de la situation.

Soulèvements urbains et ruraux.

Dans les campagnes, l'agitation porte sur des revendications auxquelles la crise donne plus de force : reprise des biens communaux, destruction des fours banaux, lutte surtout contre le prélèvement seigneurial que la « pauvre année » rend plus odieux encore; suivant les lieux, on reprend les grains versés au titre de la rente ou on refuse de les livrer pour l'année à venir. Dès l'hiver 1789, certains sites présentent ces formes d'agitation : de février à avril, le Dauphiné est animé de mouvements hostiles à la perception des rentes et champarts. D'autres provinces les connaissent également, du Lyonnais au Languedoc ou à la Bretagne. L'exemple le plus spectaculaire est fourni sans doute par la Provence dont la « Prérévolution » en mars-avril 1789 illustre les liens et les contrastes du mouvement urbain et rural. C'est des villes que part le mouvement : Marseille, Aix, Toulon, Arles, soulevées contre la cherté du grain, pillant les greniers, révoltées contre leurs consuls et contre les impôts municipaux dont le « piquet de la farine » est le plus impopulaire. Mais, très vite, la campagne est participante; par contagion ou propagation directe animée par des troupes itinérantes, le mouvement gagne de bourg en bourg une bonne partie de la basse Provence rurale, en changeant, bien sûr, de programme : la lutte contre le pain cher n'est pas oubliée, mais l'hostilité majeure se tourne contre les châteaux, pillés et parfois brûlés par les émeutiers. Ce mouvement dut partie de sa célébrité nationale à l'intervention de Mirabeau, enfant prodigue de Provence, revenu apaiser les esprits, mais il s'insère aussi dans le contexte de la campagne préparatoire aux états généraux, dont il est un épisode.

La crise économique et sociale en est comme la toile de fond. Elle agit comme révélateur, ou comme catalyseur des attitudes collectives. La crise politique qui se noue alors en prendra une âpreté beaucoup plus grande, quitte à relancer elle-même l'agitation sociale, dans l'explosion généralisée de juillet 1789, qu'annoncent les épisodes du printemps.

Mais n'anticipons pas et restons sur un bilan provisoire. La crise économique, élément ponctuel, n'est pas « la cause » de la Révolution : comme on l'a dit (E. Labrousse [1]), il y a des crises décennales mais pas des révolutions décennales! Il n'en reste pas moins qu'elle a joué un rôle immédiat de tout premier plan.

3. De la doléance à la revendication

D'août 1788 à mai 1789, soit de la convocation à la réunion des états généraux, c'est beaucoup plus qu'une période d'attente, ou, si l'on veut, qu'une campagne électorale. En même temps que se formulent ces doléances où l'on a voulu voir le « testament

1. Dans *Comment naissent les Révolutions*, Actes du Congrès historique du centenaire de la révolution de 1848, Paris 1948.

de l'ancienne monarchie », un processus irréversible se met en marche.

Problèmes nouveaux, interlocuteurs dépassés.

Necker est revenu au pouvoir en août 1788; ce n'est pas vraiment un homme nouveau, encore qu'il trompe son monde. Self-made man, sans doute, que ce banquier genevois sorti du rang, directeur général des Finances de 1777 à 1781, illustré alors par le célèbre et ambigu *Compte rendu au Roi.* Tricherie sur les faits, faux-semblants du personnage : Necker n'est pas un génie financier comme le croient les rentiers qui lui gardent jusqu'en 1789 une confiance dont il abuse; au plus un financier habile, là où il faudrait un réformateur. On en juge à ses premières mesures. Il obtient sur sa bonne mine une avance de 85 millions de livres; petite monnaie pour subsister un temps : rien n'est résolu à l'heure où les réformes de structure s'imposent. Necker qui spécule sur la confiance, donc la souplesse, évince Lamoignon, renonce à sa réforme judiciaire, réinstalle les parlements, et, pour ne pas trop se compromettre, rappellera en novembre 1788 ces Notables devant lesquels avait buté Calonne.

Mais le problème majeur est d'ordre prospectif et dépasse à coup sûr toute formulation traditionnelle. L'opinion vit dans l'attente des états généraux : encore faut-il savoir ce qu'ils seront. Les convoquera-t-on « par ordre », suivant la procédure suivie... en 1614? C'est mettre le tiers état en infériorité manifeste, à deux contre un. Doublera-t-on sa représentation? La mesure est symbolique si l'on ne substitue pas au vote « par ordre » le vote « par tête » qui seul lui conférera au moins l'égalité.

Le parlement de Paris, le 21 septembre 1788, décide que les états généraux seront « régulièrement convoqués et composés suivant la forme observée en 1614 », c'est-à-dire par ordre. Sa popularité tombe du coup; il s'est démasqué aux yeux d'une opinion, qui le découvre au vrai, comme l'un des supports du conservatisme intransigeant.

Necker frappe à une autre porte, en réunissant en novembre 1788 une seconde assemblée des Notables, réédition de celle de Calonne. Ceux-ci n'ont point gagné en souplesse, et se prononcent pour l'ancien style. Ils sont appuyés par les princes du sang, qui déguisent en supplique un véritable ultimatum : « ... Votre Majesté pourrait-elle se déterminer à sacrifier, à humilier, sa brave, antique et respectable noblesse?... » Toutes les illusions d'une révolution des notables sont déjà, ici, virtuellement dissipées, mais on peut dire aussi que l'illusion d'un arbitrage royal se révèle aussi inconsistante que Necker qui a charge de porter la parole.

L'habile homme flaire le vent : il serait difficile de faire moins lorsque le parlement lui-même (5 décembre 1788) se déjuge en acceptant le doublement du tiers. Les décisions du conseil du roi du 27 décembre 1788 se présentent avec les apparences rassurantes d'une « étude de marché » bien menée : il faut, propose Necker, se décider à proportionner le nombre des députés à la population des bailliages; il faut tenir compte de l'importance accrue du tiers état « associé à la fortune publique » par l'accroissement des richesses mobilières, comme des « Lumières », et, pour cela, doubler sa représentation. A ce programme officiel, il manque une précision : votera-t-on par tête ou par ordre? Le règlement électoral qui paraît en janvier 1789 à la suite de ce conseil se garde bien de trancher. Mais l'opinion est en train de le faire.

« *Parti patriote* » ou « *parti national* ».

Au demeurant, le gouvernement royal lui-même a lancé pour la première fois un appel direct à cette force collective. On a lu au prône que « Sa Majesté désire que des extrémités de son royaume et des habitations les moins connues chacun fût assuré de faire parvenir jusqu'à elle ses vœux et ses réclamations ». Appel qui n'est point vain : dans la plupart des cas, les intendants gardent dans leur généralité une attitude de neutralité, voire de sympathie (Amelot à Dijon) aux courants de réforme. Cet effacement du pouvoir hâte la maturation des forces politiques nouvelles. On a parlé du « parti patriote » ou du « parti national » qui prend alors consistance : l'expression ne désigne pas une organisation de type moderne, mais bien plutôt une nébuleuse de groupes plus ou moins structurés. C'est à Paris qu'on les rencontre en premier lieu; fermés depuis une dizaine d'années, les clubs se multiplient : club de Valois au Palais-Royal sous l'égide du duc d'Orléans, club des Colons (de Saint-Domingue), société des amis des Noirs, Société des Trente fondée par le conseiller au parlement Adrien Duport, et rendez-vous de la noblesse libérale. Ces organismes accueillent les hommes nouveaux ou déjà célèbres dont on parlera demain : publicistes comme Brissot, savants et philosophes, tel Condorcet, nobles libéraux, La Fayette, La Rochefoucauld, Montmorency, Talleyrand ou Mirabeau. L'homme du jour, c'est aussi Sieyès, chanoine rejeté par son ordre et qui retourne à ses origines dans son célèbre pamphlet *Qu'est-ce que le tiers état?*, où il proclame en janvier 1789 : « Qu'est-ce que le tiers état? Tout. Qu'a-t-il été jusqu'à présent? Rien. Que demande-t-il? A devenir quelque chose. »

Loin d'être isolé, tel ouvrage s'insère dans une foule de publications parisiennes (Target, *Lettres aux états généraux*) ou provinciales : à Aix, l'*Appel à la nation provençale* de Mirabeau, à Arras, l'*Appel à la nation artésienne* de Robespierre, à Rouen, l'*Avis aux bons Normands* de Thouret.

Qui dit foisonnement ne dit pas confusion; on cherche au contraire la coordination, la mise au point d'une tactique commune. Un réseau de liens se tisse entre Paris et les régions, et les cahiers de doléances étant à l'ordre du jour, on élabore canevas et modèles. Jusqu'où est allé cet effort de coordination? On doit d'autant moins esquiver la question qu'on n'a pas manqué de parler de complot, en une époque où le complot est à l'ordre du jour. Sans doute, le « Comité des Trente » eut-il un rôle de coordinateur, en diffusant des schémas de cahiers de doléances. Plus précisément, on a parlé de complot orléaniste. Le personnage de Philippe d'Orléans se prête à l'accusation : ambitieux, éclairé, il s'entoure d'un « brain-trust », où des hommes de talent, tel Choderlos de Laclos, officier et auteur des *Liaisons dangereuses*, rédigent des adresses ou ces modèles de cahiers que l'on retrouve dans la région de la Loire. A Paris, les jardins du Palais-Royal, propriété du duc et rentabilisés par lui par l'installation de commerces (très divers) jusqu'à devenir le centre de la vie mondaine, sont aussi l'un des centres de la vie politique. Puis le duc est grand maître du Grand Orient de France; suspicion renforcée pour beaucoup : n'aurait-il pu mettre à profit ce réseau d'influences? En fait, il n'est nul besoin d'un complot maçonnique, ni d'un complot orléaniste pour comprendre ce qui se passe en France entre 1788 et 1789 : le parti patriote n'est point la faction d'Orléans.

Quel que soit le rôle directeur de Paris, la province n'est pas en retard. Elle a déjà été politisée dans plus d'un site par les épisodes antérieurs de la Prérévolution : c'est le cas en Dauphiné ou en Provence, comme c'est le cas en Bretagne, où les choses tournent mal. Les illusions ici se dissipent plus précocement encore qu'ailleurs; la noblesse, soutenue par le parlement, profite des états pour réclamer le *statu quo* ancien dans les élections. Elle entre en lutte ouverte contre les étudiants rennais, défenseurs du tiers état : en janvier 1789 les nobles bretons, refoulés à force ouverte, doivent quitter Rennes pour leurs gentilhommières, en jurant de dépit de ne pas envoyer de délégués aux états généraux. Ce qui arrive en Bretagne se retrouve plus ou moins en Franche-Comté, à Besançon. Capitales d'états provinciaux (Arras) ou villes de parlements, naturellement politisées, ne sont pas les seuls foyers d'une agitation multiple que l'on retrouve de l'Alsace au Languedoc (Agde). On s'en explique par la pression de la crise économique, qui mobilise les bourgeoisies par le détour des masses populaires. On remarque aussi (Mathiez [1]), au niveau le plus humble de la communauté villageoise, l'importance formatrice qu'ont pu avoir les nouvelles municipalités rurales établies depuis deux ans par Brienne, sur la base d'une élection par les plus imposés : élément de maturation indiscutable. En suivant de Paris jusqu'au village la diffusion des idées-forces, on pénètre en pleine campagne électorale.

Les cahiers de doléances.

Que chacun « fût assuré de faire parvenir ses vœux et ses réclamations », c'est ce que demandait le règlement électoral; l'invite royale fut prise très au sérieux. Les assemblées électorales se sont chargées de la mise en forme des « cahiers de doléances ». C'est la première fois qu'aussi massivement les Français « ont eu la parole ». Il en demeure près de 60 000 cahiers, rédigés à la base par les communautés rurales, ou dans les villes par les corps de

1. *La Révolution française* (6).

métiers. Leur synthèse fut faite dans le cadre des cahiers généraux de bailliage ou de sénéchaussée.

Source impressionnante : mais que peut-on en attendre? Depuis Michelet, qui y cherchait le témoignage d'une société unanime, et Taine qui dénonçait leur inauthenticité comme document populaire, on a vu évoluer la manière de les étudier, comme, par suite, la valeur qu'on leur attribue.

A l'invitation de Jaurès [1], notre siècle à ses débuts entreprit la recherche et la publication de ces documents, puis on s'aperçut à la fois de l'immensité de la tâche et de l'urgence prioritaire d'interpréter la masse documentaire dont on dispose. Une fois établies les conditions de rédaction des cahiers, une fois menés le recensement et l'analyse des thèmes qu'ils développent, cette source d'exceptionnelle richesse laisse encore des virtualités d'exploitation considérables si l'on passe aux révélations involontaires qu'autorise l'étude du vocabulaire des cahiers, menée d'après les méthodes de la sémantique moderne; c'est dans cette voie que s'engage toute une école historique actuelle [2].

Comment ont été rédigés les cahiers? La masse la plus compacte des cahiers originaux permet de distinguer des « familles », et par là même de nuancer ce qu'on peut attendre des documents. On savait que des modèles de cahiers types avaient été répandus. Cette influence existe, on peut localement en mesurer l'impact; on sait qu'en Normandie, par exemple, un quinzième des cahiers de la région rouennaise se sont inspirés du modèle établi par l'avocat Thouret; ce qui situe et limite à la fois la part d'une propagande à l'échelle nationale. Plus humblement, des modèles de moindre envergure, transmis par contiguïté d'un village à l'autre ou au hasard des déplacements d'un greffier, se rencontrent dans le terroir. Cela ne suffit pas, il s'en faut, pour conclure au caractère stéréotypé de la source. Dans la plupart des cas, les revendications locales ont su se faire entendre; seulement, l'influence des hommes de loi ou bourgeois locaux qui ont très souvent pris la plume détermine la tonalité du cahier. Ont-ils disposé sans

1. Dans le cadre de la « Commission de recherche et de publication de textes et de documents relatifs à l'histoire de la Révolution française ».
2. A la suite de A. Dupront.

conteste de l'opinion collective? Rédigé avec soin, souvent par articles, le cahier fait une part importante aux revendications politiques à l'échelle du royaume. S'agit-il d'un village modeste, où la petite paysannerie a pu se faire entendre? Le cahier formule avec une naïveté souvent émouvante le tableau descriptif des charges et des misères d'une communauté. Entre les deux options, d'ailleurs, il est nombre de cahiers de structure mixte qui passent d'un préambule général au tableau concret des revendications locales. Il y a plus de richesse dans le foisonnement des cahiers spontanés, mais la structure ou le vocabulaire des cahiers savants permettent d'y mesurer la pénétration des Lumières, de même que celui des cahiers de bailliage où furent refondus de manière très sélective les apports des cahiers de communautés.

Contenu des cahiers.

Au niveau des thèmes, on en tire un bilan descriptif et prospectif : une société telle qu'elle se voit et qu'elle se rêve. Partons du plus spontané : le cahier élémentaire d'un médiocre village. Dans le complexe des revendications villageoises où le seigneur apparaît comme l'adversaire premier, s'insère la dénonciation de la dîme, de la corvée, de la milice, de la fiscalité royale, notamment la taille ou la gabelle. Puis un autre adversaire se profile parfois en filigrane : l'hostilité campagne-ville, aux propriétaires « forains », révèle l'aigreur antibourgeoise de certaines campagnes. A ce niveau, la revendication proprement politique paraît souvent surimposée, c'est là aussi que l'on trouve l'expression la plus directe d'une fidélité totale au roi-père providentiel. Il est aisé d'opposer à ce style celui de cahiers d'influence urbaine où le dosage est tout différent, si l'on veut bien toutefois tenir compte des visages multiples du terroir : dans telle province (bailliage de Semur-en-Auxois [1]), l'imitation du bourg rayonne en tache d'huile sur la contrée environnante; ailleurs (Midi méditerranéen), tout le pays, ou presque, serait sous influence de la ville.

Allégée, l'attaque antiféodale s'adjoint le souci de sauvegarder

1. On utilise ici les approches très nouvelles de l'ouvrage de R. Robin, *La Société française en 1789...*, 2e partie (59).

le droit de propriété de la classe rentière. Surtout, la revendication politique l'emporte; il y a sur ce plan continuité thématique entre le cahier évolué de village et ceux des villes. Non que les communautés urbaines qui ont rédigé ces derniers n'aient, elles aussi, leurs revendications particulières, l'une des plus fréquentes étant sans doute la défense d'un système corporatif, souvent étroitement conçu.

Revendication politique? On a souvent souligné combien elle est à la fois mûre, et timide ou hésitante. Sur base d'un loyalisme monarchique très vivement réaffirmé, une condamnation très générale de l'absolutisme, mais différemment formulée. Si le concept de nation semble naturalisé dans la plupart des cahiers élaborés, on le découvre inachevé, au nombre des revendications provincialistes : « Le roi de France ne sera reconnu en Provence que sous la qualité de comte de Provence... », disent les habitants de Vitrolles; « aux bénéfices... Sa Majesté présentera seulement des Catalans » affirme la noblesse du Roussillon. Autant de revendications centrifuges, apparemment archaïsantes. Un accord toutefois se fait sur un certain nombre de thèmes : l'attaque contre l'absolutisme passe par la dénonciation de l'intendant, par la condamnation du système judiciaire, et notamment de l'arbitraire des lettres de cachet, par celle aussi d'une fiscalité inégalitaire et, qui plus est, irrationnelle. Positivement, cela suppose garantie des libertés individuelles et d'opinion, et aussi des garants de cette liberté : une Constitution limitative de l'absolutisme royal, institutionnalisant une représentation nationale investie du droit de consentir l'impôt. Sur cette base commune, il est des nuances très nettes, d'ailleurs prévisibles. Les cahiers de la noblesse et du clergé témoignent à la fois de réticences et de soucis spécifiques. Attachée sans doute aux libertés, résignée plus ou moins à l'égalité fiscale, la noblesse reste très attachée à la structure inégalitaire de la société, dont le vote par ordre est à la fois l'expression et le garant. Plus partagés dans leurs attitudes, les cahiers du clergé s'alignent plus nettement parfois sur l'attitude du tiers, en se faisant porte-parole des revendications du bas clergé, parfois aussi s'élèvent vivement contre la pénétration des idées nouvelles et contre toute idée de tolérance ou de liberté de pensée.

Tel inventaire thématique est maintenant classique. L'approfondissement qu'autorisent les approches nouvelles à partir de leur vocabulaire ouvre la possibilité de suivre dans leurs fréquences, dans leur signification, comme dans leurs rapports, des mots tests ou des groupes de mots significatifs (roi, nation, seigneur, constitution...). On y mesure la très faible pénétration de certaines notions fondamentales de la philosophie des Lumières (la « Nature » ne se retrouve guère... que dans les « droits en nature »!). Doit-on s'en étonner? La plupart des cahiers reflètent dans leur langage l'univers mental des juristes qui en ont assumé la rédaction : les situer dans ces limites n'est point sans doute amoindrir le message des cahiers, témoignage collectif exceptionnel.

Les élections aux états généraux.

Restait à savoir qui porterait la parole. Du règlement électoral de janvier 1789 on a parfois fait remarquer qu'il était finalement fort libéral : c'est vrai et faux. Tous les hommes de plus de 25 ans, à condition qu'ils soient imposés, sont électeurs, mais de façon différente, et foncièrement inégale en fonction de la structure des ordres et des états. Dans chaque bailliage ou sénéchaussée, les privilégiés élisent au scrutin direct leurs représentants; tous les nobles confirmés ont droit de vote, ce qui ne va point sans susciter l'irritation, en pays d'états surtout, d'une certaine noblesse nantie. Dans le clergé, paradoxalement, le système semble avantager le bas clergé paroissial, puisque tous les curés siègent et votent en personne, alors que les couvents ou chapitres ne sont représentés que par des délégués.

Dans le tiers état, le système électoral plus complexe est à deux ou trois niveaux. Les communautés rurales, réunies en assemblée de paroisse, désignaient deux représentants pour 200 « feux », à l'assemblée électorale du bailliage. Ils s'y retrouvaient avec les représentants de la ville désignés en deux étapes. Chaque corporation choisissait un représentant pour 100 membres votants dans les métiers, deux dans les corps les plus distingués (négociants ou arts libéraux). Ces électeurs formaient ensuite l'assemblée électorale du tiers de la ville, qui refondait en un seul les cahiers séparés et choisissait ses électeurs à l'assemblée électorale du tiers du bailliage. Electeurs ruraux, électeurs urbains y procédaient à l'élection des députés de la circonscription. Pyramide hiérarchisée et, l'on en juge, sélective sur la base de la richesse et aussi du talent. Les résultats des scrutins en témoignent.

Les opérations elles-mêmes laissent l'impression partagée d'une grande solennité et d'une tension souvent très vive. Le front des privilégiés fut loin d'être unanime; c'est dans les assemblées du clergé que les affrontements internes furent les plus ressentis, au détriment du haut clergé, puisqu'une quarantaine de prélats seulement furent élus par cette majorité de curés. La noblesse révéla des clivages complexes, parfois ambigus : protestation des nobles non fieffés écartés du scrutin; inversement, hostilité allant jusqu'à l'abstention de la haute noblesse des pays d'états contre l'idée de cohabiter avec la petite noblesse.

Dans le tiers, on ne peut passer sous silence le travail de mainmise bourgeoise, de gauchissement des intentions exprimées, dont la confrontation du discours d'un cahier rural... et de ce qu'il en reste dans les doléances collectives, dont le cahier du bailliage offre l'illustration. A chaque niveau, la parole a été portée par les notables : laboureurs contre manouvriers au village, bourgeois urbains traitant des revendications rurales dans un esprit bien différent, monopole que s'arrogèrent à la ville comme au bourg le groupe des robins d'être les porte-parole privilégiés et souvent exclusifs. Tout cela ne pouvait aller sans tensions, et les doubles cahiers nés d'une scission dans l'assemblée électorale en témoignent. On reste d'autant plus frappé cependant de la cohésion de groupe d'un tiers état qui apparaît encore presque unanime.

Les députés.

Il y eut 1165 députés, répartis par moitié entre le tiers et les privilégiés, soit 578 pour les roturiers du tiers, 291 pour le clergé, 270 pour la noblesse. On se doit de les présenter à la fois dans leur personnalité collective et par l'appel nominal de ceux qui, déjà, sont sortis de l'anonymat.

Dans sa sociologie, le groupe du tiers confirme ce que l'on a pu dire des structures de la bourgeoisie d'« Ancien Régime » : une homogénéité certaine puisqu'il n'est parmi ses membres ni artisan, ni paysan. Inversement, la bourgeoisie productrice, celle de l'avenir, représente une centaine seulement de commerçants, gens de finances ou d'industrie. C'est peu relativement au groupe compact d'une moitié de gens de robe, dont 200 avocats à peu près. La bourgeoisie des services l'emporte à la fois quantitativement et qualitativement : d'Arras, de Rennes, de Rouen, de Chartres ou de Grenoble sont venus les Robespierre, Le Chapelier, Thouret, Pétion, Mounier ou Barnave, têtes pensantes du groupe. Une cinquantaine de « bourgeois » propriétaires vivant de leur rentes, et, pour le reste, des hommes de talent, écrivains et théoriciens comme Volney et Dupont de Nemours, astronome comme Bailly, complètent l'état-major virtuel d'un groupe qui a fait dans le clergé et la noblesse deux recrues brillantes en la personne de Sieyès et Mirabeau.

Les privilégiés ne constituent pas de groupes homogènes : dans le clergé, 46 évêques seulement; encore s'agit-il parfois de prélats libéraux, tel Mgr de Boisgelin, archevêque d'Aix, ou Talleyrand, évêque d'Autun. Parmi les membres du bas clergé, les curés l'emportent, pour la plupart partisans du changement, encore que le partage ne soit pas encore fait qui rangera l'abbé Grégoire dans un camp, l'abbé Maury dans l'autre. La noblesse offre un clivage différent; l'esprit « aristocrate » l'emporte et pour cause, et ce sont souvent les petits nobles, tel Cazalès, officier languedocien, qui sont les plus convaincus. Il y a, au contraire, de grands noms parmi les 90 aristocrates que l'on peut ranger, plus ou moins, dans l'aristocratie libérale : d'Aiguillon, Noailles, La Rochefoucauld et, bien sûr, le marquis de La Fayette, le « héros des deux mondes ».

L'ouverture des états était fixée au 27 avril; elle fut reportée au 5 mai, des dissensions dans l'entourage royal — intrigues pour se débarrasser de Necker — justifiant sans doute ce retard. C'est le 2 mai que se déroula dans Versailles, choisi comme siège des états, la procession célèbre qui vit se dérouler, figé dans sa hiérarchie séculaire, le défilé de la société d'ordres de l'Ancien Régime.

4
La Révolution constituante

1. Trois Révolutions? Une Révolution? (5 mai - 6 octobre 1789)

Révolution une ou multiple?

Du 5 mai au 6 octobre 1789, cinq mois vont donner à la Révolution française son visage spécifique. Au niveau des images reçues, depuis les manuels de notre enfance, il reste le serment du Jeu de Paume, symbole de la Révolution bourgeoise, juridique, puis la prise de la Bastille, explosion de la Révolution populaire, enfin la nuit du 4 août, écho en retour d'une Révolution paysanne qui provoque l'effondrement de l'ancien régime social. Toute la Révolution n'est pas là sans doute; mais elle apparaît déjà comme un ébranlement à la fois radical et complexe.

A tel point qu'on a pris l'habitude de parler « des » Révolutions de l'été 1789 : réaction salutaire, sans doute, contre l'unanimité factice d'une certaine imagerie ancienne qui, hostile ou favorable, mais simpliste, ne faisait pas le détail. Mathiez nous fait progresser d'une Révolution parisienne à une Révolution provinciale qui gagne les milieux urbains, à une Révolution campagnarde enfin; G. Lefèbvre exprime en clivages sociaux les ondes que Mathiez suggérait géographiquement : ouvrant le processus sur une Révolution aristocratique (qui serait la Prérévolution) pour passer à une Révolution bourgeoise, puis populaire, puis paysanne; c'est ce schéma que reprend en gros Soboul [1]. Telles articulations ont à coup sûr valeur pédagogique, mais, plus encore, tiennent compte

1. *Bibl.* n°s 6, 11, 14.

des niveaux réellement divers d'une Révolution qui n'est pas monolithique. Par les réactions qu'elle suscite de la part de la bourgeoisie, la « Grande Peur » témoigne de l'autonomie du dynamisme paysan; inversement, les milices bourgeoises présentent la bourgeoisie sous les armes, à la fois contre l'absolutisme, et contre les dangers d'une explosion populaire. Cela dit, est-il légitime de dissocier, autrement que pour la clarté de l'exposé, trois Révolutions autonomes, à l'été 89[1]? C'est, à notre avis, déformer la réalité. L'unité du mouvement révolutionnaire est à coup sûr plus que grinçante sur bien des points, mais elle n'est pas simple coexistence, à la limite fortuite, d'une Révolution de l'avenir qui serait celle des bourgeois, et de fureurs traditionnelles, mélange de motivations économiques et de millénarisme nostalgique qui caractériserait les attitudes populaires, urbaines ou rurales. A travers des médiations très différentes apparaissent un même projet et un même résultat, la destruction de l'Ancien Régime social et politique. Sans la révolte populaire urbaine la Révolution bourgeoise aurait fait long feu, et les fureurs paysannes de la Grande Peur servent une bourgeoisie qui s'en effraie mais qui gagne à la nuit du 4 août autant et plus que la paysannerie. Au-delà des incompréhensions, des méfiances, des hostilités, cette Révolution de 1789 reste une, ce qui ne dispense pas d'en faire apparaître les niveaux spécifiques.

La Révolution au sommet (mai-juillet 1789).

On compte deux mois et demi, de l'ouverture des états généraux à l'entrée en scène spectaculaire des masses populaires au 14 juillet : le temps d'un contact, d'abord incertain, tournant à l'affrontement ouvert de deux puissances; la monarchie et les privilégiés, soit l'ancienne société d'une part; et les états généraux, porte-parole de la revendication bourgeoise de l'autre.

L'événement quasi quotidien a ici son rôle. Il faut dire la séance inaugurale des états généraux, à Versailles, le 5 mai 1789, la déception provoquée par le discours du roi, puis du garde des Sceaux

1. C'est l'attitude de F. Furet et D. Richet, dans leur *Révolution française* (9).

Barentin pour mettre en garde contre l'esprit de nouveauté. De même, Necker qui prend ensuite la parole se limite à un exposé financier, décevant ainsi la confiance placée en lui; ne serait-on là que pour parler déficit? Un problème de procédure, apparemment, cristallise les oppositions. On a accepté le doublement des effectifs du tiers état, concession sans effet, si l'on vote par ordre et non par tête : c'est dans ce dernier cas seulement que le tiers l'emportera. L'opération préliminaire de la vérification des pouvoirs voit s'affronter les deux interprétations; le gouvernement royal, hésitant, donne loisir au tiers d'affirmer d'entrée ses prétentions. Le 5 au soir, des rencontres de députés de même origine provinciale amorcent la concertation du troisième ordre; qu'ils soient dauphinois avec Mounier, artésiens autour de Robespierre ou bretons autour des avocats Le Chapelier et Lanjuinais, les roturiers s'accordent sur une attitude identique. A l'anglaise, on se désigne du terme de « députés des Communes », et on invite les autres ordres à se réunir pour procéder à la vérification des pouvoirs. C'est là bien plus qu'une escarmouche : et les privilégiés le sentent qui, les uns, se raidissent (la noblesse où les irréductibles du vote par ordre l'emportent sur les libéraux par 141 voix contre 47), les autres, se divisent (le clergé où les conservateurs ne sont que 133 contre 114 partisans de la réunion au tiers). Le mois qui suit n'est stérile qu'en apparence; l'essentiel reste la fermeté du tiers qui sent, comme le dit Mirabeau, qu'il lui « suffit de rester immobile pour se rendre formidable à ses ennemis ». Puis il prend l'offensive. Il invite les autres à se réunir à lui et, le 12 juin, commence à procéder à la vérification globale des pouvoirs des députés par appel nominal : trois curés poitevins, puis seize autres, désertent leur ordre pour rejoindre le tiers (13-16 juin). Mais s'agit-il encore du tiers? A l'appel de l'abbé Sieyès, les participants ont décidé de prendre le titre d' « Assemblée nationale », affirmé leur droit à consentir l'impôt, et dénié au roi le droit d'aller à l'encontre de cette décision. Cet acte symbolique dissocie la cohésion des privilégiés; le 19 juin, à la majorité, l'ordre du clergé décide de se réunir au tiers, alors que la noblesse en appelle au contraire au roi en affirmant : « Ce ne sont pas nos seuls intérêts que nous défendons, Sire, ce sont les vôtres, ceux de l'État, ce sont ceux enfin du peuple français... » Le monarque n'est pas insensible à cet appel de sa noblesse et décide d'une séance plénière à l'instar des lits de justice pour casser les décisions du tiers.

Parce que le tiers trouve le 20 juin porte close, il se transporte dans la salle du Jeu de Paume et c'est là que sous la présidence de Bailly, dans une formulation proposée par le Dauphinois Mounier, les députés s'engagent « à ne jamais se séparer et à se rassembler partout où les circonstances l'exigeraient jusqu'à ce que la Constitution fût établie et affermie sur des fondements solides ». Un vote unanime, à une voix près, sanctionne ce qui nous est demeuré comme le « serment du Jeu de Paume ». Cédant à cette dynamique conquérante, le clergé et même deux nobles dauphinois se réunissent le 22 à l'Assemblée nationale; la séance royale du 23 juin est incapable de briser cet élan. Séance d'intimidation : le roi ordonne aux ordres de délibérer séparément, il casse les décisions du tiers en matière fiscale, il accepte l'égalité devant l'impôt et une consultation (vaguement définie) des états généraux sur ce sujet, mais part en guerre pour la défense de la propriété, entendant par là « les dîmes, cens, rentes et devoirs féodaux et seigneuriaux, et généralement tous les droits et prérogatives utiles ou honorifiques attachés aux terres et fiefs... ». Il conclut : « Si par une fatalité loin de ma pensée, vous m'abandonniez dans une si belle entreprise, seul, je ferais le bien de mes peuples, seul, je me considérerais comme leur véritable représentant... » Sommés de se disperser, les députés franchissent un nouveau degré dans la rébellion; au rappel du maître des cérémonies, le marquis de Dreux-Brézé, on répond que « la Nation assemblée n'a pas à recevoir d'ordres » (Bailly) et Mirabeau lance l'apostrophe célèbre : « Nous sommes ici par la volonté du peuple (et) nous ne quitterons nos places que par la puissance des baïonnettes. » Formulation contestée, mise en forme peut-être ultérieure, qu'importe? Malgré ses velléités, le roi n'ose pas recourir à la force contre le tiers assemblé; dès le lendemain le clergé dans sa majorité rallie l'Assemblée nationale, puis c'est la minorité de la noblesse, 47 membres dont le duc d'Orléans.

Le roi cède en apparence, il invite le 27 juin les ordres privilégiés à se réunir dans leur ensemble à l'Assemblée, non sans arrière-pensée. Mais les députés exploitent leur avantage; le 9 juillet, ils s'institulent « Assemblée nationale *constituante* ». Ils ont deux jours plus tôt établi un comité de Constitution; c'est bien d'une refonte totale du régime politique qu'il s'agit. Mais cette délégation de la bourgeoisie, serait-elle susceptible de l'imposer aux forces installées, sans s'appuyer sur la force coactive des masses populaires?

Agitations urbaines.

L'éclatement d'une Révolution jusqu'alors légaliste, et qui descend dans la rue, connaît son épisode majeur dans la prise de la Bastille, au 14 juillet 1789. Révolution parisienne? Oui, sans doute, mais répercutée, et parfois précédée par toute une série de révolutions municipales à travers la France entière. Révolution populaire? A coup sûr, et l'entrée des masses urbaines est le fait majeur de l'épisode, mais aussi Révolution bourgeoise, d'une bourgeoisie qui reste encore bien loin d'avoir réalisé ses buts de guerre, et qui, par là même, ne répugne pas encore à mettre la main à la pâte.

Dans la sensibilisation des foules urbaines, on a insisté sur le poids d'un malaise économique qui culmine alors. Disette, pain cher, poussée des hauts prix de l'été 1789 se rencontrent avec le chômage de nombreux métiers urbains pour justifier les émotions populaires : taxation du prix du pain, pillage des greniers et des stocks, hostilité complémentaire aux impôts indirects (municipaux ou d'état) prélevés aux barrières. A Paris comme ailleurs, l'octroi est visé avant même la Bastille. Cercle vicieux : suivant un processus séculaire, la crise fait affluer en ville tous les déracinés, dont les effectifs gonflent ceux du prolétariat urbain. Réduire toutefois à ses composantes socio-économiques conjoncturelles la révolte populaire urbaine pour en faire une forme de ces émotions séculairement connues depuis la Ligue ou la Fronde, c'est l'étriquer singulièrement. Il ne manque point dans ces groupes d'une conscience proprement politique, d'une sensibilité aiguë aux événements; le thème du « complot aristocratique », à la fois mythe et réalité, entretenu par les mouvements de troupe, cimente l'unité d'une revendication populaire mais aussi bourgeoise, à la fois sociale et politique.

La bourgeoisie a ses raisons, plus ambiguës sans doute, mais puissantes de courir aux armes. Attentive à Paris à ce qui se passe à Versailles, elle n'est pas ignorante en province, grâce au réseau des correspondances qu'adressent les députés aux états généraux; par là même elle peut être sensibilisée, elle aussi, au complot aristocratique, et consciente de l'enjeu politique. Si la crise la touche moins directement, elle a ses inquiétudes spécifiques : le rentier parisien tremble pour Necker qui, croit-il, est son rempart contre la banqueroute. Puis ces bourgeoisies ont aussi leurs buts de guerre localement déterminés, adversaires à portée de la main, que sont les oligarchies municipales ou consulaires; milieux fermés, monopoles familiaux, en qui elle ne se reconnaît plus. Enfin la bourgeoisie va courir aux armes... par crainte du désordre. Les milices bourgeoises s'arment spontanément contre les « classes dangereuses »; ainsi à Paris, les 12 et 13 juillet, dans un but évident d'ordre social puisqu'on déclare que « l'établissement de la milice bourgeoise et les mesures prises ont procuré à la ville une nuit tranquille. Il est constant que nombre de ces particuliers qui s'étaient armés ont été désarmés et ramenés à l'ordre... ». Mais pour l'instant combat populaire et combat bourgeois font face au même adversaire.

C'est en effet la royauté qui prend l'offensive. Peu sûre des gardes françaises casernées à Paris et qui partagent les aspirations du peuple, le roi décide de concentrer quelque 20 000 hommes de troupe de régiments étrangers. Menace lourdement ressentie tant à Paris qu'à l'Assemblée nationale, qui réclame leur retrait le 8 juillet. Telle n'est point l'intention du roi, qui renvoie Necker le 11 juillet et forme un ministère de combat dirigé par le baron de Breteuil, assisté à la Guerre du maréchal de Broglie.

Paris, centre de la Révolution.

L'imminence du coup de force donne la parole à la rue. Paris devient le centre de la Révolution. L'agitation y avait ses pôles, ses lieux privilégiés, ainsi le Palais-Royal où s'affirment des orateurs populaires, tel Camille Desmoulins. Mais le trouble se répand: le 12 la révolte gronde, dans les jardins des Tuileries, les dragons du Royal-Allemand du prince de Lambesc chargent un cortège de manifestants qui reçoivent l'appui des gardes françaises. Puis ce sont les barrières qui sont visées, incendiées : rencontre de la revendication économique et politique. La Bourse ferme, des banquiers (Delessert, Boscary) s'enrôlent avec leurs commis dans la garde bourgeoise. De nouveaux pouvoirs s'affirment en effet : à côté de l'Hôtel de Ville, les 407 électeurs des états généraux constituent une municipalité parallèle dirigée par un comité permanent. Ils achèvent la mise en place d'une garde bourgeoise, le 12 et le 13 : essai de canaliser l'émeute, mais pour l'instant la spontanéité populaire est incontrôlable; le 13 la révolte se généralise, et l'on cherche partout des armes.

Le 14, aux Invalides, la foule se fait livrer d'un coup 32 000 fusils, puis elle se porte à la Bastille dans l'espoir d'une opération identique. La prise de la Bastille, sommet de la Révolution française, symbole de la chute de l'Ancien Régime, est un fait historique qu'on doit apprécier à différents niveaux. Entre la matérialité des faits, l'idée que s'en firent les révolutionnaires, puis les historiens d'hier et d'aujourd'hui, plusieurs images se superposent. L'historiographie conservatrice s'est gaussée du siège de cette forteresse de l'Ancien Régime où l'on ne trouva que huit prisonniers, fous ou débauchés placés à la demande de leur famille... C'est se méprendre sur le sens même de l'action menée. C'est pour y chercher des armes qu'une foule importante se présente devant cette forteresse, peu gardée (une centaine d'invalides et de Suisses) mais redoutable. Le gouverneur de Launay négocie avec les assaillants, une suite de malentendus aboutissent à une fusillade meurtrière pour ceux-ci, à un assaut, puis à une capitulation. Les attaquants perdaient une centaine de morts; de Launay et quelques-uns de ses hommes furent massacrés après la victoire. Qui étaient les « vainqueurs de la Bastille »? Fort peu de bons bourgeois aisés, mais à coup sûr pas les « misérables » que l'on a dit : en majorité artisans ou boutiquiers, et pour deux tiers gens du faubourg Saint-Antoine[1]. Mais dès l'instant même, la prise de la Bastille devient beaucoup plus qu'un simple épisode révolutionnaire; très vite élaborée, l'interprétation symbolique de l'événement en fait l'expression perçue de l'émancipation collective d'un peuple. Au demeurant, les conséquences pratiques sont immédiates :

1. D'après G. Rudé, *The Crowd in the French Revolution* (24).

Louis XVI se rend à l'Assemblée le 15 pour annoncer le retrait des troupes, le lendemain il rappelle Necker, le surlendemain 17 il se rend à Paris, et y reçoit des mains du maire Bailly la cocarde tricolore, emblème nouveau de la Révolution triomphante. Il reconnaît par là la légitimité de la Commune de Paris qui s'est substituée au Comité permanent insurrectionnel. Mais plus largement encore, c'est reconnaître et accepter le bouleversement en cours. Une partie de la cour — comte d'Artois en tête — le comprend bien ainsi, qui quitte la France pour constituer le premier flot de l'émigration : mais l'opinion éclairée et la France tout entière ne s'y sont pas trompées non plus. « Ainsi, écrit Jefferson, finit une amende honorable telle qu'aucun souverain n'en avait jamais faite, ni aucun peuple jamais reçue. »

En fait, Paris est loin d'être apaisé; le 22 juillet l'intendant de la généralité de Paris Bertier de Sauvigny et son beau-père Foulon de Doué sont pendus en place de Grève, leur têtes promenées au bout d'une pique : on les accusait de spéculer sur les subsistances. Ces victimes d'un petit peuple affolé par la disette comme par l'idée du « complot » suscitent plus d'émotion chez Babeuf qui écrit : « Les maîtres au lieu de nous policer nous ont rendus barbares parce qu'ils le sont eux-mêmes. Ils récoltent et récolteront ce qu'ils ont semé... » que chez un bourgeois responsable comme Barnave, qui demande : « Le sang versé était-il donc si pur? »

La « Révolution municipale ».

Cette Révolution parisienne qui s'installe dans la rue, trouve son écho dans toutes les villes de province, dans le cadre de ce qu'on a nommé la « Révolution municipale[1] ». Au vrai, il est injuste d'envisager celle-ci comme une conséquence des agitations de la capitale; pour autant que nous puissions organiser une foule d'épisodes, nous savons qu'il y eut parfois antécédence et souvent simultanéité avec les mouvements parisiens. Sans remonter aux soulèvements provençaux du printemps 1789, on note des troubles

1. Problème repris par D. Ligou, « A propos de la Révolution municipale », *Rev. hist. écon. et soc.*, 1960.

dès le début de juillet (Rouen), puis une première réaction massive au renvoi de Necker, enfin une explosion à la nouvelle de la prise de la Bastille; le tout s'échelonne sur tout le mois de juillet, et même au-delà. C'est que des motivations diverses interviennent pour provoquer et parfois réamorcer les troubles urbains : à Rouen, comme autour de Paris (Saint-Denis, Saint-Germain-en-Laye), c'est l'émeute de subsistances qui mobilise les masses populaires; ailleurs, la revendication populaire se politise en se tournant contre les octrois et les impôts municipaux. Ailleurs enfin, la revendication bourgeoise domine et se mobilise sur les mots d'ordre nationaux en y greffant son hostilité à l'égard des oligarchies municipales en place; le cas le plus fréquent résulte de la rencontre de ces motivations diverses. Des attitudes différentes concourent parfois aux mêmes effets : ici l'émotion populaire sur les subsistances suscite l'action répressive des notables, ailleurs elle est utilisée comme force d'appoint.

La carte et le flux de ces révoltes municipales sont bien révélateurs; on les découvre âpres, sous le poids de la disette, autour de Paris (Chartres ou Orléans) comme en Normandie, de Vernon à Évreux, à Rouen ou Caen, et dans le Centre-Ouest (de Rennes à Angers, à Tours ou au Mans). Dans l'Est également, les affrontements sont rudes à Sedan, Troyes, Nancy, Metz; le sac de la maison commune de Strasbourg le 21 juillet a un écho plus que régional. Lefèbvre [1] et d'autres notaient que le mouvement n'avait pas revêtu des formes aussi dures dans les régions de vieille tradition municipale et consulaire, et singulièrement dans le Midi ou dans le nord de la France : ainsi à Toulouse, à Albi, à Aix, les choses se passent-elles en douceur. L'affirmation mérite d'être nuancée : parfois aussi le conflit est très vif, ainsi à Lyon où l'ancien « consulat » ne cède pas sans résistance; en d'autres lieux des affrontements confessionnels ont joué (Nîmes, Montauban).

Un certain nombre de traits communs se dégagent cependant. L'effacement général des autorités préexistantes : partout ou presque, c'est sans résistance que les intendants se retirent, et l'on doit noter le poids de la défection quasi générale de l'armée (Strasbourg, Rennes). C'est le plus souvent sans coup férir que

1. *La Grande Peur* (71).

sont tombées les Bastilles locales, à Bordeaux (Château Trompette), Lyon (Pierre Ancise) ou Caen (Tour Levi). Les nouveaux pouvoirs de fait sont aussi variés que ceux qu'ils ont remplacés, par reconduction ou élargissement de l'ancien corps de ville (Toulouse) ou destruction violente de celui-ci (Strasbourg). Fréquemment coexistent deux hiérarchies parallèles, la nouvelle, le « comité permanent », dépossédant progressivement les structures en place. Le premier souci des comités permanents a été d'organiser une force armée locale, « milices bourgeoises » puis « gardes nationales ». La crainte de la poussée populaire est, on s'en doute, pour beaucoup dans cette réaction : et en fait ce sont des notables qui en constituent les cadres, comme ils accaparent les nouvelles municipalités.

Serait-ce le triomphe de cette « Révolution des notables », du compromis refusé par l'aristocratie, imposé par la force, et singulièrement par l'appui populaire? L'équilibre en est beaucoup trop fragile et les résultats trop incertains pour qu'on puisse le dire, d'autant que d'autres ont entrepris de frapper à la porte : à partir du 20 juillet commence la Grande Peur.

Soulèvements ruraux.

Pour les historiens qui insistent sur l'insertion de la Révolution dans le cadre « des » révolutions de la fin du XVIIIe siècle [1], cette intrusion des masses paysannes sur le front de la bataille révolutionnaire constitue l'originalité majeure de la France : l'unanimité se fait sans peine sur ce point. Mais tout se gâte lorsqu'on passe au niveau de l'interprétation. Les paysans dans leurs motivations passéistes comme dans leurs comportements paniques ne sont-ils que les empêcheurs de danser en rond d'une révolution bourgeoise qui se fût bien passée d'eux? A tout le moins, y a-t-il indifférence entre plusieurs registres révolutionnaires qui n'auraient presque en commun que le synchronisme? Ou au contraire cette formidable poussée paysanne n'a-t-elle pas été l'élément décisif dans le triomphe, beaucoup plus radical qu'ailleurs, d'une révolution bourgeoise sur l'Ancien Régime social? Les témoins ne sont pas forcément

1. J. Godechot notamment.

les mieux à même de nous aider à juger avec sérénité, et la panique bourgeoise en réponse à la Grande Peur paysanne confirme que cette entrée en scène n'était pas souhaitée... Mais attendons de juger sur pièces.

La Grande Peur éclate dans un monde rural déjà en révolte sur plus d'un point, de la Provence au Cambrésis. Ces révoltes qui associent intimement la réaction économique à l'agressivité sociale culminent dans la seconde quinzaine de juillet : dans les plaines à l'entour de Paris, en nébuleuse d'actions ponctuelles, en certaines régions en soulèvements massifs. A partir du 17 juillet la révolte du bocage couvre les marges armoricaines de la plaine de Caen à Alençon, à la même époque toute la région de la Sambre voit ses abbayes dévastées, en Franche-Comté un incident survenu près de Vesoul déclenche une flambée de soulèvements antinobiliaires qui va de Pontarlier à Langres... s'arrête aux portes de Belfort mais pour reprendre en haute Alsace en fin juillet, de la région de Colmar jusqu'à Montbéliard. A la même époque le Mâconnais voit ses châteaux flamber sur toute la côte; la jacquerie paysanne est arrêtée à force ouverte aux portes de Cluny, la nouvelle bourgeoisie au pouvoir condamne et fait exécuter une trentaine de paysans.

La Grande Peur.

Ces révoltes préparent et éclairent le mouvement de la Grande Peur proprement dite, mais dans sa singularité le mouvement reste distinct. G. Lefèbvre qui en fut l'historien magistral[1] remarque que les zones de révolte ouverte n'ont généralement pas connu la Peur, ce qui laisse soupçonner un contraste entre des campagnes mobilisées, déjà sous les armes, et celles moins éveillées, où la peur peut s'insinuer, et s'enfler tout à coup. C'est encore G. Lefèbvre qui en évoque les motivations comme les cheminements. Le schéma type de ce qui apparaît comme la plus spectaculaire des grandes paniques d'ancien style, se découvre et se répète sur les pages de délibérations de communautés. On apprend, et cela commence vers le 20 juillet, qu'une troupe armée de brigands

1. *La Grande Peur* (71).

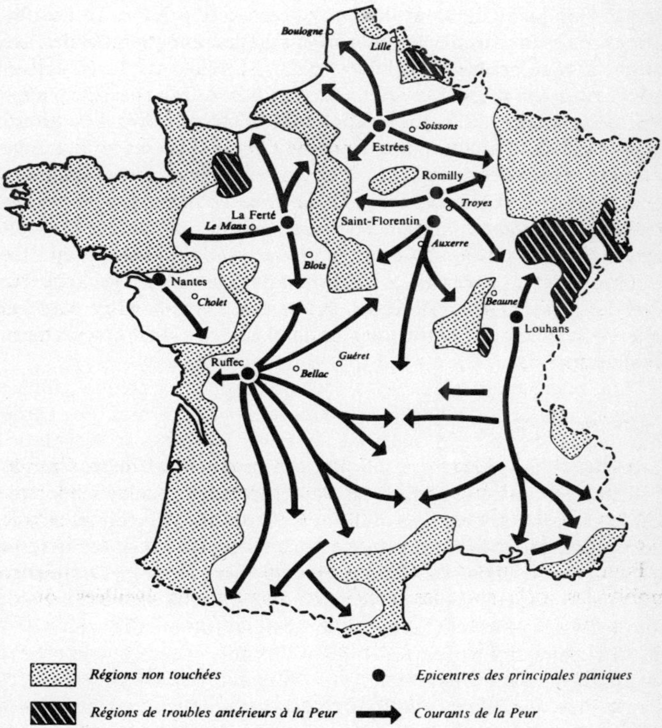

Fig. 18. *Les courants de la « Grande Peur ».*

arrive, pillant et détruisant. Non pas n'importe quels brigands, mais le plus souvent, des ennemis : Piémontais dans les Alpes, Anglais débarqués, dit-on à Brest, en Bretagne; en Limousin, le comte d'Artois censé venir de Bordeaux à la tête d'une armée. Sous sa forme mythique et fabulatrice, la crainte séculaire des brigands s'associe donc à une version rurale du complot aristocratique. On parle massacres, combats imaginaires, écho, a-t-on dit, répercuté et déformé jusqu'au fond des provinces de la prise de la Bastille. Sur ce, on court aux armes; bourgs et villages se mettent en défense, quitte à réamorcer, pour leurs voisins, l'image de la troupe en armes. Puis on prend des contacts, on va aux nouvelles; on s'aperçoit de la vanité de la peur. Mais tout n'est pas fini; à ce niveau cependant de l'analyse du phénomène, on doit, avec Lefebvre, rappeler les substrats objectifs de la panique : brigands imaginaires? Oui et non. Dans le contexte de la crise économique, la famine fait naître l'errance; la mendicité « en réunion », comme l'on dit, de ces déracinés valides courant la plaine, est constamment attestée, et crainte. De la mendicité au brigandage, il n'est que trop réel que le glissement est linéaire. Autant et parfois plus peut-être que l'écho défiguré de la prise de la Bastille, c'est l'amplification dramatique du malaise rural qui se retrouve ici.

Puis une seconde étape s'enchaîne sur la panique initiale. La peur passée, les villageois ne déposent pas les armes : les gardes nationales des bourgs naissent de cette flambée, la Révolution municipale au village est fille de la Grande Peur. Mais ce n'est pas tout; avant cette remise en place, un autre épisode s'intercale, où la panique devient Révolution. Les troupes villageoises armées se portent au château voisin, se font livrer les archives, livres et plans terriers, titres séculaires du prélèvement féodal, et les brûlent en un feu de joie. Tout ne se passe pas dans la liesse, l'incendie ou le pillage achèvent souvent le geste antinobiliaire; qui résiste est malmené, il y eut parfois mort d'homme, encore que le mouvement reste, dans l'ensemble, peu sanglant. La Grande Peur est brève, une quinzaine de jours à peine, du 20 juillet au début d'août, mais l'étendue de l'aire des troubles en est d'autant plus spectaculaire.

On a identifié six peurs originelles, épicentres à partir desquels le mouvement rayonne par contact, se réanime en des sites privilégiés qui sont autant de relais où, changeant de thème, les « paniques de l'annonce » se substituent au stimulus originel. Née à Estrées, en Beauvaisis, une première peur couvre ainsi jusqu'aux Flandres les plaines de grande culture au nord-ouest de Paris; une autre couvre toute la Champagne, les plaines au sud de Paris, la Bourgogne, et s'enfonce par le Bourbonnais jusqu'au cœur du plateau central. Dans l'Ouest, les forêts du Perche (Montmirail) voient sortir une peur qui se propage sur toute la zone des marges armoricaines, de la plaine de Caen jusqu'à Tours, cependant qu'une peur nantaise intéresse Vendée et Poitou, que la peur de Ruffec en Poitou rayonne sur tout l'ouest du Massif central, et intéresse la majeure partie de l'Aquitaine. Enfin, dans le quart sud-est, la peur qui naît près de Louhans se propage par la vallée du Rhône, mais aussi pénètre profondément les routes alpines, pour ne s'arrêter qu'aux frontières de la basse Provence. Au total, la majeure partie du territoire a connu la peur, à part la Bretagne, le Nord-Est lorrain et alsacien, les Landes, le Languedoc et la basse Provence. On conçoit qu'en retour elle ait provoqué, tant dans les bourgeoisies urbaines qu'à l'Assemblée nationale, une émotion fort vive. A Versailles, la Grande Peur intervient de façon à la fois incongrue... et parfaitement en situation dans la discussion de la « Déclaration des droits » qui doit ouvrir la Constitution : en filigrane à toutes discussions, se pose le problème de la destruction de l'ancien régime social, de la structure hiérarchique des ordres, comme du réseau des liens de dépendance que constitue le système féodal.

Réaction à la Grande Peur.

Tant et si bien que le choix devant lequel se trouve placée la bourgeoisie peut s'apprécier à différents niveaux. La réaction épidermique (ce qui ne veut pas dire seconde) est antipopulaire. L'élite bourgeoise, dans de nombreux cas, est bénéficiaire du prélèvement seigneurial; plus largement, c'est le droit de propriété, valeur pour elle essentielle, qui se trouve ici mis à l'épreuve, qu'elle est du moins en devoir de reformuler, en distinguant le sien, qui suppose le libre contrat, des formes archaïques oppressives; et cela suppose réflexion, chez des juristes spontanément légalistes.

Un autre niveau est celui de la réflexion politique dans la conjoncture présente. La majorité patriote n'ignore pas que c'est des « feux de la sédition » qu'elle tient son pouvoir; s'engager dans la voie répressive, c'est abdiquer entre les mains du roi qui détient encore la force coactive : on ne sous-estime pas les risques de reprise en main que cela comporte. L'analyse politique est propre ici à corriger l'impulsion du premier moment, et par là même, sans doute, à faire prendre conscience à une bourgeoisie effrayée, de l'intérêt majeur d'une nouvelle donne, d'une table rase de l'ancien droit féodal. A condition bien sûr d'en doser strictement l'ampleur, c'est reformer le front antiprivilégié, canaliser, au profit du nouveau droit bourgeois, la force immense de l'insurrection populaire paysanne. Pour que tel redressement réussisse, il importe sans doute que l'opération soit bien menée, et comme le dit un député, cela ne va pas sans quelque « magie », cela s'appelle la nuit du 4 août.

La nuit du 4 août.

L'historiographie romantique nous a transmis le souvenir d'une commotion collective, d'un mouvement d'enthousiasme quasi imprévisible, élément d'une histoire du miracle où l'effusion généreuse des élites nanties répondrait à la grande peur des pauvres. Ce miracle avait été bien préparé. Le 3 août, le Comité des rapports ne savait encore que proposer un rétablissement de l'ordre par la force. Dans la nuit du 3 août, des concertations entre les leaders du parti patriote, réunis au sein du « club breton », aboutissent à la mise au point d'un scénario où l'initiative est habilement laissée à des membres de la noblesse libérale, pour proposer une transaction. Dans la séance de nuit du 4 août 1789, la parole est prise d'abord par le vicomte de Noailles, puis par le duc d'Aiguillon qui se rencontrent pour formuler une offre, d'une générosité mesurée. Établir l'égalité, et tout d'abord l'égalité devant l'impôt, mais au-delà, détruire les privilèges qui constituent le régime « féodal »; les uns, qui pèsent sur la personne, seront abolis sans contrepartie : ainsi la corvée ou la mainmorte; les autres « droits réels », qui pèsent sur la terre, représentent une propriété, contrepartie d'une concession puis d'un contrat initial supposés; à ce titre, on offre de les déclarer rachetables. Il en va ainsi pour les champarts et plus largement pour tous les droits les plus onéreux au paysan. Habile distinction, assurant le succès d'un projet qui déchaîne l'enthousiasme. On ne s'en tient pas là : nobles et prélats, dans un climat d'effusion croissante, proposent l'égalité des peines, l'abolition de la vénalité des charges et l'égale admission à tous les emplois, puis l'abolition des justices seigneuriales, puis la suppression des droits de chasse, de garenne et de colombiers. Par contact, la renonciation s'étend à tous les domaines privilégiés de ce qui devient dès lors l'« Ancien Régime », chacun, les mauvaises langues le notent, s'empressant à sacrifier les privilèges du voisin. Le clergé y perd la dîme et le casuel, les provinces et les villes leurs exemptions, états et franchises.

L'apparente table rase s'achève dans l'enthousiasme d'une nuit blanche. Au matin on fit les comptes, et du 5 au 11 août c'est dans le cadre d'un âpre marchandage que furent rédigés les décrets définitifs. On ne revient pas sur le principe puisqu'on déclare d'entrée : « L'Assemblée nationale détruit entièrement le régime féodal. » Mais dans la fixation des modalités d'application, les aristocrates trouvent chez certaines têtes du parti patriote (Sieyès ou Mirabeau) des appuis apparemment inattendus. Les clauses du rachat des droits réels ne sont pas faites pour le faciliter : le seigneur n'a pas à faire la preuve de ses titres, l'unanimité doit être réalisée chez tous les membres de la communauté paysanne pour que l'émancipation ait lieu... Puis le clergé défend âprement la dîme, sans succès d'ailleurs; enfin, la suppression des corporations, prématurément proposée, disparaît de la rédaction définitive.

La déception la plus lourde affecte les paysans : marché de dupes, penseront-ils, que cette abolition qui se solde par un rachat onéreux, voire impraticable. Mais la pratique commence à corriger l'inachèvement du nouveau droit et dès lors se dessine un mouvement de refus collectif d'acquitter les prestations anciennes.

Quelles que soient les limites de sa portée, la nuit du 4 août conserve une importance majeure dans le déroulement de la Révolution et plus largement dans l'histoire de la France moderne. Dans leur complexité, les stratifications institutionnelles qui faisaient de la France une nation incomplète, inachevée, s'effacent d'un coup. L'ancien régime social d'une société d'ordres fait place à l'égalité civile appelée par la philosophie des Lumières. L'essor du capitalisme au XIXe siècle trouve dans la libération juridique de l'individu une des conditions formelles qui lui étaient indispensables; à ce titre, au-delà même de la conscience immédiate qu'elle a pu en avoir, c'est la bourgeoisie qui triomphe au 4 août. La paysannerie, initiale demanderesse dans l'affrontement, y trouve également son compte : la physionomie originale d'une France de petits propriétaires émancipés des séquelles du féodalisme s'en trouvera façonnée pour plus d'un siècle. Sans aller aussi loin dans la prospective, la marche de la Révolution va se trouver infléchie du fait même de ce départ; entre la Révolution bourgeoise et celle des paysans, il y aura sans doute des discordances majeures, voire des incompréhensions radicales, mais pour la majorité de la paysannerie, la nuit du 4 août cimente un engagement irréversible dans le nouveau régime.

Difficultés de la Révolution parlementaire.

Si un compromis à l'amiable, sans arrière-pensée ni remords, avait été possible, c'est maintenant qu'il se dessinerait.

Dans le courant du mois d'août, la bourgeoisie au pouvoir formule sa « Déclaration des droits ». Mounier en avait posé le principe avant même la prise de la Bastille en déclarant : « Pour qu'une constitution soit bonne, il faut qu'elle soit fondée sur les droits de l'homme et qu'elle les protège. » Le principe est admis au 4 août; la discussion s'en poursuit jusqu'au 26, non sans grincements, parfois révélateurs. L'expression de ce message des Lumières dont Mounier avait demandé une mise en forme « courte, simple et précise » fait resurgir des blocages du passé : l'une des empoignades majeures porta ainsi sur la formulation, timide pour le moins, de la liberté de conscience et de culte. Mirabeau s'en indigne; la Déclaration des droits de l'homme, dont on analysera plus loin l'apport, demeure dans ses thèmes, comme l'a dit G. Lefèbvre, tournée vers la liquidation du passé, plus qu'anticipation de l'avenir; il reste bien essentiel cependant d'y trouver, comme il l'a également écrit, « l'acte de décès de l'Ancien Régime ».

En réalité rien n'est encore joué, et l'Ancien Régime ne veut pas mourir : « Jamais je ne laisserai dépouiller *mon* clergé et *ma* noblesse », déclare Louis XVI, et il oppose à la sanction demandée des décrets du 5 au 11 août, ce qui reste sa qualité dominante, l'inertie. Ce n'est point là aider ceux qui, à l'intérieur du parti patriote, souhaiteraient arrêter le cours d'une révolution dont ils estiment qu'elle est déjà allée trop loin, Mounier l'avocat grenoblois, puis d'autres, de Virieu, Malouet, Lally-Tollendal : on va les appeler les « monarchiens ». Le compromis social auquel ils se sont arrêtés conditionne l'ensemble de leur attitude. Ce ne sont pas des aristocrates : dans leurs rangs se fondent des apports bourgeois et une certaine noblesse libérale. Ils sont partisans des libertés, de l'égalité civile, de l'unité nationale : ils sont beaucoup plus réservés à l'égard des formes sociales du bouleversement révolutionnaire, encore que la Chambre Haute dont ils rêvent accueille plutôt une « gentry » que le groupe des anciens privilégiés. Ces partisans des deux chambres à l'anglaise ont besoin d'un pouvoir royal fort; ils n'hésitent pas à réclamer pour le souverain un droit de veto absolu.

Compromis jugé impossible, voire énergiquement dénoncé par l'aile marchante du parti patriote; les deux problèmes connexes des deux chambres et du veto opposent en septembre les députés de l'Assemblée nationale. Aux monarchiens s'oppose vivement Sieyès, comme le groupe que l'on dénommera le « triumvirat » : Barnave, Duport, les frères Lameth. Pour eux, une chambre unique reste le seul moyen d'éviter la reconstitution d'un bastion de l'aristocratie; quant au veto, ils l'accordent au mieux « suspensif », limité dans le temps à deux législatures. Ce sont eux qui l'emportent, et de beaucoup, dans les deux scrutins décisifs qui tranchent du problème par 849 voix contre 89 contre les deux chambres, 575 voix contre 325 pour le veto suspensif. Succès un peu ambigu : les aristocrates « vrais », jouant la politique du pire, se sont abstenus dans le premier.

Pour eux, comme pour le roi, le problème est ailleurs; il ne s'agit pas de transiger mais de reconquérir. Les difficultés auxquelles se heurte le nouveau régime ne s'y prêtent-elles pas? Necker, à nouveau au pouvoir, est incapable de trouver les moyens de survivre; l'emprunt de 30 millions qu'il lance n'est pas couvert au dixième de son montant. La crise de gouvernement est en même temps le reflet d'une crise sociale et économique qui n'a rien perdu de son âpreté. Les prix des subsistances sont au plus haut, le chômage s'installe à Paris; à l'Assemblée, comme dans les instances municipales la nouvelle bourgeoisie au pouvoir ne sait que proposer la liberté du commerce des grains, qui va à l'encontre de toute la revendication spontanée des classes populaires.

On conçoit que dans les incertitudes d'un combat aussi douteux, la tentation soit grande pour la monarchie de jouer la carte d'une reprise en main brutale : plus discrètement qu'en juillet, on concentre des troupes à Versailles. Mais les choses ont changé aussi dans l'autre camp. Il existe déjà des précédents et une expérience révolutionnaire. Une opinion plus mûre trouve alors ses formes d'organisation et d'expression dans la presse, comme elle se donne des directeurs de conscience avisés; ainsi, Desmoulins, Loustalot ou Marat dans son *Ami du peuple*. Théoriciens capables d'analyser la situation, en dépassant la revendication spontanée — magique encore — du petit peuple parisien : soustraire le roi à l'influence de la cour, l'installer au milieu du peuple parisien, gage de félicité commune et retrouvée. On peut ne point partager cette illusion, tout en reprenant les conclusions auxquelles elle conduit. Mais pour prendre contrôle direct de la monarchie, encore faut-il que les « feux de la sédition » réaffirment le poids de la pression populaire.

Les journées d'octobre 1789.

Les journées d'octobre 1789 prennent leur valeur de cette rencontre historique. Le stimulus économique y garde une place d'importance et d'ailleurs c'est pour une part insurrection féminine, caractéristique des émeutes de la faim. Mais c'est aussi autre chose, et la foule des femmes entraîne une cohorte masculine motivée.

L'occasion? Elle n'est pas aussi mineure qu'on l'a dit parfois. Au cours d'un banquet tenu à Versailles le 1er octobre pour fêter l'arrivée du régiment de Flandres, soldats et gardes du corps se livrent à des manifestations contre-révolutionnaires : on foule aux pieds la cocarde tricolore, on arbore la cocarde noire, celle de la reine. La riposte est presque immédiate. Au Palais-Royal l'opinion s'enflamme; dans les faubourgs, surtout, l'agitation est vive.

Le 5 octobre, c'est par une manifestation de femmes de la Halle et des faubourgs devant l'Hôtel de Ville que commence la journée. Déjà des cadres avertis en prennent cependant la direction, tel l'huissier Maillard, l'un des chefs des « vainqueurs de la Bastille ». La marche des femmes, elles sont peut-être 5 à 10 000, qui est décidée sur Versailles donne à l'affaire une tout autre tournure. D'autant qu'elle entraîne une seconde manifestation, masculine celle-ci : la garde nationale en armes, assemblée vers midi, prend à son tour la même route en ayant placé à sa tête son général, La Fayette.

A Versailles, où les deux cortèges arrivent successivement, les femmes qui envahissent l'assemblée et députent au roi obtiennent la promesse d'avoir du pain. Mais déjà une problématique politique prend le relais de la doléance initiale; Louis XVI fait connaître qu'il accepte enfin de sanctionner les décrets du 5-11 août : même si le geste est peu propre, dans ce contexte précis, à désamorcer l'action populaire en cours, on prend sur le fait le lien entre mouvement de masse et conquête politique.

Le peuple en armes a passé la nuit à Versailles; à l'aube, des manifestants s'introduisent au château et pénètrent jusqu'aux appartements de la reine, tuant un certain nombre de gardes du corps qui en défendent l'entrée. Échauffourée, mais importante par ses suites : lorsque la garde nationale parisienne, en position ambiguë, a rétabli l'ordre, la foule mêle à ses ovations le mot d'ordre impératif d'une installation à Paris de la famille royale. Le souverain, puis l'assemblée, qui se déclare inséparable de la personne du roi, décident d'obtempérer. Un étonnant cortège se forme pour ramener à Paris « le boulanger, la boulangère et le petit mitron » : autour de la famille royale, sur laquelle veille La Fayette — protecteur non souhaité —, les troupes de la garde nationale, le cortège des femmes porteuses de branchages, les piques surmontées d'une miche de pain... ou de la tête d'un garde du corps.

Tournant de la Révolution, d'un terme dont il ne faudra point abuser, l'épisode est bien plus qu'un spectacle incongru; avec l'installation à Paris de la famille royale et de l'assemblée, les perspectives d'une reprise en main monarchique par la force deviennent infiniment plus aléatoires. Avec la proximité physique de la Révolution populaire parisienne, les perspectives d'un compromis au sommet entre « notables » deviennent, elles aussi, bien hasardeuses. Les monarchiens le sentent, qui se retirent, tel Malouet; Mounier lui-même, qui émigre. Est-ce à dire que la bourgeoisie tout entière soit prisonnière d'un mouvement populaire qui lui échappe, et par là même la Révolution gauchie ou déviée? A coup sûr non; mais les conditions d'un équilibre différent commencent à se dessiner. Parce qu'elle se défie désormais autant des impulsions populaires que d'une monarchie que l'intervention des masses vient de lui permettre de juguler, la bourgeoisie doit entreprendre d'urgence de consolider les bases de son pouvoir.

2. Le faux répit

Y a-t-il une « année heureuse »?

Au sortir de cinq mois où l'histoire s'est faite si dense et où les épisodes décisifs se sont précipités, on conçoit que plus d'un historien ait été tenté de placer ici une pause dans le cours de la Révolution. Artifice pédagogique, bien légitime chez beaucoup d'auteurs, répondant au besoin d'un bilan provisoire, la pause prend pour d'autres une tout autre valeur. L'étape devient celle du compromis qui eût pu clore la marche de la Révolution; mais on sait aussi que le compromis a été un échec; et l'on se retrouve alors presque inévitablement amené, pour introduire la suite, à subdiviser encore, comme le font ingénieusement deux des plus récents historiens de la période (F. Furet et D. Richet [1]) entre une « année heureuse » qui s'achève en apothéose en juillet 1790 sur la fête de la Fédération, et une étape de reprise du dynamisme révolutionnaire, le temps du divorce, dont les temps forts sont la fuite à Varennes (juin 1791), puis le massacre du Champ-de-Mars (juillet 1791). C'est alors que la Révolution aurait tourné, bien ou

1. *La Révolution française* (9).

mal (plutôt mal pour les auteurs qui situent alors son « dérapage »), en tout cas changé de visage, par l'intrusion incongrue des masses populaires, rendant caduc tout compromis.

N'anticipons pas sur 1791, mais avouons qu'à notre avis 1790 n'a que les apparences du répit. On peut s'y tromper, si l'on s'en tient à une vision « parisienne » de la Révolution, car il est bien sûr qu'ici le rythme des journées s'espace, pour un temps du moins. Mais si l'on veut être attentif à la chronologie différente des Révolutions provinciales, urbaines et rurales, l'idée s'impose d'un dynamisme sans cesse réamorcé. Plus encore, on s'aperçoit, au fil des épisodes, que 1790 n'est sans doute l'une des grandes années de maturation du processus révolutionnaire que parce que c'est aussi l'une des grandes années de la contre-révolution. Un temps déconcertée par la force des choses, l'aristocratie s'est reprise et ruine toute possibilité d'un compromis durable, ce qui enlève à l'idée d'un « dérapage » ultérieur beaucoup de sa crédibilité.

Organisation de la vie politique.

D'une stabilisation existent les apparences, et quelques-unes des conditions; on placera en premier le relâchement de la pression économique. La récolte a été bonne généralement, le prix du pain baisse et à Paris la disette se résorbe à partir de novembre. Mais le meurtre du boulanger François, mis à la lanterne comme suspect d'accaparement, reste un épisode important, puisque l'assemblée y répond par le vote d'une loi martiale destinée à réprimer les troubles et attroupements. Certains en sentent le danger, ainsi le journaliste Marat qui s'inquiète : « A quoi devons-nous la liberté, qu'aux émeutes populaires? »

Un nouveau style de vie politique s'élabore, qui trouve son rythme et ses institutions. Restons pour l'instant au centre, c'est-à-dire à Paris. Voici le roi installé aux Tuileries, sous les apparences d'une vie de cour continuée; il a le sentiment très vif d'une déchéance, d'une claustration aussi; malgré l'émigration, reste intact autour de lui le groupe de pression de ceux qui l'encouragent dans un refus radical de la nouveauté. On doit cependant transiger avec les nouveaux pouvoirs.

On se devrait d'y placer en premier les ministres du roi. Sur la scène politique, ils font assez pâle figure en regard d'une Assemblée constituante qui concentre de plus en plus l'initiative. L'équipe installée après le 14 juillet regroupe autour de Necker des nobles libéraux, ou réputés tels : Champion de Cicé, La Luzerne, Montmorin, La Tour du Pin, Saint-Priest. Ces libéraux de 1788 ou 1789 ne sont plus en accord, bien vite, avec une opinion, ni même avec l'esprit d'une assemblée à laquelle ils deviennent suspects à juste titre. Leurs successeurs, à l'automne 1790, de Lessart, Duport ou Duportail, seront les émissaires du groupe alors dominant à l'assemblée, celui de La Fayette. C'est que le nouveau régime a beaucoup de mal, avant même que de trancher par voie de constitution, à régler de fait les rapports de l'exécutif et du législatif : Mirabeau propose à la Constituante de prendre les ministres en son sein (24 octobre). C'eût été s'acheminer vers un parlementarisme à l'anglaise, c'était aussi proposer sa candidature : c'est du moins ainsi que le comprend une assemblée qui l'évince (7 novembre) en décrétant qu'aucun ministre ne pourra être pris dans l'Assemblée. Entre les deux pouvoirs, les rapports tendront à se dessiner en termes de rivalité hostile, ou de contacts clandestins.

L'Assemblée s'est installée à l'archevêché, puis dans la salle du Manège, près des Tuileries. Les séances sont suivies par un public, au début relevé, plus ouvert au fil des mois. C'est là que se révèlent ceux qui s'imposent comme les grands orateurs, Barnave, Mirabeau, d'emblée, et progressivement Robespierre. L'essentiel du travail s'effectue dans les « Comités », on dirait aujourd'hui commissions, au nombre de 31, auxquels revient le mérite de la refonte des institutions.

Les partis et les hommes à la Constituante.

Les hommes auxquels incombe de réaliser cette œuvre se scindent progressivement en groupes, plutôt qu'en partis au sens moderne du terme. Patriotes contre aristocrates : le clivage initial se nuance. Chez ces derniers, on distingue les aristocrates proprement dits, les « noirs », des monarchiens. Les uns, refusant en bloc l'apport de la Révolution, mènent âprement le combat en retraite pour la défense des prérogatives royales et des privilèges. Nobles à l'ancienne, comme Mirabeau — « Tonneau », frère du tribun; petits nobles plutôt que grands, ainsi Cazalès, leur orateur le plus incisif, ou roturiers d'origine parfois très populaire au service de l'ancien monde : ainsi l'abbé Maury qui est leur porte-parole le plus violent.

Les monarchiens représentent un autre degré et, pourrait-on dire, une autre étape du refus; ce sont eux, on l'a vu, qui furent les animateurs de la Révolution des notables. Les premiers leaders en furent des roturiers, tel Mounier, mais on ne s'étonne pas de compter dans leurs rangs une fraction de la noblesse initialement libérale (Clermont-Tonnerre, Lally-Tollendal, de Virieu). Sans doute les journées d'octobre ont été pour la Révolution dans l'ordre qu'ils rêvaient un irrémédiable échec : mais leur groupe de pression reste très présent à l'Assemblée, dans l'opinion (ils fondent le club des Amis de la constitution monarchique), au ministère enfin.

La majorité revient à l'ancien parti patriote, mais déjà des coupures s'y dessinent. Les « constitutionnels », les plus nombreux, rassemblent la fraction la plus éclairée des anciens privilégiés (clergé : l'abbé Sieyès, les prélats Boisgelin, Champion de Cicé ou Talleyrand; noblesse : Montmorency, la Rochefoucauld, La Fayette, les Lameth...), mais les bourgeois de l'ancien tiers état présentent en bataillon serré l'élite du talent, de la richesse aussi et de la compétence; avocats ou hommes de loi : Le Chapelier, Lanjuinais, Thouret, Target, Merlin de Drouai, Tronchet; capacités : Bailly. Le groupe se rassemble autour de mots d'ordre (une monarchie limitée) mais aussi en fonction de l'influence affirmée de certains leaders (La Fayette), il bénéficie de la force croissante que représentent les clubs. Le plus important, issu de la réunion des députés bretons, est le club des Jacobins, titre courant de la « Société des amis de la Constitution ». Organe essentiel de la vie politique, auquel il faudra, en son temps, consacrer la place qu'il mérite; ouvert à Paris à un public large, mais cossu encore, centre d'influence en province, animateur de la vie politique par la tribune qu'il offre aux orateurs du parti patriote. Parce qu'ils ne contrôlent pas à leur guise les Jacobins, les patriotes modérés qui se groupent autour de La Fayette préfèrent, sans rompre, se retrouver en milieu plus fermé; c'est le but de la « Société de 1789 » qui ne s'ouvre qu'à des politiciens plus sages.

On devine à tels clivages que l'unité du parti patriote n'est qu'un mot : à la « gauche » des fayettistes, des groupes, ou du moins des équipes plus avancées, se définissent; c'est le « triumvirat » — Barnave, Duport, Lameth —, coalition incisive, en ce temps du moins, et qui mène l'attaque contre les compromissions de La Fayette et de Mirabeau. Puis il y a, bien isolés encore à l'Assemblée, les quelques-uns que l'on peut dire déjà démocrates, Robespierre, dont l'autorité morale s'affirme, Pétion, Buzot, l'abbé Grégoire...

Dans ses incertitudes mêmes, cette distribution des rôles reflète une étape dans les luttes de classes sous la Révolution française; non que le microcosme politique en soit le fidèle reflet. Il y a au moins deux absents au tableau : d'un côté le peuple, le « petit peuple » comme dit Marat qui devient son porte-parole attitré dans son journal *l'Ami du peuple*, de l'autre, la fraction majeure de l'aristocratie qui a déjà tiré son épingle du jeu parlementaire (ou qui s'y refusait d'entrée) pour passer à la contre-révolution ouverte. C'est dans la constellation de ceux qui forment la nouvelle classe politique que se rencontrent les parties prenantes du compromis par lequel on rêve de stabiliser la Révolution : frange supérieure de la bourgeoisie des notables, noblesse libérale aussi, dont l'influence dans les cadres politiques reste encore essentielle.

La Fayette, la tentation du césarisme.

La difficulté pour cette coalition de tenir la ligne qu'elle se fixe, consciemment ou non, se traduit dans le trait majeur de la vie politique en cette période : influence de certains hommes et, d'une certaine façon, tentation de césarisme. Elle découle sans doute de l'effacement d'une monarchie réduite à une résistance non point passive, mais clandestine, et obstinée, comme elle est issue en province de la dissolution des anciennes autorités. Dans cette vacance momentanée de l'autorité dont la bourgeoisie sent tout le danger, il y a place pour des hommes forts, et pendant que d'une main elle rédige sa Constitution libérale, cette bourgeoisie se trouve des héros pour défendre un nouvel ordre qu'elle sent fragile : les exemples provinciaux ne manquent pas (le maire Lieutaud à Marseille); on en trouve l'expression, à l'échelon national, dans l'exceptionnelle popularité de La Fayette, en cette année 1790.

« La Fayette, maire du Palais », titre A. Mathiez, auquel fait écho G. Lefebvre qui parle de « l'année de La Fayette »[1]. Comment expliquer l'exceptionnelle popularité de l'homme même s'il n'est point, sans doute, la nullité prétentieuse qu'on a dit ? Il ne manquait pas, au parti patriote, d'autres sollicitations et Mirabeau eût pu briguer une place éminente. Mais si sa popularité reste encore grande dans certains milieux, la classe politique et les plus avertis des journalistes (Marat) ne se trompent plus guère sur lui. On n'ignore pas que Mirabeau s'est vendu à la cour, qu'il conseille de ses notes, qui a payé ses dettes et l'appointe pour défendre au mieux les prérogatives royales à l'Assemblée. Si sa trahison est moins voyante, La Fayette n'est pas plus irréprochable : depuis les journées d'octobre, il se considère comme investi d'une sorte de protectorat vis-à-vis de la famille royale, fait tenir des mémoires au roi pour l'engager à accepter les acquis d'une Révolution dont son pouvoir pourrait sortir consolidé. Les dés sont pipés de part et d'autre; le roi ne se prête à ce jeu que pour le démentir aussitôt secrètement; l'hostilité de la reine à l'égard du « héros des deux mondes » ne fait d'ailleurs pas mystère. Mais on fait du moins bon visage, le roi a accepté les offres de service de La Fayette comme il a accepté celles de Mirabeau, comme il rencontre les triumvirs et donne le 4 février 1790 une preuve apparente de sa bonne foi en se rendant à l'Assemblée pour déclarer que la reine et lui-même ont accepté le nouvel ordre des choses sans arrière-pensée, séance qui s'achève à l'Assemblée par le serment de fidélité à « la Nation, à la Loi et au Roi ». A partir d'avril 1790, le tribun provençal et le héros des deux mondes collaborent au service du roi, et Mirabeau écrit à La Fayette : « Vos grandes qualités ont besoin de mon impulsion, mon impulsion a besoin de vos grandes qualités. »

Cette conjonction est mise à l'épreuve dans l'un des affrontements les plus vifs de l'année 1790, l'affaire du droit de paix et de guerre, en mai. Le point de départ peut paraître mineur : à la suite d'un conflit qui l'oppose à l'Angleterre pour la possession de la baie de Nootka, dans l'actuelle Colombie britannique, l'Espagne a fait appel à la France au nom du pacte de famille qui lie les deux

1. A. Mathiez, G. Lefèbvre (15).

monarchies bourboniennes. L'épisode soulève un problème de fond : la Révolution doit-elle reprendre à son compte l'héritage des vieilles alliances, et la politique des rois? Ne doit-elle pas plutôt se réserver à l'avenir la direction de la diplomatie, les traités, le droit de paix et de guerre? Grand débat où s'opposent les monarchiens et le groupe fayettiste d'une part, défenseurs de la prérogative royale, et l'opposition de gauche, à la fois sensible au problème de fond et à la conjoncture (éviter le guêpier dans lequel on veut entraîner la jeune Révolution française).

Les défenseurs de la royauté doivent à l'audace de Mirabeau un demi-succès : faisant face, et mettant dans la balance le poids de ses services passés, le tribun, dans l'un de ses célèbres discours, fait prévaloir ses vues; mais l'effet de séance ne survit pas au vote des articles définitifs, qui n'accordent au roi que le droit de proposer la paix et la guerre au suffrage du corps législatif. Un article proclame pour l'univers entier la base nouvelle du droit international, en affirmant que « la nation française renonce à entreprendre aucune guerre dans la vue de faire des conquêtes » et « n'emploiera jamais ses forces contre la liberté d'aucun peuple ». Le bilan reste indécis pour la royauté, comme pour Mirabeau, discrédité dans l'opinion patriote la plus avertie. Quant à La Fayette, si ses relations se tendent avec les Jacobins et l'aile marchante du parti patriote, il garde une autorité qui reste grande. Pour la mesurer, il faut sans doute tenir compte, au-delà des tractations au sommet dont on vient de parler, de ses moyens réels d'influence. Certains contemporains, nous songeons à Marat, en ont perçu avec netteté les voies et moyens; ils insistent sur l'importance de la mainmise sur la garde nationale, force coactive de la Révolution bourgeoise. L'institution est générale depuis la crise de l'été, les bourgs les plus médiocres en sont dotés. Mais par là même elle offre des visages contrastés d'un lieu à l'autre, fer de lance de l'activisme révolutionnaire ici, refuge contre-révolutionnaire ailleurs. En l'organisant à Paris de façon hiérarchique, en la complétant d'une garde nationale soldée de professionnels, La Fayette, suivi d'ailleurs par l'Assemblée, a souhaité à coup sûr constituer un instrument maniable pour le nouvel ordre dont il rêve.

La fête de la Fédération.

Le couronnement de ce système, et comme son apothéose, c'est dans la fête de la Fédération, au 14 juillet 1790, qu'il faut le chercher. L'exemple n'est pas venu de Paris, c'est le 29 novembre à Étoile, près de Valence, que se sont liés par un serment fédératif 12 000 gardes nationaux du Dauphiné et du Vivarais, idée reprise le mois suivant par la commune de Dijon, puis, de janvier à juin, en Bretagne, en Anjou, Franche-Comté ou Alsace, ailleurs encore. Les premiers, les Bretons ont proposé l'envoi de délégations à la capitale; le principe d'une fédération à l'échelle nationale a été adopté ensuite par la Commune de Paris. L'iconographie a popularisé les manifestations d'unanimité auxquelles donna lieu l'aménagement du Champ-de-Mars, où se déroule au 14 juillet 1790 la fête de la Fédération. Bourgeois, aristocrates, gens du peuple, hommes et femmes mêlés, ont participé à l'œuvre collective, comme ils ont assisté en foule à la cérémonie elle-même : service religieux, puis serment fédératif prêté par La Fayette.

Il y aurait à coup sûr injustice à sous-estimer l'importance historique du mouvement des fédérations, cette « anti-Grande Peur » dont l'exemple, plutôt que la contagion, se répand de la province vers Paris. Il exprime symboliquement l'unité nationale ressentie, née de la Révolution de 1789. Que cette unité ait ses limites sociales, on l'a dit à l'époque (et Marat rêvait d'une fédération « populaire »); qu'elle exprime, dans le temps, un très fragile équilibre sans lendemain, l'histoire le prouve. Cela n'enlève rien à la portée d'un épisode par lequel la Révolution affirme, prématurément sans doute, mais avec éclat, son triomphe sur les forces de désunion.

La contre-révolution est partout.

Car en cette année 1790, la contre-révolution est partout. Qu'on ne nous accuse point de partager les peurs déformantes des gens de l'époque. On a parlé (F. Furet et D. Richet) de l' « étroit chemin » de la Révolution bourgeoise à l'été 1790, prise entre les agressions d'une Révolution populaire, sans cesse réitérées, et celles de la contre-révolution des aristocrates. Sans vouloir innocenter les masses de l'échec de la Révolution bourgeoise, disons qu'elles n'en sont pas les premières responsables. La Révolution paysanne des profondeurs suit son cours : c'est vrai. En janvier 1789, des jacqueries antinobiliaires éclatent en Corrèze, en Quercy, en Périgord, et par ailleurs en haute Bretagne; en mai encore, les paysans s'insurgent en Bourbonnais. Dans les villes, l'agitation est sporadique, mais liée bien souvent aux réactions défensives que provoque la peur du complot aristocratique. En cette période, les tribulations de Marat, le journaliste « ami du peuple » réduit à la clandestinité, un temps à la fuite, témoignent cependant que l'autre Révolution, celle du « petit peuple », est pour un temps muselée.

Le vrai péril est contre-révolutionnaire : son échec final ne doit pas le faire sous-estimer. Il est sans doute des combats en retraite : ce sont, à l'automne puis à l'hiver 1789-1790, les protestations des ci-devant privilégiés : de l'évêque de Tréguier contre les Droits de l'homme (14 octobre 1789), puis des noblesses de Toulouse, de Béarn, du Cambrésis ou de Bretagne. Un peu plus orchestrée fut la défensive des anciens parlements en prélude à leur suppression; de Rouen, de Cambrai, de Metz, d'ailleurs encore, sont parvenues des adresses de protestations, que leurs auteurs durent désavouer. La contre-révolution ne se confond pas avec ces combats en retraite, mais si elle en a pris le relais, en s'organisant à différents niveaux, elle révèle un nouveau visage.

Il y a d'abord les agissements de la famille royale, ou de son entourage. Alors même qu'on multiplie les manifestations de ralliement au nouveau régime, le mot d'ordre est à la fuite, vers une province — Rouen ou Metz — d'où l'on travaillerait à la reconquête du royaume. Et les tentatives se succèdent : celle d'Augeard, secrétaire des commandements de la reine en octobre 1789, puis en février du marquis de Favras, exécuteur d'un projet organisé sans doute par Monsieur, comte de Provence, mais qui eut l'élégance, allant à la potence (« Saute, marquis! ») de ne point dénoncer ses complices.

La contre-révolution ne peut guère tirer ses directives de la famille royale; le roi, la reine aussi, dont l'influence croît, n'ont pas les coudées franches, ni même encore une ligne politique précise. Mais d'autres centres d'initiative apparaissent : l'émigration en renforçant ses effectifs se structure; le premier flot, de juillet 1789, s'est étoffé à l'hiver de nouveaux apports. A Turin, chez son beau-père, le roi de Sardaigne, le comte d'Artois organise un réseau de correspondances pour fomenter des complots dans toutes les provinces. Ce comité contre-révolutionnaire, malgré la difficulté de coordonner l'action de clans qui se détestent, aura en Calonne, l'ancien ministre du roi, un organisateur, et trouvera des informateurs habiles, tel le comte d'Antraigues qui met sur pied un réseau de renseignements. A défaut, pour l'instant, de pouvoir faire fuir le roi, c'est une insurrection générale qui est préparée. On en choisit, non sans habileté, les points névralgiques : en Alsace, on profite de l'agitation suscitée par les « princes possessionnés » de l'autre rive du Rhin qui se plaignent d'être dépossédés, mais les tentatives séparatistes en basse Alsace font long feu : Strasbourg, il est vrai, ne bouge pas. En Franche-Comté de même, les projets échouent.

Dans le Midi il en va autrement. Des notables habiles (Froment, avocat nîmois) persuadent d'exploiter l'hostilité entre catholiques et protestants : les réformés s'étaient généralement engagés vivement aux côtés d'une Révolution émancipatrice, le catholicisme avait, par réaction, choisi l'autre camp. Dans certains points chauds urbains (Nîmes ou Montauban), on peut reconnaître la superposition des clivages, sociaux, confessionnels et politiques. A Nîmes, ville de la soie, la bourgeoisie commerçante et manufacturière est réformée; le petit peuple catholique fournit au clan des notables contre-révolutionnaires une base de masse inespérée. Ainsi s'explique la violence des affrontements qui déchirent Montauban le 10 mai 1790, puis Nîmes au mois de juin. Les gardes nationaux, réformés, soutenus par les montagnards des Cévennes, viennent ici à bout de leurs adversaires catholiques, les « Cébets », après une vive résistance. Ce ne sont là que deux points chauds d'un embrasement quasi général; à Toulouse l'agitation contre-révolutionnaire est vive en avril 1790, puis les foyers de troubles ponctuent toute la région, des Alpes à l'Aquitaine : à Valence, en Arles, à Uzès, à Aix. Des villes, le conflit passe parfois au monde rural. C'est le cas en Vivarais, où le mouvement spontané des fédérations de gardes nationales se trouve détourné par les contre-révolutionnaires qui l'utilisent à leur profit; au camp de Jalès, dans l'Ardèche, se réunit en août 1790 un rassemblement d'une vingtaine de milliers de gardes nationaux, qu'un comité de nobles amène à approuver un manifeste contre-révolutionnaire récusant l'Assemblée nationale et sa Constitution. Dispersé, le rassemblement se reformera, comme on le verra, à deux reprises au même lieu.

Mais d'autres points chauds urbains se révèlent. C'est en juin 1790 qu'Avignon, soulevée contre le pape et son vice-légat, a demandé son rattachement à la France : autre foyer d'affrontement sanglant. Le conflit n'est pas ici confessionnel, mais il est à coup sûr social : l'affrontement campaniliste qui oppose Avignon pro-français à Carpentras demeurée « papaline », bas Comtat évolué et haut Comtat conservateur, n'offre qu'une confusion apparente, entretenue par les palinodies de l'Assemblée nationale qui refuse en novembre la réunion demandée. Mais la tension s'en trouve exacerbée, l'armée avignonnaise assiège Cavaillon, puis Carpentras, une guerre véritable et sanglante s'instaure. Au même moment, Lyon s'insurge : le comité lyonnais de contre-révolution animé par un ancien consul, Imbert-Colomès, parvient à fomenter des troubles, les 25 et 26 juillet 1790. Réprimé, le mouvement ne put, comme l'espéraient ses auteurs, s'étendre en Beaujolais ou en Bourgogne, mais le comité contre-révolutionnaire demeura actif. Illusoire, le péril de contre-révolution? Il l'est d'autant moins qu'au-delà des foyers ponctuels, multiples cependant, de la contre-révolution, on doit tenir compte d'une reprise en main, un temps plus insidieuse, mais générale. C'est sous cette rubrique que nous ferons entrer ce que l'on appelle le « malaise de l'armée » à l'été 1790.

Tentative de reprise en main.

On a tort, à notre avis, d'y voir un simple problème, à la limite technique, d'adaptation aux nouvelles structures [1]. Certes, les cadres ont été affaiblis par l'émigration, et l'engagement d'une partie de la troupe dans le mouvement révolutionnaire impose de remanier l'ancienne discipline. Mais le problème est beaucoup plus grave, et certains, comme Marat, ne s'y sont pas trompés :

1. F. Furet et D. Richet dans *la Révolution française* (9).

reprendre le contrôle de l'armée, c'est pour les cadres aristocrates s'assurer les moyens d'une plus large reconquête. Aussi les incidents se multiplient-ils : à Toulon, c'est en décembre déjà que l'amiral d'Albert entre en conflit ouvert avec les marins patriotes. En mai, puis en juin, le malaise s'accroît et le ministre La Tour du Pin doit convenir de la « situation déplorable de l'armée »; en août, débute ce qu'on appellera « l'affaire de Nancy ». Les soldats du régiment suisse de Châteauvieux protestent contre le retard de leur solde et demandent à contrôler les caisses de leurs régiments; ils suscitent la solidarité des patriotes locaux, mais se heurtent à une volonté répressive délibérée des cadres militaires et des cadres politiques. La Fayette, cousin du marquis de Bouillé qui commande à Metz, l'engage à « frapper un grand coup »; un pseudo-médiateur envoyé de Paris, Malseigne, déclenche le conflit ouvert : Bouillé reconquiert la ville le 31 août à l'issue d'une sanglante bataille qui provoque 300 morts, une répression très dure puisque 33 suisses sont roués ou pendus, d'autres envoyés aux galères. Marat peut titrer : « L'affreux réveil. »

Révélation sans doute, mais que tout préparait : la politique de compromis, que représentait La Fayette, que symbolisait la fête de la Fédération, se révèle comme un leurre. Après les félicitations qu'adresse le roi au marquis de Bouillé, sanglant vainqueur des suisses, Marat, encore lui, peut écrire de La Fayette : « Peut-on douter encore que le grand général, le héros des deux mondes, l'immortel restaurateur de la liberté ne soit le chef des contre-révolutionnaires, l'âme de toutes les conspirations contre la patrie ? »

A l'été 1790, les illusions se dissipent, l'affrontement devient ouvert; la crise religieuse va en hâter la maturation.

La crise financière et la naissance de l'assignat.

La crise ouverte éclate après le vote (12 juillet 1790) et surtout la promulgation (24 août) de la Constitution civile du clergé. Elle couvait, à vrai dire, depuis des mois.

Il faut remonter au 2 novembre 1789, jour auquel l'Assemblée constituante a décidé de « mettre les biens du clergé à la disposition de la nation ». La réorganisation religieuse est issue de la crise financière. Au lendemain des journées d'octobre, Necker a dû convenir de l'échec de sa politique : ses emprunts ne sont plus couverts, la caisse d'escompte doit déposer son bilan, une contribution patriotique ne rend guère. Le banquier Lecoulteux a invité l'Assemblée à faire « ce que font les propriétaires qui ont de la probité et qui se trouvent dans un cas semblable : il faut aliéner les héritages ».

L'un de ces héritages était particulièrement convoité : il s'agissait des biens d'Église qu'un prélat, l'évêque d'Autun, Talleyrand, venait en octobre de proposer d'employer au règlement de la dette publique. L'offre, on s'en doute, n'avait pas été accueillie dans l'unanimité : deux théories se sont, dès lors, affrontées. Pour les légistes du tiers, l'Église n'est que dépositaire de biens dont la propriété revient à la collectivité, c'est-à-dire à la nation. Libre à celle-ci de les reprendre, sous condition d'acquitter les charges (fondations, culte, assistance) qui incombent à l'Église, comme de salarier les membres du clergé. Pour les défenseurs du clergé, l'abbé Maury ou, de façon plus nuancée, Mgr de Boisgelin, on ne peut nationaliser sans spoliation : et ce dernier offre au nom des évêques une avance à l'État. La bourgeoisie constituante tranche en décidant d'affecter les domaines du clergé — 3 milliards disait-on — comme gage des dettes de l'État.

Les étapes d'application de ce plan s'enchaînent de l'hiver à l'été 1790. En décembre, mise en vente de 400 millions de biens d'Église, payables en « assignats » dont l'émission doit alimenter la caisse de l'extraordinaire. Cet organisme percevra les bons du trésor en contrepartie des biens aliénés, ce sont de grosses coupures — 1 000 livres —, ils doivent être détruits au fur et à mesure de leur rentrée. La caisse de l'extraordinaire devait employer ses revenus à éteindre la dette publique : sous cette forme limitée, l'opération, vivement menée, eût pu permettre de liquider le passif de l'Ancien Régime.

Plusieurs gauchissements successifs ont modifié le sens de l'opération : faute de confiance, les premiers assignats ne se plaçaient pas. En avril, pour clarifier la situation, le clergé se voit retirer l'administration de ses biens et la vente des biens nationaux s'organise. Puis, devant de nouvelles difficultés d'argent, l'Assemblée décide de renoncer aux assignats-bons du trésor qu'avait boudés le public, pour en faire un véritable papier-monnaie qui reçoit cours forcé, devant être « reçu comme espèces sonnantes dans toutes les caisses publiques et particulières ». Cette modification s'accompagnera d'un changement de vocation : il ne s'agit plus d'éteindre les dettes criantes, mais la dette tout entière, et de répondre aux besoins de l'État. Cette nouvelle modification fut longuement débattue en août et septembre 1790. C'est en ayant mûrement délibéré que l'Assemblée décide d'accroître l'émission (1 200 millions de livres) en coupures subdivisées jusqu'à 5 livres (mai 1791) d'un véritable papier-monnaie qui ne porte pas intérêt. On attend de ces coupures qu'elles circulent et pénètrent dans tous les milieux, en les intéressant par là à l'opération politique que représente la vente des biens du clergé. Tels avantages escomptés outrepassent l'inconvénient majeur, la dépréciation du papier-monnaie, inévitable lors même qu'on n'avait pas retiré le numéraire de la circulation et que la concurrence des deux signes monétaires vérifiait l'axiome que « la mauvaise monnaie chasse la bonne ». L'État lui-même ne consentait-il pas à perdre au change dans ses transactions? Deux prix coexistent désormais, en espèces et en papier, et ce dernier voit sa valeur s'avilir : en mai 1791, 100 livres-papier n'en valent plus que 73 sur le marché londonien.

Les Constituants n'étaient pas des apprentis-sorciers; ils ont mesuré les risques de la mesure prise, même s'ils n'ont pu soupçonner jusqu'où irait l'aventure de l'assignat. Pour en rester au domaine religieux, on sent le tournant qu'elle a pu représenter dans l'histoire de la Révolution : cette réforme impose de repenser de fond en comble la place du clergé dans la nation.

Le problème religieux.

D'autres raisons se rencontraient d'ailleurs : l'abolition de la dîme à la nuit du 4 août atteignait la rétribution du culte, la destruction des ordres faisait disparaître le clergé en tant que tel, la libération de l'individu que prônait le nouveau droit entraîna l'interdiction de prononcer des vœux perpétuels (février 1790); c'était supprimer les ordres religieux, et une iconographie prolixe célèbre de mille manières la fin de la clôture des couvents. Puis, d'autres problèmes de fond s'étaient très vite interposés : en décembre et janvier, l'Assemblée avait accordé droit de cité aux non-catholiques, protestants puis juifs du Midi, soulevant de vives protestations (ainsi des catholiques d'Uzès). Dans le cadre de la réorganisation d'ensemble à laquelle elle s'affaire, l'Assemblée voit s'imposer à elle avec une urgence particulière la réforme de la religion : elle y travaille d'avril à mai 1790, commence à discuter dans les derniers jours de ce mois du projet de « Constitution civile du clergé » qui l'occupe six semaines durant, jusqu'à son vote définitif (12 juillet 1790).

On dira sous peu les modalités comme la portée de cet acte, à mi-chemin de la séparation de l'Église et de l'État et de la symbiose antérieure entre les deux pouvoirs : qu'on sache du moins qu'il n'apparut pas, d'entrée, irrecevable. Au nom des évêques libéraux, le nonce écrivait en juillet au pape Pie VI pour lui demander de ne pas condamner la Constitution civile du clergé; Mgr de Boisgelin, archevêque d'Aix, en critiquant le projet, ne le fait pas sans nuances, et c'est sur les conseils des prélats que Louis XVI donne le 22 juillet sa sanction à la Constitution civile du clergé.

L'erreur des Constituants fut, selon l'expression de Boisgelin, de solliciter du pape de « baptiser la Constitution civile », entendons, de lui donner sa sanction. Messager infidèle, le cardinal de Bernis, ambassadeur à Rome, chargé de présenter au pape le texte de loi, y est personnellement hostile. Au vrai, son peu de zèle change peu de chose à l'affaire : le siège du pontife romain est fait. Il a condamné déjà la Déclaration des droits de l'homme; très attentif au temporel, il s'inquiète d'Avignon, malgré les concessions de l'Assemblée nationale. Il reste sourd aux sollicitations des évêques français qui l'adjurent d'éviter à la France un schisme religieux. Lorsque le 24 novembre 1790, la Constituante impose aux prêtres fonctionnaires publics, le serment constitutionnel, qui comporte acceptation de la Constitution, la cassure qui s'ensuit anticipe de peu sur les brefs du 11 mars et 13 avril 1791 par lesquels le pontife condamne la Constitution civile. Une composante nouvelle se trouve introduite dans l'affrontement révolutionnaire. Le schisme religieux n'est pas l'élément déterminant qui aurait alors fait « mal » tourner la Révolution française, mais il va donner aux luttes une âpreté nouvelle.

3. Durcissement de la vie politique (été 1790 - été 1791)

« Dérapage » ou continuité? La période qui va de l'automne 1790 à la séparation de la Constituante, en septembre 1791, retrouve des problèmes qui ne nous sont pas inconnus. La menace de contre-révolution se précise du poids des problèmes religieux, la duplictié royale devient de plus en plus éclatante... mais le compromis s'avérant de plus en plus illusoire, des données nouvelles interviennent, dans le cadre d'un dynamisme révolutionnaire accentué.

Le jeu politique.

La phase précédente s'achevait, au 14 juillet 1790, dans l'unanimité factice d'une réconciliation sous l'égide de La Fayette. Si l'on s'en tient à la surface des choses, le triomphe du général est bien éphémère : sans doute le remaniement ministériel imposé au roi au début d'octobre par les sections parisiennes remplace-t-il les ministres, devenus insupportables au lendemain de l'affaire de Nancy, par une équipe « fayettiste » (Duport, Duportail, Delessart). Mais la popularité du héros des deux mondes décline aussi bien dans l'opinion parisienne qu'auprès de la famille royale. Mais s'il quitte le devant de la scène, par qui le remplacer?

L'attitude de la cour et, en premier lieu, de la famille royale, devient, en privé, sans ambiguïté : « J'aimerais mieux être roi de Metz que de demeurer roi de France dans une telle position, mais cela finira bientôt », s'écrie le monarque en décembre 1790. Il a renoncé à toute velléité d'accommodement avec une révolution qu'il rejette en bloc, même s'il en cautionne officiellement les actes. Pour reconquérir son trône il compte sur l'intervention étrangère et il donne à ses émissaires (d'Agout ou le baron de Breteuil) pleins pouvoirs pour négocier secrètement avec les puissances : la politique extérieure — officielle ou souterraine — prend alors une importance nouvelle. Pour donner la main à l'intervention étrangère, le roi s'est rallié à l'idée d'une fuite vers la frontière, où, sous la protection de troupes fidèles, il dissoudrait l'Assemblée, pour en appeler directement à la nation. En attendant, il faut patienter, accepter ce qu'on ne saurait éviter, jouer à l'occasion la politique du pire, recourir surtout à la corruption pour corroder de l'intérieur le front révolutionnaire.

C'est ici, sans doute, que Mirabeau retrouve une place d'importance dans le jeu politique; dans ces derniers mois de son existence, son activité est multiple. On le voit à l'Assemblée tantôt prendre des risques en faveur des émigrés, tantôt au contraire, pousser en matière religieuse à une politique d'intolérance (janvier 1791); surtout, il préside avec maestria, en commençant par lui-même, à la distribution des deniers de la corruption, à l'Assemblée aussi bien que dans les sociétés populaires les plus révolutionnaires (Danton aux Cordeliers). Il meurt le 2 avril 1791, victime, dit-on, de ses excès; une opinion encore mystifiée lui fera de grandes funérailles, mais d'ores et déjà, il était en marge du cours d'une révolution qui échappait à la « combinazione » et à la corruption dans lesquelles il s'était confiné.

Déclin des leaders? L'équipe de rechange est déjà prête. A l'Assemblée ce sont les triumvirs, Barnave, Duport, les Lameth qui postulent à la direction d'un parti de gouvernement. Ils passent encore pour leaders de la gauche; en fait, ce sont déjà des révolutionnaires repentis, non sans principes d'ailleurs : et Barnave dans son *Introduction à la Révolution française* se révèle comme l'un des théoriciens les plus perspicaces de l'histoire qu'il a vécue. Mais cela les conduit alors à fixer la borne qu'ils estiment ne point devoir être dépassée. Duport s'en explique : « La Révolution est finie. Il faut la fixer et la préserver en combattant les excès. Il faut restreindre l'égalité, réduire la liberté et fixer l'opinion. Le gouvernement doit être fort, solide, stable. » Y avait-il là, comme on l'a dit [1], le programme et l'amorce d'un « grand parti tory »? Il eût fallu sans doute que la bourgeoisie fût véritablement, dès lors, triomphante. A défaut, on ne peut que recourir aux méthodes qui avaient été celles de La Fayette et de Mirabeau; sans souci de contradiction, s'appuyer sur l'ancien monde, et tout prosaïquement

1. F. Furet et D. Richet, *La Révolution française* (9).

se vendre au roi et à la cour; c'est chose faite, en avril 1791. Les triumvirs, à leur tour, ont basculé : la cassure nouvelle du parti patriote se durcit au printemps 1791 et singulièrement en mai lors du débat sur les colonies.

Dans le cadre d'un développement moins restreint, l'affaire mériterait sans doute d'être évoquée pour elle-même. La Révolution, en se propageant aux colonies, a suscité aux Antilles les revendications des hommes libres de couleur — les mulâtres — cependant que de leur côté les colons s'agitent, soutenus à Paris par un puissant « lobby » dont Barnave et les Lameth sont les porte-parole. Le débat sur les colonies débute le 7 mai; il affronte, dans des interventions souvent remarquables, Barnave à ses adversaires, Grégoire ou Robespierre. Le décret final qui accorde aux mulâtres nés de père et mère libres les droits politiques, laisse de côté le problème des esclaves noirs, qui se soulèveront en août 1791. Mais pour en rester à l'Assemblée, on peut dire que cet affrontement sanctionne la cassure de l'ancien parti patriote. Une nouvelle gauche confirme sa présence et s'impose à l'opinion : Pétion, Grégoire, Robespierre surtout, dont la rectitude commence à imposer l'image du « législateur incorruptible ».

Durcissement des positions et reclassement des hommes : ces conditions nouvelles de la vie politique à la Constituante traduisent un nouveau climat dans le pays tout entier. A côté de l'Assemblée d'autres instances apparaissent, se multiplient, clubs et sociétés populaires; reflet d'une reprise du dynamisme à la base.

Affrontements à la base.

Crise sociale? Oui et non. On ne saurait parler disette dans un monde qui vit sur la bonne récolte de 1790 : la sagesse du prix des subsistances en témoigne. Mais d'autres facteurs de mobilisation jouent. Dans les villes, où l'activité économique reste ralentie, c'est pour l'augmentation du salaire que se battent les compagnons, qui se coalisent à Paris, dans certains corps de métiers (charpentiers, maréchaux, typographes). Dans la campagne, les luttes agraires, inaugurées en 1789 et parfois même auparavant, suivent leur marche, d'une province à l'autre, mais avec des lieux d'élection : Nivernais, Bourbonnais, Quercy, Périgord, sites de système agraire oppressif; c'est ici l'éradication des survivances féodales qui se poursuit dans la violence, suivant sa dynamique propre.

Sur cette trame, la grande nouveauté de l'année 1791 s'exprime sans doute en termes de politisation croissante des masses : passage des foules aux organisations. Le processus était déjà entamé, il franchit alors des étapes décisives. Depuis la fin d'avril 1790 un club d'un type nouveau s'était ouvert sous le titre de « Société des amis des droits de l'homme et du citoyen »; on dira couramment « club des Cordeliers » d'après le lieu de ses séances. Par son recrutement sans exclusive, par la mission qu'il se donne, surveillance et dénonciation, voire action directe, il se différencie sensiblement des sociétés de la première génération. Dans l'hiver 1790-1791, l'exemple des Cordeliers conduit à la mise en place de nombreuses sociétés populaires ou « sociétés fraternelles » : initiatives spontanées (ainsi celle du maître de pension Danjou), vite encouragées, on en trouve bientôt dans tous les quartiers parisiens et dans certaines villes de province. En mai 1791 les Cordeliers et les sociétés populaires se fédèrent et se donnent un comité central.

Puis, d'autres structures apparaissent qui, par des voies parfois inattendues, vont servir de support à l'activité populaire. En s'ouvrant progressivement à des cadres plus populaires, les 48 sections parisiennes qui remplacent les 60 districts au printemps 1790 vont, en fait, les relayer dans leur activité révolutionnaire. A structures nouvelles, revendications nouvelles : par l'organe des journalistes qui sont ses porte-parole attitrés (Marat, Loustalot, Bonneville), ce mouvement populaire formule un programme de revendications proprement politiques; on peut dater d'alors la naissance d'un parti véritablement démocratique, réclamant l'accès aux droits politiques des citoyens passifs, dénonçant par avance la Constitution bourgeoise. Surtout, on a pu parler (A. Soboul [1]) d'un véritable « parti anticlérical »; disons à tout le moins d'un vif courant d'anticléricalisme populaire, parisien, mais aussi provincial.

1. *Précis d'histoire de la Révolution française* (14).

La contre-révolution.

La montée du mouvement populaire est indissociable de son antagoniste : les progrès de l'action contre-révolutionnaire. La contre-révolution « au sommet » reste un danger sans cesse rappelé. On sait qu'à la cour elle a cause gagnée; aussi l'opinion sensibilisée réagit-elle vivement aux vrais et aux faux complots. On en juge en février dans un Paris irrité de l'émigration de « Mesdames », les tantes du roi. On se porte le 28 au château de Vincennes qu'on entreprend de détruire, au bruit, peut-être provoqué, d'un complot. Mais pendant que La Fayette accourt pour rétablir l'ordre, plusieurs centaines de nobles, 400, dira-t-on, se rassemblent aux Tuileries; le peuple parisien les désarme et contraint La Fayette à arrêter ces « chevaliers du poignard ». Épisode mystérieux ou curiosité sans lendemain? On aurait tort de réduire le péril contre-révolutionnaire à cette scène à la limite du tragi-comique. En province, les rassemblements contre-révolutionnaires du camp de Jalès, qui remontent à l'été 1790, ne sont dispersés qu'au bout de six mois, en février 1791. Dans le Sud-Est, les troubles sont sans cesse renaissants : en Arles, les « chiffonistes » provisoirement triomphants, font régner une véritable terreur contre-révolutionnaire; en Comtat, les luttes n'ont jamais été aussi vives entre pro-français et papalins. Du Dauphiné à la Provence, les émissaires des princes, tel Monnier de la Quarrée, établissent des réseaux de complicités. Même si l'on ne rencontre pas ailleurs l'équivalent de tels affrontements, il est bien difficile de faire du complot aristocratique un de ces « mythes qui font l'histoire réelle » (Furet et Richet[1]) : de tels mythes ont de solides bases objectives.

Le schisme religieux.

Les possibilités nouvelles que le schisme religieux offrait à la contre-révolution ont très vite été exploitées : en juin 1791, le directoire du Morbihan écrira au ministère de l'Intérieur : « Les confessionnaux sont les écoles où la rébellion est enseignée et commandée. » L'obligation du serment constitutionnel, puis les

1. *La Révolution française* (9).

brefs pontificaux de condamnation de la Constitution civile du clergé ont scindé en deux le clergé français : prêtres « constitutionnels » ou « jureurs » d'une part, « réfractaires » de l'autre. Le clivage est parfois flou; seuls les fonctionnaires étaient astreints au serment, mais d'autres que les curés et vicaires le prêtèrent parfois, puis il y eut des repentirs, nombre de rétractations, ou de serments assortis de réserves... Très vite, cependant, deux clans se sont dessinés : un épiscopat réfractaire dans sa très grande majorité, à l'exception de sept prélats, un corps sacerdotal à peu près également partagé entre constitutionnels et réfractaires... Le schisme entraîne une situation tendue et pose tout un ensemble de questions nouvelles.

Tolérera-t-on que les réfractaires exercent leur culte? La logique du nouveau régime l'imposerait, mais c'est soumettre à concurrence déloyale les prêtres jureurs qui se sont engagés dans le sens de la Révolution. Puis, la défection d'une partie des prêtres pose le problème des charges qui leur incombent. L'idée de laïciser l'enregistrement des actes est proposée par les réfractaires eux-mêmes, pour échapper au monopole des constitutionnels. Concrètement, la situation aboutit à la présence rivale de clergés hostiles, d'églises concurrentes, les réfractaires trouvant asile dans les chapelles de couvents ou hôpitaux, enfin de clientèles différentes, les dévotes suivant les « bons prêtres ». Les incidents se multiplient : à Paris et parfois en province, les dames de la Halle fessent les religieuses qui suivent les offices des réfractaires. L'installation des prêtres et évêques constitutionnels, en contrepartie, se fait très difficilement au printemps 1791 dans nombre de départements : difficultés techniques de faire élire, puis investir les nouveaux évêques, que seul Talleyrand consent à sacrer; en plus d'un lieu, difficulté de les imposer à une opinion rétive. On doit transiger : à l'instigation des fayettistes, le département de Paris décide au printemps 1791 de tolérer l'exercice du culte réfractaire dans des édifices privés; l'initiative parisienne est suivie par la Constituante en mai 1791 dans le cadre d'un décret sur la liberté des cultes. Cette demi-mesure n'éteint pas le conflit, elle se heurte à l'opposition très vive des prêtres constitutionnels, et de nombreuses autorités locales, dans les régions notamment où les réfractaires l'emportent en nombre (Bretagne ou Alsace). Puis les réfractaires sont loin, pour leur part, de se satisfaire de cette tolérance. Les positions se durcissent; une des cassures majeures qui vont diviser les Français est décidément faite.

Au moment même où, grâce au schisme, la contre-révolution recrute dans le pays « la piétaille qui lui manquait [1] », il semble qu'elle trouve progressivement à l'étranger un soutien confirmé.

La Révolution et l'Europe.

C'est au fil de l'année 1791 que la Révolution s'impose comme phénomène européen. L'affirmation doit être doublement nuancée : l'impact du phénomène avait été ressenti d'entrée par les élites les plus éveillées, et inversement, les puissances ne s'engagent que progressivement dans ce qui leur apparaît le guêpier français.

Sympathie portée à la Révolution française? On la découvre très vite dans toute l'Europe des Lumières. Dans l'Empire, on sait les réactions enthousiastes de l'élite intellectuelle : Kant ou Fichte, Klopstock qui se fait le chantre enthousiaste de la Révolution. Un Mayençais, Forster, accourt à Paris pour vivre sur place ce que beaucoup ressentent comme une commotion vitale. L'Angleterre a réagi aussi vivement : poètes (Blake, Coleridge, Wordsworth), hommes politiques aussi, tel Fox, l'un des leaders des whigs, ou Wilberforce qui lutte pour l'émancipation des Noirs. Partout, le mouvement de curiosité intellectuelle s'élargit à toute une partie de l'opinion : en Angleterre, les whigs les plus radicaux se regroupent dans le cadre de clubs favorables à la Révolution française (1790, « Constitutional Society » à Manchester). Dans l'Empire, la bourgeoisie hambourgeoise célèbre fastueusement au 14 juillet 1790 l'anniversaire de la chute de la Bastille.

En 1791, cet engouement premier a déjà mûri, entendons que la majeure partie des classes dirigeantes est revenue de sa sympathie en découvrant le péril que fait courir la contagion révolutionnaire à la stabilité sociale. On le sent en Rhénanie, où les paysans, à l'instar des paysans français, refusent d'acquitter les droits seigneuriaux. Au contraire, l'engagement se confirme dans une élite intellectuelle, qui, bien souvent mal vue chez elle, va se retrouver

1. F. Furet et D. Richet, *La Révolution française* (9).

à Paris. Venus de l'Empire, des Pays-Bas, de Savoie ou des cantons suisses, proscrits ou déracinés constituent dans la classe politique parisienne une fraction active, où des personnalités commencent à émerger, ainsi l'Américain Thomas Paine, ou le Prussien Anacharsis Cloots. Le durcissement des positions s'exprime en pamphlets affrontés, une date essentielle étant la publication, en novembre 1790, des *Réflexions sur la Révolution française* de Burke, texte fondamental de l'idéologie contre-révolutionnaire.

Mais la joute se déroule au sommet aussi. Qu'en était-il des souverains? Une partie ambiguë se joue, dont les protagonistes seront d'une part les monarques, de l'autre, une France qui présente trois visages bien différents : celui du gouvernement officiel, celui des émigrés, celui de la cour enfin. Les monarques ne se sont pas empressés d'intervenir; d'autres fronts les sollicitaient de façon impérative. Pour l'Autriche de Joseph II puis de Léopold II, comme pour la Russie de Catherine, la guerre contre l'Empire ottoman commencée depuis 1786 devait se poursuivre jusqu'au traité de Jassy au début de 1792. Entre-temps, Léopold a quitté la lutte (juillet 1790) pour se tourner vers les Pays-Bas autrichiens, soulevés contre sa domination; à l'hiver 1790, ses troupes écrasent les insurgés, entrent à Bruxelles le 2 décembre, à Liège en janvier. Puis les trois souverains de l'Europe centrale et orientale se tournent avec un intérêt inquiet vers la Pologne, qui réforme en mai 1791 sa Constitution dans un sens à la fois libéral et moderne; on conçoit dans ces conditions que les prises de position parfois fort vives contre la Révolution française, chez Catherine II notamment, ne soient pas suivies d'effet au début. Seul le roi de Suède, Gustave III, qui rêve d'une croisade contre-révolutionnaire, paraît décidé; d'autres souverains partagent son attitude : Victor-Amédée, roi de Sardaigne, Charles III d'Espagne, dont le ministre Florida-Blanca établit en mars 1791 un cordon de troupes à la frontière française pour se prémunir de la « peste révolutionnaire ». Mais ce ne sont pas eux qui mèneront le jeu. Joseph II puis Léopold, à qui reviendrait de droit la direction des opérations, voient dans les ennuis français un affaiblissement souhaitable et ne désirent pas s'engager dans l'aventure; même attitude temporisatrice caractérise la politique de l'Angleterre.

Si les souverains en viennent finalement à une intervention

active, la faute en incombe-t-elle à la France? Le nouveau régime reste fidèle à la déclaration de paix au monde qu'il a formulée lors de l'affaire de la baie de Nootka : attitude conforme à la fois aux principes et à un réalisme bien compris. Mais il suffit à la Révolution française d'exister pour apparaître aux souverains comme une présence provocatrice. On en juge par deux points de cristallisation des affrontements : l'affaire des « princes possessionnés d'Alsace » et, malgré toute prudence, celle d'Avignon et du Comtat.

Les premiers étaient ces princes de l'Empire romain germanique, possesseurs de domaines souvent importants en Alsace et qui représentent à la Diète germanique que l'abolition des droits féodaux au 4 août 1789 les a lésés, en atteinte donc aux traités par lesquels l'Alsace est devenue française. Aux protestations réitérées et soutenues par l'empereur, l'Assemblée répond par la bouche d'un de ses juristes, Merlin de Douai, en définissant les bases du nouveau droit international : « Il n'y a entre vous et vos frères d'Alsace d'autre titre légitime d'union que le pacte social formé l'année dernière (1789) entre tous les Français anciens et modernes... Le peuple alsacien s'est uni au peuple français parce qu'il l'a voulu; c'est donc sa volonté seule et non pas le traité de Munster qui a légitimé l'union. »

Lorsque l'attitude du pays vis-à-vis de la Constitution civile du clergé écarte toute possibilité de compromis, c'est au nom des mêmes principes que l'Assemblée décide, en mai 1791, de consulter les populations d'Avignon et du Comtat sur le principe de leur réunion à la France : bien que résolument pacifique, le nouveau régime entre ainsi en conflit avec le droit traditionnel.

Les émigrés.

Parmi les boutefeux, on doit compter, à coup sûr, les émigrés, mais ils n'ont guère, pour l'instant, les moyens de leur politique. On sait qu'il y eut un premier flux à l'été 1789 à l'instigation du comte d'Artois; prise de la Bastille, Grande Peur, journées d'octobre ont alimenté cette première émigration d'un recrutement aristocratique très accentué. Le flot se gonfle, dans l'année 1791, dès la fin de l'hiver, nourri par ce qu'on peut appeler l'émigration militaire des cadres de l'armée. Des nébuleuses se sont formées :

à Londres, à Bruxelles, en Rhénanie, en Suisse, en Catalogne, en Piémont autour de Turin où le comte d'Artois a établi sa cour. D'une concentration à l'autre, une mobilité s'esquisse, en fonction des conditions d'accueil comme de la conjoncture. Les émigrés font grand bruit mais ne recueillent pas tous les suffrages; aux récits qui nous en restent, ils donnent une image assez peu flattée de l'aristocratie française. Aussi sont-ils peu faits pour inspirer la confiance; les ambitions démesurées qu'ils affichent, la fidélité pour le moins équivoque dont témoigne le comte d'Artois pour son frère, tout cela ne contribue guère à les poser en interlocuteurs valables. On en juge aux tribulations de ce prince : en janvier1791 son émissaire, Calonne, est éconduit par l'empereur; lui-même en mai ne reçoit pas à Mantoue l'accueil escompté de la part de Léopold II. Il se décide alors à quitter l'Italie et, en juin, les rassemblements les plus importants se situent en Rhénanie : à Coblence, autour des comtes d'Artois et de Provence, à Worms où le prince de Condé s'efforce de constituer une armée contre-révolutionnaire, à partir des cadres sans troupes dont il dispose.

Au printemps 1791, le problème de l'émigration est à l'ordre du jour à la Constituante où l'on discute depuis février d'un projet de loi sur ce sujet; mais à travers une crainte que l'émigration de « Mesdames », tantes du roi, a accrue (février 1791), c'est l'incertitude sur l'attitude même du roi qui transparaît.

Nous savons tout aujourd'hui, ou presque, des tractations secrètes, mais il nous faut tenir compte comme d'un fait majeur du climat d'incertitude dans lequel vécut dans ces mois une opinion inquiète. Dès octobre 1790, la famille royale, décidée à la fuite, a pris contact avec les cours, par divers émissaires : le baron de Breteuil, l'ambassadeur autrichien Mercy Argentau, le comte suédois Axel de Fersen. En décembre, Louis XVI a écrit au roi de Prusse pour lui demander convocation d'un « Congrès européen appuyé d'une force armée » pour le rétablir dans ses droits. On règle avec le marquis de Bouillé, qui commande à Metz, les modalités d'une fuite de la famille royale à Montmédy; en février tout est prêt, et les entraves mêmes ne peuvent alors que renforcer la détermination du souverain. Le 18 avril 1791, le roi, qui vient de faire ses pâques des mains d'un prélat réfractaire, se voit empêché de se rendre à Saint-Cloud par la garde nationale parisienne, par crainte que l'éloignement ne facilite les projets d'une fuite qu'on soupçonne. Décidé à ruser, le roi écrit à l'Assemblée pour affirmer qu'il se considère comme libre et que la Constitution « fait son bonheur » : et alors même que les préparatifs s'achèvent, le ministre Montmorin atteste que le roi n'a jamais songé à fuir. Début juin, Marat dénonce néanmoins un départ imminent; il a raison, la famille royale s'enfuit dans la nuit du 20 au 21 juin 1791.

La fuite à Varennes et ses lendemains.

L'histoire doit savoir se faire événementielle quand le récit historique le requiert. On doit dire que la famille royale s'enfuit des Tuileries par une porte non gardée, qu'on prit une berline, sous des noms et des habits d'emprunt, et qu'on pensait gagner la frontière (Montmédy). Mis en place par Bouillé, des détachements armés doivent assurer l'escorte du convoi; la lenteur du cheminement désorganise ce système de relais. Lorsque le roi s'arrête avec sa famille à Varennes à la nuit du 21, il est déjà reconnu depuis Sainte-Ménehould par le fils du maître de poste, Drouet. Celui-ci alerte le procureur de la commune de Varennes, Sauce, et le roi doit découvrir son identité, demeurer sur place jusqu'à ce que trois émissaires de la Constituante ramènent à Paris le cortège royal (« véritable convoi de la royauté »), au milieu d'un concours de peuple immense, parcouru dans la plaine de mouvements paniques, glacé dans sa réprobation silencieuse à Paris. Dans les étapes par lesquelles, progressivement, le roi paternel des cahiers de doléances est « mort » pour ses ci-devant sujets, cette scène muette a été des plus importantes.

Cela ne faisait pas l'affaire de tous : les lendemains de Varennes, jusqu'à la séparation de l'Assemblée constituante à la fin de septembre, voient s'affirmer deux courants antagonistes dont l'affrontement achèvera de casser l'unanimité de la révolution bourgeoise.

La réaction populaire se décompose en plusieurs phases : la peur est première; on a cru, non sans vraisemblance, que l'invasion militaire suivrait la tentative de fuite du roi; l'armement massif des gardes nationales et la levée de 100 000 volontaires répercutent ce mouvement panique, mais aussi en révèlent le dépassement. On a insisté sur la place de l'épisode de Varennes dans la maturation de la « ferveur nationale [1] ». Mais il y a plus : toute une partie des masses populaires et de la bourgeoisie se trouve gagnée aux idées démocratiques dont on a mesuré les progrès dans la phase précédente. La poussée est spectaculaire; fait remarquable, elle est autant provinciale que parisienne : d'un Midi très politisé, arrivent des adresses pour demander la déchéance du roi, qui ne le cèdent en rien à celle du club des Cordeliers qui, déclarant la royauté incompatible avec la liberté, a réclamé l'instauration de la République en France.

Sur cette revendication collective, se sont greffées, sans doute, des manœuvres moins pures : Condorcet et quelques autres tentent, pour leur part, de proposer une république, à laquelle, d'évidence, ils donneraient pour leader le héros des deux mondes, mais cette manœuvre fayettiste fait long feu. Parallèlement, d'autres, et singulièrement Danton, lancent aux Jacobins l'idée d'une régence; c'est relancer la candidature de Philippe d'Orléans, dont la faction est très active. On conçoit que, dans ce contexte incertain, les leaders patriotes qui pensent le plus droit aient pu, sans pusillanimité, adopter une attitude qui semble prudente, peut-être à l'excès, par rapport aux initiatives des Cordeliers : Marat qui s'oriente vers l'idée d'une dictature au service du peuple; Robespierre qui refuse encore (12 juillet 1791) l'alternative monarchie-république pour n'insister que sur la nécessaire déchéance du roi. Le mouvement démocratique qui est en train de devenir républicain demeure incertain des voies à suivre comme des moyens dont il dispose, ce qui est laisser à une bourgeoisie décontenancée certes par l'événement, mais au demeurant très sûre de ce qu'elle veut, les possibilités d'une reprise en main bien menée. Barnave s'écrie à l'Assemblée le 15 juillet : « Allons-nous terminer la Révolution, allons-nous la recommencer? Un pas de plus serait un acte funeste et coupable, un pas de plus dans la ligne de la liberté serait la destruction de la royauté, dans la ligne de l'égalité la destruction de la propriété. »

Sur la base d'une analyse aussi nette de la situation politique,

1. A. Soboul, *Précis d'histoire de la Révolution française* (14).

reste à faire passer dans les faits la manœuvre de récupération d'une royauté qui se dérobe. La procédure proposée par Bailly dès le 21 juin est d'accréditer la fiction d'un enlèvement royal qui innocenterait le monarque : artifice malaisé — la déclaration écrite laissée par le roi lors de sa fuite étant sans équivoque — mais les déclarations du marquis de Bouillé permettent de présenter, sinon d'accréditer la légende.

Le roi a été suspendu et ses prérogatives supprimées (le veto); pour éviter de pérenniser l'état républicain de fait, il faut, au prix d'une révision limitée de la Constitution, le remettre en place. C'est cette politique qui s'impose à l'Assemblée nationale dans la séance du 15 juillet 1791 où le roi est déclaré inviolable. On ne fera pas son procès et il sera rétabli dans ses fonctions lorsqu'il aura sanctionné l'acte constitutionnel. Reste à faire admettre cette solution à deux interlocuteurs rétifs, le roi et les siens, d'une part; le mouvement populaire, de l'autre. Le monarque ne se montre pas insensible. Le roi et la reine auraient, pense Mathiez [1], « fait de sérieuses réflexions »; c'est peut-être beaucoup dire, à tout le moins ont-ils la prudence d'écarter une intervention étrangère prématurée; non qu'on la remette en cause, « la force armée, écrit la reine, a tout détruit, il n'y a que la force armée qui puisse tout réparer ». Mais, en attendant, « il ne s'agit que de les endormir et leur donner confiance pour mieux les déjouer après ». Complaisance apparente, d'ailleurs sans humilité; si la famille royale, rompant avec La Fayette, resserre avec le triumvirat, maître de la situation, des liens déjà établis, elle pose d'entrée ses conditions : une révision de la Constitution qui en développe le caractère autoritaire.

Pour lui donner satisfaction, on renforce les conditions censitaires d'accès à l'électorat comme on tente par deux textes de juillet et septembre 1791 de restreindre l'accès de la garde nationale aux citoyens actifs. Malgré la vigoureuse défense des démocrates de l'Assemblée, ce compromis n'est pas le plus difficile à réaliser, peut-être parce qu'il n'est qu'un leurre, qu'une solution d'attente aux yeux du monarque, qui peut sans trop de scrupules accepter la Constitution révisée (13 septembre) et jurer fidélité à la nation.

1. A. Mathiez, *La Révolution française* (6).

Le massacre du Champ-de-Mars.

En fait, la Révolution, loin d'être terminée, vient alors de prendre un nouveau départ; entre la Révolution bourgeoise et ses soutiens populaires, le sang a coulé le 17 juillet. Reprenons les faits : alors même que l'Assemblée, au milieu de juillet, mettait hors de cause la personne royale, le mouvement animé par les Cordeliers, à Paris, suivi, en retrait, par une partie des Jacobins, connaît son point culminant. Le 15 juillet, les Cordeliers lancent le texte d'une pétition rédigée par Robert pour réclamer la République; elle recueille 6 000 signatures et doit être déposée le 17 sur l'autel du Champ-de-Mars : grinçant rappel en contrepoint des festivités unanimes de la fête de la Fédération. Lors du dépôt de la pétition, deux provocateurs sont massacrés, l'Assemblée ordonne au maire Bailly de disperser le rassemblement, la loi martiale est proclamée. La Fayette fait mitrailler la foule rassemblée au Champ-de-Mars : une cinquantaine de morts, suivant l'estimation la plus communément admise, témoignent du caractère sanglant de la fusillade. On ne s'en tient pas là. A la fin de juillet, la répression frappe les animateurs des sociétés fraternelles : Danton doit fuir en Angleterre, la presse démocrate est attaquée, Marat doit rentrer à nouveau dans la clandestinité. Cette phase répressive durera jusqu'à l'amnistie prise au milieu de septembre. Amnistie n'est pas oubli, la rupture est consommée entre le mouvement populaire et une partie de la bourgeoisie.

Car la bourgeoisie constituante perd dans cette crise le semblant d'unité qui avait pu demeurer au parti patriote. C'est chez les Jacobins que le clivage apparaît; le 16 juillet, la presque totalité des députés désertent le club à l'exception de quatre (Robespierre, Pétion, Antoine et Coroller), les trois quarts des sociétaires parisiens les suivent (1 800 sur 2 400). Les scissionnistes vont s'installer au couvent des Feuillants qui donnera son nom au nouveau club, comme à la tendance conservatrice qu'il représente, celle d'une bourgeoisie pour laquelle « la Révolution est finie ». Fidèles à la ligne révolutionnaire, les Jacobins semblent minoritaires, à Paris du moins, mais ils gardent, fait essentiel, la confiance comme le contrôle de la majorité des sociétés affiliées.

Lorsqu'au 30 septembre, la Constitution achevée et promulguée par le roi, l'Assemblée se sépare, certains croient la Révolution achevée. Il ne manque point, même à Paris, dans un climat trompeur de stabilisation, de manifestations de fidélité au roi retrouvé, ovationné (« Le bon peuple, il ne demande qu'à m'aimer »). Rarement impression put être aussi trompeuse : l'effacement volontaire auquel, à l'initiative de Robespierre, la classe politique constituante a consenti, en décidant que ses membres ne pourraient être réélus à l'Assemblée législative, en faisant place nette, dévoile des rapports de classe sensiblement plus tendus, dans une population dont le degré de politisation a fait, en un an, des progrès décisifs.

Que de nouvelles sollicitations surgissent, et le compromis qui semble enfin triompher révèle son immédiate caducité. On peut soupçonner dès lors que ces sollicitations viendront de l'extérieur : réunis à Pillnitz, le roi de Prusse, l'empereur et l'Électeur de Saxe, rejoints par le comte d'Artois, lancent le 25 août 1791 une déclaration à la fois prudente et maladroite qui présente la situation en France « comme un objet d'intérêt commun pour tous les souverains de l'Europe », mais soumet leur intervention à un accord unanime des puissances.

5
La France révolutionnaire (1789-1792)

A suivre l'événement révolutionnaire dans son déroulement, on ressent d'autant plus fort le besoin de rassembler par thèmes les éléments d'une telle, et si brusque nouveauté.

Il serait toutefois plus qu'arbitraire, impossible, de figer dans un tableau statique une réalité qui est incessante sollicitation. Au rêve d'une Révolution achevée, stabilisée dans un nouveau système institutionnel, s'opposera, en contrepoint, la pratique révolutionnaire, ou l'appel du changement; comme aussi le refus de la novation, ou la contre-révolution sous tous ses visages. Et sans doute le poids de ces deux réalités nous amènera-t-il à présenter le nouveau programme qu'une Révolution en voie de radicalisation sera amenée à reformuler, en écho à ces « proclamations » par lesquelles nous abordons le système que les Constituants ont rêvé définitif.

1. Une nouvelle France : Les institutions en 1791-1792

Proclamations révolutionnaires.

Une réalité centrale, éblouissante, la Révolution : « *Fiat*, *fiat*, oui tout ce bien va s'opérer, oui cette régénération va s'accomplir, nulle puissance sur la terre n'est en état de l'empêcher. Sublime effet de la philosophie, de la liberté et du patriotisme. Nous sommes devenus invincibles... » : c'est Camille Desmoulins qui parle ainsi en 1789 dans *la France libre*. Nous savons tout ce que recèlent d'ambiguïtés ces actes de foi : la Révolution est-elle faite ou à faire?

En tout cas, l'idée-force entraîne répudiation du passé, affirmation d'un principe nouveau, qui est la souveraineté nationale. Sieyès l'avait dit : « La volonté nationale... n'a besoin que de sa réalité pour être toujours légale, elle est l'origine de toute légalité. » Lors même que certains — et Sieyès lui-même — seront tentés de mettre ce principe explosif sous le boisseau, d'autres très vite voudront en tirer tous les développements. Les habitués du Palais-Royal déclarent dans une motion d'août 1789 : « Ce veto n'appartient pas à un seul homme mais à 25 millions. » Le roi... pour quoi faire? « La liberté publique — écrit alors Marat (*Ami du peuple*, 4 octobre 1789) — ne doit jamais reposer sur les vertus du prince mais sur l'impuissance où les lois l'auront mis d'abuser de l'autorité... »; et plus brutalement un an plus tard : « Le roi des Français est moins qu'une cinquième roue à un char... » Brutalité d'un tribun que l'on dit violent? Écoutons Robespierre, nous parler d'Avignon : « Qui osera me parler ici des droits des papes? » (aux Jacobins, 25 avril 1791).

Souveraineté nationale? A ceux qui d'entrée veulent canaliser la force explosive ainsi libérée, apparaît la nécessité de codifier : « La Constitution, voilà notre guide, l'Assemblée nationale, voilà notre point de ralliement », déclare Barnave aux Jacobins en juin 1791. La Constitution, autre thème, c'est la philosophie entrée dans les mœurs, et c'est encore Marat qui le dit (en des termes que n'aurait certes point suivis Barnave!) : « Grâce à la philosophie, l'Assemblée nationale pourrait renvoyer le monarque... sans causer la plus légère commotion dans l'État. »

La Constitution, c'est la réalisation des idées-forces d'un nouveau monde, la Liberté : « Connaissez une fois le prix de la Liberté, connaissez une fois le prix d'un instant » (Marat, *Offrande à la patrie*, février 1789), puis la Justice : « Souvenez-vous que l'humanité est la première des vertus et la justice la première des lois » (Marat, *Plan de législation criminelle*), déjà aussi le Bonheur : « Frères, jurons dans le premier temple de l'Empire..., jurons que nous serons heureux » (Claude Fauchet, *Troisième discours sur la liberté française*, prononcé en l'église Notre-Dame de Paris le 27 septembre 1789). Mais attention, il y faut aussi l'ordre : « Nous avons besoin dans notre zèle du feu qui vivifie et conserve : nous devons éviter le feu qui dévore » (Vergniaud à l'Assemblée nationale, 21 juillet 1792).

Dans le lyrisme de ces formules également belles, la Révolution est perçue dans les élites comme dans le petit peuple comme une « bonne nouvelle », pour reprendre l'expression de Georges Lefebvre.

Mais la bourgeoisie constituante eut très tôt le souci d'en codifier les principes : c'est la *Déclaration des droits de l'homme et du citoyen*, adoptée le 26 août 1789, en préambule à la Constitution de 1791, qui donne à ce texte de portée universelle prolongements et schémas d'application. Nous n'y retrouverons pas l'ampleur de certaines des formules et anticipations qui viennent d'être citées; mais on a cherché à y poser les bases et les limites que la Révolution entendait se donner à elle-même. Dans cette ère des Révolutions « atlantiques » il y avait eu d'autres proclamations; jamais cependant affirmations nouvelles n'avaient revêtu telle force, ni telle universalité.

L'Égalité.

« Les hommes naissent et demeurent libres et égaux en droits, les distinctions sociales ne peuvent être fondées que sur l'utilité commune ». L'Ancien Régime avait eu ses libertés, qui ne sont pas celles dont la Révolution proclame le caractère absolu : fondé sur les structures d'une société d'ordres, il était, par essence, inégalitaire. C'est ce qui fait, dans le passage du féodalisme aux sociétés libérales et capitalistes du monde contemporain, l'importance de cette affirmation par la Révolution bourgeoise.

L'égalité civile ne pose pas de problème majeur; réalité ou fiction, l'égalité des chances au départ est nécessaire au monde qui s'élabore : l'accès de tous à tous les emplois est proclamé. Sans doute, des blocages et des réticences révélatrices apparaissent-ils très vite. Le problème de l'esclavage aux Antilles indique, dès le printemps 1791, malgré Robespierre (« Dès le moment où vous aurez prononcé le mot « esclave » vous aurez prononcé votre propre déshonneur », 13 mai 1791), les limites qu'une partie des cadres révolutionnaires entendent donner à l'égalité civile. Corollaire de la liberté de pensée proclamée par ailleurs, l'égalité de tous les citoyens intègre définitivement dans la communauté ceux que leur religion excluait du monde d'Ancien Régime : protestants, puis israélites.

On sait cependant les limites que la Révolution bourgeoise a données à l'égalité qu'elle proclamait : elles sont flagrantes dans le domaine politique. La distinction qu'introduit la Constituante entre citoyens actifs et passifs exclut, sur un critère économique, du tiers à la moitié de la population. L'obligation censitaire du « marc d'argent » a fait remarquer que Jean-Jacques Rousseau n'aurait pu siéger à la Législative. Ces limitations politiques sont en fait des limitations sociales; dans la triade révolutionnaire devenue plus tard classique : Liberté, Égalité, Fraternité, on sait bien que le troisième terme n'est venu qu'ensuite. Sûreté et Propriété passaient en premier.

La Liberté.

De toutes les idées-forces que la Révolution lance dans le monde, la liberté conquise est la plus populaire. On ergotera longtemps encore sur les conditions matérielles de la prise de la Bastille, la signification symbolique et historique du geste collectif est sans ambiguïté. Avec cette citadelle, c'est tout l'arbitraire de l'Ancien Régime qui s'écroule, l'an I de la Liberté commence.

Aussi la liberté personnelle est-elle la première et la plus indiscutée des conquêtes de la révolution. La Constituante ne va pas jusqu'au principe d'un « habeas corpus » strictement défini à l'anglaise; du moins proscrit-elle, par tout un ensemble de garanties, arrestation et détention arbitraire. Poursuivi par la justice, le citoyen cesse d'être gratuitement maltraité; dans la voie de l'humanitarisme des Lumières, qui avait imposé la suppression de la torture, la Révolution s'efforce de supprimer toute cruauté inutile dans la punition des coupables : avant d'être instrument répressif, la guillotine se présentera comme une réaction contre la barbarie des supplices de l'Ancien Régime. C'est injustement qu'il est devenu banal de sourire de l'humanité du docteur Guillotin, ou de la proposition d'abolir la peine de mort du Constituant... Robespierre.

La liberté d'opinion semble le prolongement naturel de la liberté physique de la personne, et le groupe que David place au centre du *Serment du Jeu de Paume*, où l'abbé Grégoire et Dom Gerle donnent l'accolade au pasteur Rabaut-Saint-Étienne, symbolise l'égalité nouvelle autant que la fin souhaitée des affrontements séculaires. Il s'en faut que la législation et plus encore la pratique se conforment sans heurt à l'idéal, et si l'égalité des protestants est d'entrée proclamée et complète, les délais et les relatives réticences dans l'octroi de l'égalité aux israélites témoignent du caractère proprement révolutionnaire du principe. La fin du monopole de l'Église catholique dans la direction des âmes, conséquence implicite de la liberté de conscience proclamée, devait être un des éléments du fossé qui se creusa entre l'Église et la Révolution : en faisant, inversement, des prêtres des fonctionnaires appointés et assermentés, la Constituante va à l'encontre de cette séparation de l'Église et de l'État, qui peut nous apparaître aujourd'hui comme le prolongement naturel de la laïcisation du régime. Doit-on s'en étonner? Ce serait manquer d'esprit historique vis-à-vis d'une époque qui mesure son audace en proclamant : « Nul ne peut être inquiété pour ses opinions *même* religieuses. »

Corollaire de la liberté d'opinion, la liberté d'expression représente pour les Constituants l'une des conquêtes les plus « précieuses » ...et les plus redoutées. « Tout citoyen peut... parler, écrire, imprimer librement, sauf à répondre de l'abus de cette liberté » : la liberté comporte son correctif incorporé dans la loi, témoignage d'une attitude ambiguë. Mais le foisonnement de la presse révolutionnaire, vigoureuse et polémique, prouve assez qu'une nouvelle force vient, sinon de naître, du moins de s'organiser.

Au-delà des libertés de la personne, le nouveau monde posait, avec les libertés politiques, les fondements de la société libérale. Souveraineté du peuple, principe électif en tous domaines, régime représentatif fondé sur la séparation des pouvoirs, tels sont les thèmes que proclame la Déclaration des droits, qu'adopte la Constitution de 1791. Certains d'entre eux ne devaient pas survivre à l'épisode révolutionnaire; et les retours de la centralisation, à partir du Consulat, ont fait considérer avec une condescendance amusée un régime qui rêva d'élire ses juges, voire ses curés et ses évêques, mais la souveraineté du peuple comme l'idée, héritée de Montesquieu, d'une liberté politique fondée sur l'équilibre des pouvoirs, devaient, à travers toutes les restrictions et vicissitudes ultérieures, demeurer les idées-forces majeures du libéralisme politique en France et ailleurs.

L'iconographie pieuse de la Révolution française est plus gênée pour introduire ici, au rang des libertés conquises, la liberté économique; le siècle suivant devait montrer les ambiguïtés d'un tel acquis. Il est vrai que la Déclaration des droits n'en faisait pas mention, mais entre août 1789 et 1791, un arsenal de textes en précisa progressivement les contours.

Propriété et liberté économique.

Pour les Constituants, la propriété est l'une des formes les plus précieuses de la liberté, celle de disposer de ses biens. Le tournant majeur est pris ici dans les décrets d'application des 5 et 11 août 1789. On sait qu'en libérant les terres comme les personnes de toute sujétion, et en affirmant une conception bourgeoise de la propriété individuelle, on a voulu négocier toutefois un compromis de circonstance avec le monde du passé : la distinction maintenue entre servitudes personnelles, abolies sans contrepartie, et droits réels, découlant d'un contrat supposé et déclarés rachetables, satisfaisait à la nouvelle définition de la propriété... en récupérant, si l'on peut dire, une partie de l'héritage ancien. Mais on sait aussi l'âpre lutte menée par les communautés rurales qui imposera de fait l'abolition sans rachat.

Négociant avec l'aristocratie, les Constituants durent tenir compte des paysans : la liberté des propriétés, c'eût été le partage des communaux, souhaité par les plus riches; on n'osa pas s'y attaquer avant l'été 1792; c'eût été, dans la même voie, la consécration de l'individualisme agraire par la suppression de la vaine pâture : mais cette « liberté des campagnes » n'est finalement pas réalisée dans le code rural (27 septembre 1791) qui autorise la clôture des terres, sans toutefois supprimer le droit de parcours.

Liberté de posséder : liberté de produire. Là encore, il est des repentirs révélateurs dans la législation. Théoriquement abolies durant la nuit du 4 août, les maîtrises, jurandes, corporations ne figurent plus dans les décrets d'application. C'est plus d'un an après, le 2 mars 1791, que la loi d'Allarde, du nom de son rapporteur, pose le libre contrat comme la base des nouveaux rapports sociaux, en supprimant les corporations, mais aussi les manufactures privilégiées. Si l'on y ajoute l'abolition de toute réglementation étatique sur la production (marque, ou inspection des manufactures), on mesure l'importance de l'étape franchie. Mais cela ne suffisait pas : à la liberté de l'entreprise répond la liberté du travail, revendication formulée par la bourgeoisie parisienne en 1791 : « La liberté doit exister pour tout le monde, même pour les maîtres », déclare la municipalité : entendons le libre marché du travail. Et l'Assemblée lui répond par le vote, le 14 juin 1791, de la célèbre loi Le Chapelier qui proscrit tout groupement, structuré ou occasionnel, tant des compagnons que des maîtres, et leur interdit de « prendre des arrêtés ou délibérations sur leurs prétendus intérêts communs ». Au conflit de deux libertés, la liberté d'association contre la liberté du travail, l'arbitrage de la Constituante fait prévaloir celle qui est la plus favorable à la bourgeoisie.

Enfin, le « laissez-faire-laissez-passer » triomphe; et si sur ce point la bourgeoisie constituante s'autorise quelques concessions aux puissants — groupes de pression protectionnistes —, elle n'en fera point à la revendication spontanée des masses sur la réglementation du commerce des grains : dès l'été 1789, leur libre circulation est rétablie, puis leurs prix sont libérés. Cette mesure est généralisée aux autres produits, de 1790 à 1791, par la suppression des barrières douanières intérieures.

On reste plus prudent en matière de commerce extérieur; et si l'on supprime progressivement dans ces deux années les monopoles, à commencer par celui de la Compagnie des Indes (avril 1790), on conserve un système de protection modérée tant à l'entrée qu'à la sortie, notamment pour les grains; et surtout le puissant « lobby » des planteurs des Iles fait conserver le système dit « de l'exclusif » qui lie impérativement les colonies à la métropole.

La France reconstruite.

A cette société nouvelle dont elle avait posé les bases, la Révolution « constituante » a voulu donner de nouvelles institutions. Table rase ou continuité? Le dilemme est exercice de style pour historiens d'hier. En fait, les deux. On peut donner acte aux tenants de la continuité que les Constituants ne furent pas des niveleurs — ainsi dans l'étude du nouveau découpage administratif — et qu'ils restèrent imprégnés, en juristes qu'ils étaient, d'une certaine tradition légiste, ainsi dans leur politique religieuse « gallicane ». Mais la novation l'emporte et si l'on relève d'entrée les traits communs à tout le système, le premier qui apparaît est sans doute la rationalisation. La monarchie avait laissé s'accumuler des stratifications institutionnelles dont l'incohérence était devenue évidente, la Constituante reprend le problème à la base.

Mais c'est plus qu'une refonte technique : des principes nouveaux sont appliqués. Le libéralisme trouve son application, au sommet, dans l'idée de l'équilibre des pouvoirs, à la base dans une décentralisation très poussée, et surtout dans l'application généralisée du principe électif. Le correctif à ce libéralisme bourgeois s'impose immédiatement, c'est le primat de la richesse; en réponse à la nouvelle lecture des mérites qui a remplacé la structure hiérarchique de la société d'ordres, le nouveau régime censitaire propose une pyramide sociale différemment conçue.

Enfin laïcisation, désacralisation, affirmation de valeurs humanitaires complètent l'esprit d'un système qui se veut inspiré par les lumières de la Raison.

Le roi constitutionnel.

En tête le roi : car jusqu'au printemps 1791, personne, ou presque, ne pense qu'on puisse s'en passer. Les futurs chefs du parti démocratique, ainsi Robespierre, n'ont point achevé, il s'en faut, l'évolution qui les mènera à l'idée républicaine. Marat, lui-même, reconnaît à un souverain « soliveau » un intérêt de commodité.

Mais ce n'est plus le même roi; sa personnalité politique a changé, comme aussi ses attributions. Dès octobre 1789, le « roi de France » est devenu « roi des Français », il ne tient plus ses pouvoirs de la même autorité puisqu'il est dit régner « par la grâce de Dieu, et la loi constitutionnelle de l'État ». Double sujétion qui renvoie en fait l'autorité suprême non au monarque mais à la loi : « Il n'y a point en France d'autorité supérieure à la Loi, le roi ne règne que par elle. » La royauté demeure héréditaire, mais le souverain doit prêter serment à l'Acte constitutionnel; il est devenu le premier fonctionnaire de l'État, appointé par une « liste civile » annuelle de 25 millions. Voilà pour la personne royale : mélange de respect maintenu, et à coup sûr réel, mais mutation profonde de l'image monarchique. Une transformation plus radicale affecte les attributions du souverain.

Chef de l'exécutif, il n'a plus d'autorité directe que très limitée. Il dirige la diplomatie, nomme ambassadeurs, généraux et hauts fonctionnaires. Mais il n'y a plus d'agents directs du pouvoir central dans le pays : sa prérogative ne s'exerce qu'au niveau du gouvernement. Il le choisit à sa guise, sans être contraint de le prendre dans la majorité de l'Assemblée; bien au contraire, un député ne peut être ministre. Mais ce n'est pas pour cela un gage d'indépendance de l'exécutif : le roi dépend de ses ministres, il a besoin de leur signature pour toute décision; quant à eux, s'ils ne sont pas tenus par une responsabilité parlementaire à l'anglaise, ils peuvent être mis en accusation et doivent rendre des comptes à l'Assemblée. Il y a six postes ministériels (Intérieur, Guerre, Marine, Justice, Relations extérieures, Finances ou Contributions publiques). Le roi, intouchable, « irresponsable », en ce qui le concerne, est indirectement dépendant en la personne de ses ministres.

On a dit qu'il conserve une part du pouvoir législatif. Ce fut en fait l'objet de très vives discussions sur le « veto » royal. De quoi s'agit-il? L'Assemblée a l'initiative des décrets, mais au roi revient de les sanctionner. Entre la droite et la gauche de l'assemblée, le clivage s'est fait entre partisans du veto « absolu », droit pour le roi de rejeter sans appel un décret, et veto suspensif, c'est-à-dire limité dans le temps et laissant finalement l'Assemblée maîtresse de réitérer sa décision : un frein donc, mais limité. Encore le veto suspensif ne s'applique-t-il pas aux lois constitutionnelles ni aux lois de finances. Le roi est également dépendant de l'Assemblée en matière de politique étrangère, puisqu'il a

besoin de son accord pour déclarer la guerre ou signer la paix.
Compromis « bourgeois » : ce monarque n'est pas un soliveau et il dispose de moyens réels d'influence; mais l'initiative revient bien à la représentation nationale.

Le pouvoir législatif.

Dans la délimitation restrictive du pouvoir royal, on a pu soupçonner par contraste l'importance qui revient à un corps législatif largement défini. C'est en fait de lui que dépend le gouvernement du royaume.

On conçoit dès lors l'importance des débats où s'affrontèrent monarchiens « anglomanes » et patriotes. Les « anglomanes » souhaitaient deux chambres, une Assemblée élue à l'image des Communes, et une Chambre Haute que les plus ouverts souhaitaient recruter dans une élite de la fortune et du succès autant que de la naissance : moyen de réaliser peut-être le compromis conservateur dont ils rêvaient, d'étayer en tout cas la royauté par un autre pouvoir-frein [1].

C'est en fait l'idée d'une chambre unique qui l'emporta : l'Assemblée nationale législative, aux effectifs de 745 députés, élue pour deux ans. Son pouvoir est sans partage en matière financière puisqu'elle établit et vote le budget. Dans les autres domaines, elle partage ou du moins contrôle l'initiative royale en matière de diplomatie et de guerre. Hors ces domaines réservés, elle a l'initiative des lois, le veto royal peut l'entraver, non la paralyser. Cela donne le ton de ses rapports avec l'exécutif. Le gouvernement ne peut la dissoudre; inversement, si les ministres ne sont pas responsables devant elle, elle peut les mettre en accusation. Mais qui détient ce pouvoir considérable? Ce n'est point caricaturer que de dire que la bourgeoisie se l'est délégué à elle-même. Les hommes adultes (on vote à 25 ans) sont scindés en deux groupes : citoyens « passifs » exclus du droit de vote, et dont les droits se réduisent à « la protection de leur personne, de leurs propriétés, de leur liberté », citoyens « actifs », vrais actionnaires de la grande entreprise sociale. Ceux-ci doivent être domiciliés, n'être pas

1. Voir sur ce point J. Egret, *La Révolution des notables* (68).

domestiques, ni faillis, surtout payer un impôt direct de trois journées de travail. On souhaite faire la part des choses, d'autant que le problème a été controversé; on sait qu'il y a globalement à peu près 4 300 000 citoyens actifs, contre 3 millions de passifs : sensible majorité. Mais le bilan national gomme des contrastes notables. Dans le monde rural il semble que très souvent la grande majorité des citoyens aient été citoyens actifs; dans les villes au contraire, la proportion s'inverse : bien souvent, ce n'est guère plus du tiers des hommes qui peuvent voter [1].

Encore n'est-ce là que le premier degré d'un suffrage à plusieurs niveaux : les « actifs » désignent des électeurs, sur la base de un pour cent, parmi ceux qui paient un impôt de 10 journées de travail : on en compte ainsi 50 000 dans toute la France. Ce sont ces électeurs qui dans leurs assemblées électorales choisissent les députés, mais aussi les membres élus des administrations. Pour être éligible, on doit être propriétaire foncier et payer une contribution d'un marc d'argent (52 livres). Contre le « marc d'argent », test d'appartenance à la « nouvelle aristocratie », se déchaînent les orateurs du parti démocratique; ils ont obtenu finalement gain de cause mais trop tard pour que la concession fût efficace : on supprimait le marc d'argent, mais en élevant sensiblement le cens requis pour être électeur (c'est finalement sur la base du « marc d'argent » que se firent les élections à la Législative).

Ainsi se trouvaient soigneusement délimités les contours du nouveau pouvoir bourgeois et définie par elle-même la nouvelle élite au pouvoir.

L'administration locale.

C'est plus que d'une réorganisation qu'il s'agit ici; à l'Ancien Régime qui faisait coexister paradoxalement la centralisation des intendants et la complexité parfois anarchique d'institutions séculaires, on substitue décentralisation et rationalité.

De novembre à décembre 1789, on entreprit de redécouper la France. Thouret, après Sieyès, proposait un plan de division

1. Le problème est traité par J. Godechot, *Les Révolutions*, p. 306 à 309 (10).

géométrique — à l'américaine — où 80 départements carrés de 18 lieues de côté seraient uniformément divisés en 9 communes ou districts eux-mêmes subdivisés en 9 cantons. Au nom des réalités de la géographie, de l'histoire et de la tradition, Mirabeau demanda au contraire « une division qui ne paraisse pas une trop grande nouveauté », et c'est selon ce principe qu'on établit définitivement le 15 janvier 1790 la division en 83 départements, subdivisés en districts, eux-mêmes constitués de cantons, formés de plusieurs communes. Hiérarchie homogène, à la fois respectueuse autant que possible de l'ancien cadre des provinces, mais n'hésitant pas à morceler ou regrouper en fonction des impératifs de la vie collective. Lorsqu'on suit, dans une région donnée, les conditions mêmes de la négociation, on est frappé de l'âpreté des luttes où s'exprime un campanilisme exacerbé, où triomphent parfois d'efficaces groupes de pression... mais à reprendre le point de vue de Sirius, on est au contraire frappé du succès global que représente cette division.

Nouveaux cadres : nouveaux rouages, dont le schéma se répète — plus ou moins — à chaque degré de la hiérarchie administrative. Au département, le triomphe des bourgeoisies locales est sanctionné par l'effacement presque complet du pouvoir central, que seul représente un procureur général syndic. Mais le pouvoir revient à une assemblée délibérante élue, le conseil général du département (36 membres) qui désigne comme organe exécutif un directoire de 8 membres, siégeant en permanence. Avec des effectifs plus réduits, les instances du district : conseil, directoire, procureur syndic, répètent cette organisation, leurs attributions, surtout fiscales, étant cependant plus réduites que celles du département. Le canton reste pour lors un cadre presque vide. Il n'en va pas de même pour les municipalités organisées également en décembre 1789 : elles ont aussi leur assemblée délibérante ou conseil général, d'où est tiré le « corps municipal », soit un maire, des officiers municipaux et un procureur de la commune. Là où l'Ancien Régime s'était défié des corps de ville, la Révolution les exalte qui leur confie l'essentiel de l'administration.

Évitons la vieille querelle des historiens « fédéralistes » et des historiens jacobins; ce système de décentralisation poussée à l'extrême était-il viable? Il convenait à coup sûr aux notables dont la Révolution assurait le triomphe. Mais sans doute ce système supposait-il réalisé le régime de la « Révolution victorieuse et paisible »; et le régime devait se trouver très vite embarrassé de l'excès de pouvoir qu'il avait consenti aux oligarchies locales, révolutionnaires ou non.

Justice et armée.

Les grands services de l'État ont posé, chacun en ce qui le concerne, des problèmes spécifiques de réorganisation. C'est dans l'ordre judiciaire sans doute que s'inscrit le progrès le plus décisif. La Révolution constituante y montre son visage humanitaire dans la réforme du droit et de la procédure, réorganisateur dans celle des structures judiciaires.

Si brève que soit la période, elle applique déjà au droit sa philosophie nouvelle (Code pénal, septembre 1791). « Des délits et des peines », le thème, cher aux Lumières, reçoit plusieurs réponses. On reclasse les délits, on élimine les « délits imaginaires » tels que lèse-majesté ou hérésie, on hiérarchise les autres, du délit correctionnel aux crimes emportant peine afflictive. On uniformise les peines pour tous les citoyens, et surtout on change leur signification : plus de cruauté gratuite dans l'application, qui doit être réduite à ce qui est « strictement et évidemment nécessaire ». De même, la Révolution fixe les conditions de détention, de comparution, d'assistance par un avocat. La garantie essentielle reste la manière dont est rendue la justice : supprimée la vénalité des charges, on attend justice plus sereine de juges élus, et assistés, à l'anglaise, au moins dans les affaires criminelles, d'un jury de citoyens.

La nouvelle pyramide des instances judiciaires place, pour les causes civiles, un juge de paix par canton, élu par les citoyens actifs, qui cumule un rôle d'arbitrage et de juridiction dans les conflits mineurs. Au district, cinq juges élus, assistés d'un ministère public nommé, jugent en appel les causes civiles plus importantes, l'appel se faisant devant un autre tribunal de district. Au criminel, les délits, suivant leur importance, sont présentés à un tribunal de simple police, puis au district à un tribunal de police correctionnelle, les causes importantes étant du ressort du tribunal criminel du département. Un président, trois assesseurs, un accusateur public et un commissaire du roi mais surtout un double jury (d'accusation puis de jugement) formé de citoyens actifs, tels sont les personnages nouveaux qu'affronte l'accusé. On commence aujourd'hui à étudier le fonctionnement de ces tribunaux, les causes qui y furent portées et la manière dont la justice a été rendue; on s'accorde à dire en général qu'ils ont bien fonctionné et que la justice en a été considérablement assouplie, adoucie aussi, au bilan des peines prononcées.

Un succès, semble-t-il, presque sans partage. Mais voici, sinon un échec, du moins un problème en suspens, et c'est celui de l'armée. Il est vrai que l'organisation de l'ancienne armée, la place essentielle des nobles parmi ses cadres, la rendaient particulièrement sensible à la désorganisation née de l'émigration. Le problème se posait aussi au niveau de la troupe, car si certains, tel Dubois-Crancé, ont senti d'emblée qu'à nation nouvelle il fallait armée nationale, la bourgeoisie au pouvoir ne se résoudra pas vraiment à une refonte aussi intégrale que celle dont la justice nous a donné l'exemple; par là même, entre des cadres suspects de contre-révolution et une troupe suspecte d'excessif engagement révolutionnaire, on oscillera constamment entre le recours à une discipline à l'ancienne et la tentation d'humaniser le sort du soldat. Le bilan? Les plus récentes enquêtes [1] sur la structure comme sur le recrutement renouvelé de l'armée de ligne tendent à montrer qu'on a sans doute exagéré l'état de décomposition de ces troupes en 1792 : le recrutement avait repris, les vides causés par l'émigration avaient été partiellement comblés. Mais il reste que le malaise de cette troupe de ligne ne pouvait qu'être accentué par la coexistence, depuis le printemps de 1791, de bataillons de volontaires nationaux, mieux payés, mieux traités, élisant leurs officiers, gagnant à leur recrutement dans le cadre départemental une cohésion certaine, mais évidemment moins aguerris, encore qu'on s'accorde à dire que le mythe de leur indiscipline a été exploité par des cadres hostiles. Puis viendront, assez différents, semble-t-il, les volontaires nationaux de la seconde levée de 1792 : la coexistence et l'hétérogénéité de ces troupes que la suite de la Révolution

1. Une synthèse abordable dans J. P. Bertaud, *Valmy* (72).

fera fusionner montre assez que la bourgeoisie constituante n'a point trop su que faire de cette armée qui lui restait très étrangère.

La réforme financière.

En abordant la réforme des finances puis la réorganisation de l'Église de France qu'un dénominateur commun — l'assignat — associe, on touche les plus graves échecs de la politique des Constituants, ceux aussi qui vont hypothéquer le plus lourdement le cours de la Révolution.

Cependant la réforme fiscale, redressant l'un des aspects essentiels de la crise de l'Ancien Régime, se présente, de prime abord, avec les mêmes qualités de clarté, le même souci de rationalisation, d'uniformisation et de justice qu'on a rencontrés ailleurs. On fait presque table rase de l'ancien système, à vrai dire si délabré qu'on ne pouvait guère s'en inspirer. On ne laisse rien subsister ou presque des anciens impôts indirects, particulièrement impopulaires, seuls l'enregistrement, le droit de timbre et les douanes extérieures subsistent.

L'impôt direct devient la source essentielle des revenus; il change symboliquement de nom puisqu'on parle désormais de « contributions ». Entre novembre 1790 et mars 1791, des textes en mettent en place les structures nouvelles. La pièce centrale est la contribution foncière, qui frappe la propriété immobilière : attitude naturelle à une société pour laquelle encore toute richesse vient de la terre, suivant l'idée des physiocrates. Puis la contribution mobilière tendait à imposer les revenus mobiliers, biens difficiles à saisir. Aussi combinait-elle une taxe personnelle (celle des trois journées de travail du citoyen actif), une taxe somptuaire et surtout une taxe sur le loyer présumé des contribuables. Enfin on établit, comme taxe spécifique des revenus du commerce et de l'industrie, la patente, dressée elle aussi en fonction du loyer présumé des contribuables de ces catégories. N'abusons pas des jugements de valeur; ce système simple n'était pas mauvais : son intérêt de commodité est prouvé par sa longévité, puisqu'on tient là trois des « quatre vieilles » contributions de la France contemporaine.

L'échec momentané vint de la difficulté d'établir l'assiette des nouveaux impôts [1]; la foncière supposait établissement de matrices communales à partir d'une cadastration du terroir. Ce fut assez vite fait dans les régions qui possédaient déjà un cadastre, notamment dans le Midi, où l'on retrouve encore dans moitié des cas à peu près les « états de sections » de 1791; mais plus au nord, le taux des trouvailles s'abaisse à 10 %, parfois moins; tout était ici à faire. Or, la Constituante voulant réduire au minimum le corps des exacteurs d'impôt s'en était remis aux municipalités : principe libéral, décentralisateur, il n'était prévu qu'un receveur par district, un payeur général par département. En refusant le percepteur, on se mettait à la merci de l'ignorance ou de la mauvaise volonté. Le régime vit ses ressources tomber à peu de chose; les expédients sur lesquels on avait vécu depuis 1789 (contribution patriotique du quart du revenu) avaient été des échecs; l'État vécut des avances de la Caisse d'escompte. L'aventure de l'assignat, dont on a rendu compte au fil des événements, découle pour partie de cet échec.

L'Église et l'État.

Si la nationalisation des biens du clergé a rendu comme inévitable un réexamen complet des rapports de l'Église et de l'État, il serait bien inexact toutefois de réduire à cette composante le problème religieux sous la Constituante et la Législative. Tout d'abord parce qu'il semblait aux Constituants juste et naturel de s'occuper de ces problèmes. Si incrédules que soient une partie d'entre eux, l'idée d'un État laïcisé ne les effleure pas : pétris de gallicanisme, ils se jugent en droit de modifier les structures de l'Église de France, comme ses rapports avec Rome; grandis dans la génération des Lumières, ils partagent ses attitudes à l'égard du « parasitisme » monastique. Aussi, l'optique de l'histoire conservatrice du siècle dernier qui a habitué à voir gestes profanatoires d'impies dans cette attitude religieuse est-elle très impropre à faire comprendre l'enchaînement des faits, tel qu'on a pu le suivre dans les premiers temps de la Constituante. On ne doit pas s'étonner, qu'à l'instar

1. Une monographie importante sur ce problème technique : le travail de R. Schnerb sur le Puy-de-Dôme.

des autres administrations, le clergé ait fait l'objet d'un travail de refonte complète de ses structures, par la Constitution civile du clergé, promulguée le 24 août après avoir été votée le 12 juillet 1790. La carte religieuse se modèle sur la carte administrative : les anciens diocèses sont supprimés, et l'on prévoit un évêque par département. Il sera élu, comme les autres fonctionnaires, par l'assemblée électorale du département, cependant que les curés seront désignés par les assemblées de district. Les corps intermédiaires sont supprimés, notamment les chapitres, à leur place des vicaires généraux assistent l'évêque dans le gouvernement du diocèse. On admettait que la désignation par élection ne suffisait point; aussi l'institution canonique était-elle donnée aux curés par leur évêque, aux évêques par l'un des dix évêques « métropolitains » qui couronnaient cette hiérarchie; on prévoyait aussi des synodes métropolitains ou diocésains. Les évêques recevaient un traitement confortable (de 12 à 50 000 livres), le sort du bas clergé était sensiblement amélioré. Il va de soi qu'en contrepartie on demandait à ces fonctionnaires un certain nombre de prestations; on voulut leur faire lire au prône les décrets de l'Assemblée, puis on y renonça. Mais en décembre 1790 l'obligation qui leur fut faite de prêter le serment requis par la Constitution de tous les fonctionnaires publics devait déclencher le schisme. On a vu que le conflit couvait déjà auparavant par suite des atermoiements de la papauté : le schisme ouvert a contraint les Constituants à organiser, coûte que coûte, l'Église constitutionnelle à l'hiver 1791. On procéda aux élections des nouveaux évêques pour remplacer les réfractaires; il s'en fallut de peu qu'ils ne pussent être consacrés, seul, parmi les évêques constitutionnels en place, Talleyrand acceptant de donner l'investiture aux nouveaux venus. Dans le bas clergé il fut, sauf en certaines régions, relativement facile de colmater les brèches par l'afflux de ci-devant religieux. Quand les brefs de condamnation du pape furent connus, une nouvelle Église était déjà en place.

Conséquences du schisme.

Devant les conséquences qui s'avèrent tout de suite très graves d'une crise qui déborde du cadre religieux, la politique des assemblées a été, on l'a vu, hésitante : rigueur au printemps 1791, sous le coup de la condamnation pontificale, puis un certain assouplissement, qui permet aux prêtres réfractaires de célébrer la messe dans des lieux privés, voire dans les églises paroissiales. Cette politique de tolérance a été éphémère : il est vrai qu'elle ne pouvait convenir au clergé constitutionnel. A l'été 1791, en province comme à Paris, la guerre est ouverte entre les deux clergés, et leurs fidèles.

La Législative, dans un climat encore plus dégradé, sera amenée à prendre contre les prêtres réfractaires des décrets répressifs en novembre 1791, puis au 27 mai 1792 : ce dernier prévoyait la déportation hors du territoire français de tout prêtre réfractaire, sur la simple demande de 20 citoyens. A la veille du 10 août 1792, lorsque l'Assemblée supprime les dernières congrégations existantes, nombre de prêtres réfractaires sont détenus : comme l'aristocrate, le réfractaire est devenu une des incarnations du suspect.

Ce tableau des nouvelles institutions s'ouvrait, comme la Constitution elle-même, en portique triomphal; voilà qu'il se termine en images de tension et d'affrontement. C'est que la stabilité que supposait la Constitution de 1791 est bien loin d'être établie, on en jugera aux traits d'une société en mutation, avant d'opposer au tableau institutionnel le dynamisme de la pratique révolutionnaire.

2. Nouvel équilibre ou société en ébullition?

C'est sans doute à tenter un tableau de la société nouvelle que l'on mesure le plus lourdement la difficulté d'une étude de civilisation dans une période où tout est mouvement. Il ne faut pas cependant esquiver la question, elle est au cœur du problème dominant du moment : la Révolution pouvait-elle être considérée comme close au tournant de 1791 et 1792, comme le pensèrent les Constituants, comme le pensent un peu les historiens pour qui ce qui est advenu ensuite est accidentel?

La question peut s'aborder à deux niveaux : ce qu'on pourrait appeler, plagiant un auteur contemporain, la « pression du conjoncturel », entendons les sollicitations du contexte économique, puis, plus profondément, cette nouvelle redistribution des rôles et des biens, que les réformes profondes ont entraînée.

Sollicitations économiques.

Suivons les courbes : celles des prix, celles des biens ou celles des hommes. Elles seules peuvent nous dire si la pause est justifiée, ou l'« année heureuse » une illusion, dans un temps de stimulations répétées.

Le temps des hauts prix s'est prolongé jusqu'au milieu de 1790, en certains lieux, jusqu'à la veille de cette récolte qui ramène l'abondance... pour un an. Ailleurs, ainsi dans le Nord ou dans l'Orléanais étudiés par G. Lefebvre, la baisse des prix avait débuté dès l'automne 1789, au lendemain d'une honnête récolte. En tout cas elle se précise et se généralise entre 1790 et l'été 1791. Mais dans les villes une agitation populaire pour le salaire a relayé alors l'inquiétude pour le pain cher. Des grèves de type presque moderne avaient eu lieu à Paris dans l'été 1789 (compagnons tailleurs et cordonniers), on les voit renaître en 1790 à Lyon, à Marseille, à Caen; enfin, la grève des charpentiers parisiens provoquera en avril 1791 une réaction brutale de la municipalité parisienne. En tout cas, dans le second semestre de 1791, tout se remet à bouger. Une récolte médiocre, surtout dans le Midi, provoque la remontée des prix agricoles à la fin de l'hiver et au printemps, puis à l'été, à partir de juin et surtout juillet. Inégalement ressentie suivant les lieux, elle n'atteint pas la brutalité de la crise de 1789; elle explique cependant la reprise des troubles de subsistances. Cela, d'autant que d'autres éléments commencent alors à peser lourdement sur l'économie française : le change extérieur français avait été atteint dès 1789 par les retombées de la crise économique, perdant près de 10 % à la fin de 1791, la perte était de moitié, en mai 1792; le change intérieur (cours de l'or librement vendu) reprend, bien qu'avec quelque décalage, la courbe du change extérieur. La troisième courbe, qui suit les deux précédentes, est celle de l'assignat : au 1er janvier 1791, le billet de 100 livres s'échange 95 livres, six mois plus tard 88, au 1er janvier 1792, 69, puis 61 en juillet, à la veille de la chute du trône. La chute de la valeur de l'assignat est un autre facteur d'inflation, donc de vie chère, que certaines données aggravent. On n'a émis un temps que de grosses coupures, assignats de 100 livres au moins, soit beaucoup plus que ce qu'un salarié peut espérer avoir en main. Des entrepreneurs, des municipalités, ont émis pour ceux-ci des billets de confiance, ou frappé du billon; on les a imités, certains les refusent, des faillites adviennent... La crise des billets de confiance pèse sur l'hiver 1791-1792.

La courbe des prix n'est pas tout, ou plutôt, son langage est ambigu. Au lendemain de l'épisode cyclique de 1789, la hausse qui reprend, en liaison avec l'aventure de l'assignat, est-elle vraiment révélatrice d'un malaise, la Révolution relance-t-elle la crise? Les spécialistes nous invitent à être nuancés. On sait depuis longtemps ce qu'ont senti les contemporains : le chômage urbain des industries de luxe, combiné avec celui qui affecte les services de la personne. Mais parallèlement, ceux qui analysent les aspects conquérants de la prospérité du siècle, ainsi les entrées des navires dans les ports, nous invitent à ne point pêcher par excès de hâte ou extrapolation abusive : à Marseille, le « glorieux XVIIIe siècle » dure jusqu'à 1792 [1]. C'est la guerre qui va faire déserter les quais et représentera une cassure majeure dans l'histoire portuaire.

Mouvement des hommes.

Bilan nuancé de la courbe des prix; nuances aussi dans ce que suggère le mouvement des hommes. L'épisode révolutionnaire, période d'intense mobilisation des hommes, et par certains aspects de rupture durable dans l'histoire démographique, n'a pas encore subi ses secousses majeures. L'émigration? N'en sous-estimons pas l'importance, mais au début de 1792, les deux flots de l'émigration déjà enregistrés en 1789 et 1791 ne représentent pas plus de 20 000 personnes — moins d'un Français sur 1 000 [2]. Spectaculaire, mais réduite, a été l'émigration de l'été 1789 dont le comte d'Artois avait donné l'exemple; avant ou après la fuite à Varennes,

1. C. Carrière, « Le mouvement des navires dans le port de Marseille », dans *Provence historique*, 1957.
2. D'après J. Vidalenc, *Les Émigrés français...* (35).

le printemps 1791 a vu le mouvement se préciser, se diversifier un peu aussi : le schisme constitutionnel associe des ecclésiastiques à une émigration jusqu'alors aristocratique. A l'été 1792, le mouvement se précipite encore, la guerre accentuera la désertion des cadres militaires. Mais l'émigration est à la fois importante et marginale. Dans la mobilisation des hommes que détermine la crise, il est d'autres éléments plus pondéreux encore; il y a cette mise en marche d'une partie de la société rurale dont Georges Lefebvre, traitant du thème du brigandage, avait justement fait un des traits majeurs de la crise de l'été 1789 [1] : ces bandes errantes, recrutées dans la fraction la plus fragile de la population rurale, se rencontrent bien lors des troubles de 1791-1792; mais en fait, entre la poussée de 1789 et la crise de l'an III qui restera pour les errants le « Grand Hiver », il est une apparence de répit. De même commence à peine cet autre remue-ménage, si important, et rarement vu sous cet angle : les levées et déplacements de troupes, volontaires ou fédérés. On les suit pourtant à la trace, et les Marseillais du 10 août n'ont pas laissé sur leur route le seul souvenir d'une chanson. Tout cela peut paraître superficiel et sans lendemain. Mais qu'en disent les bilans démographiques dressés pour une ville, voire un quartier? Les villes bougent : certaines (Nancy, Toulouse) traduisent dans une population réduite l'effet d'un malaise ressenti; avant même le fort de l'émigration, la noblesse toulousaine s'est repliée, sans doute, sur ses châteaux. D'autres au contraire, villes-passages ou villes-concentration, commencent à se gonfler : à Strasbourg la population s'accroît, à Orléans aussi; à Chartres les non-natifs passent du quart à la moitié des conjoints dans les actes de mariage. On devine que ces chiffres recouvrent des réalités changeantes; dans le noble faubourg Saint-Germain déserté par une partie de ses nobles et devenu section Fontaine-de-Grenelle, d'autres sont venus s'installer qui déterminent une popularisation momentanée du quartier [2]. Puis les comportements de cette population commencent à se modifier. Avant même le divorce et la « frénésie des mariages » (Mathiez) entraînée par la conscription, voici qu'on se marie davantage;

1. G. Lefèbvre, *La Grande Peur* (71).
2. Ces éléments sont tirés des séries de *Contributions à l'histoire démographique de la Révolution française* (77).

l'accroissement de la nuptialité, qui va devenir sous peu si caractéristique de la période, est déjà ressenti en plus d'un lieu (Strasbourg, Chartres...). Les auteurs s'interrogent, en l'absence de motivation impérative : les mœurs n'auraient-elles point changé avec la société elle-même? Second niveau de cette approche sociale, on doit se demander si une société nouvelle a déjà eu le temps de s'édifier sur les bases définies par la Révolution constituante.

Une redistribution des rôles?

Là encore, un bilan peut sembler prématuré : c'est à la fin de la période qu'il est de tradition de le faire. Mais à bien y réfléchir on s'aperçoit que beaucoup de choses sont déjà jouées. Par-delà même tout ce qui tient à la conjoncture, une nouvelle redistribution des rôles et des biens a déjà eu lieu.

Redistribution des rôles? On dira que les structures sociales ne changent pas à vue d'œil. Dans les groupes populaires urbains, on ne saurait dire que des décisions aussi importantes que la fin des corporations, puis l'atomisation forcée de l'offre du travail sanctionnée par la loi Le Chapelier aient radicalement modifié les conditions de la vie collective. Le mouvement populaire de 1791-1792 en gagne sans doute quelque âpreté, mais les rythmes de la vie comme de la production demeurent.

C'est dans ce qu'on appellerait aujourd'hui le secteur tertiaire, comme chez les notables, que les changements ressentis sont les plus sensibles. Du côté des perdants, une noblesse découronnée. Elle n'a encore perdu par émigration qu'une partie mineure de ses effectifs, car la famille reste sur place. On a esquissé souvent un repli sur le château rural, mais les souvenirs ou livres de raison montrent que la campagne non plus n'est pas de tout repos, avec des poussées d'inquiétudes — Grande Peur ou troubles agraires. En général on sauve encore l'essentiel : les nobles ont parfois participé sans réticences aux premiers achats de biens du clergé. Ce qui les affecte le plus directement reste l'amputation du revenu des droits supprimés, et plus encore refusés par les paysans. Dans ses attitudes, si toute la noblesse n'est point conspiratrice, elle se replie du moins sur elle-même, et déserte l'armée.

Qui va prendre la place? Dans ce que nous appellerions les services publics, une mutation majeure s'est déjà faite. C'est la fin du monde des « officiers ». Que sont-ils devenus? Il serait un peu simple de penser qu'ils ont glissé sans heurt aux nouveaux groupes, pour bonne part confondus, des fonctionnaires et des notabilités politiques. L'offre est pourtant massive, comme le souligne J. Godechot[1] : 40 000 municipalités, 600 conseils de districts, 83 administrations de départements, puis toute la justice nouvelle... On ne saurait dire qu'ils ont boudé cette reconversion; on les y rencontre avec constance dans ces premières années révolutionnaires. Mais point tous : pour une bonne partie d'entre eux, c'est l'occasion de valoriser le revenu foncier qui leur était déjà essentiel; cela vaut pour les plus proches de la « caste nobiliaire », tels les parlementaires, mais aussi pour beaucoup d'anciens conseillers-secrétaires du roi. Ainsi commence à se former le groupe des « propriétaires », où ils rejoindront ci-devant nobles et bourgeois pour tenir un demi-siècle durant le haut du pavé dans la société française. La place laissée libre comme l'offre de places nouvelles dans l'administration vont répondre aux aspirations de tout le groupe des hommes de lois, procureurs, avocats, notaires, greffiers, dont on a vu la relative prolifération à la fin de l'Ancien Régime, dont on a parfois dit qu'ils avaient fait la Révolution. Leur recrutement reste assez sélectif; mais déjà commence à se façonner ce personnage du fonctionnaire ou du bureaucrate, qui tient dans la Révolution une place majeure. N'y voyons pas encore un type balzacien : il est élu — originalité propre à la période. Deux groupes dans ce secteur sont particulièrement remaniés : il serait prématuré sans doute d'insister sur les nouveaux cadres de l'armée qui n'ont encore eu le temps de faire ni leurs preuves, ni leur percée. Mais si l'on veut bien envisager le ci-devant ordre du clergé dans sa réalité sociale collective, la mutation apparaît radicale. Tout d'abord, le clergé régulier s'est apparemment volatilisé. Volontiers gauloise et prenant ses désirs pour des réalités, l'iconographie populaire évoque largement en 1791 les conséquences de la levée de la clôture monastique, et de la suppression des vœux perpétuels. On jette le voile et le froc aux

1. Dans son étude de *la Société française pendant la Révolution* (75).

orties, moines et nonnettes font bon usage de leur liberté retrouvée. Très variables, les destinées sociales du groupe vont d'une fidélité à la vie religieuse dans un cadre laïcisé chez les femmes, à la sécularisation pure et simple chez nombre de religieux, au passage assez fréquent dans les tâches de la paroisse de ceux qui entrent dans les rangs du clergé constitutionnel. Ce dernier groupe du clergé séculier apparaît pour sa part amputé partiellement par une émigration commençante. Il est surtout divisé par le schisme, comme par les aléas d'une situation extraordinairement fluide, changeante aussi d'un lieu à l'autre. Le curé constitutionnel, fonctionnaire public assermenté, apparaît ici comme l'intrus que l'on chasse ou que l'on malmène, ailleurs comme le participant actif, voire le porte-parole de la Révolution au village.

A l'autre bout de la société, c'est sans doute chez les paysans que les choses ont le plus changé; le vocabulaire social l'enregistre, qui substitue alors aux anciennes étiquettes de terroir — « laboureurs », « ménagers » — une titulature nationale uniformisée : « cultivateurs » ou « paysans [1] »... Mais cette mutation formelle reflète une redistribution beaucoup plus profonde. Entre 1789 et 1792 la vie rurale s'est transformée. D'abord le prélèvement fiscal est beaucoup moins lourd. La réforme de l'impôt d'État allège les charges du paysan, et d'autant plus, si l'on peut dire, qu'il ne les paie pas. Puis il y a la fin du prélèvement seigneurial. On sait, en ce domaine, à la fois l'ampleur du changement effectué et celle de la déception paysanne devant les limites des décrets du 5 au 11 août 1789. Mais une conspiration, sinon universelle du moins, localement, très générale, amène les paysans à refuser de se plier au rachat des droits « réels », comme ils refusent désormais d'acquitter champarts ou dîmes. Du refus collectif, naît une tension très vive, des affrontements parfois violents : ce sont les paysans qui auront le dernier mot et la Législative, sur proposition de Couthon, se résignera à l'abolition sans rachat. Il est des problèmes lourds et irrésolus : ainsi celui des biens communaux, précieux aux uns dans leur indivision, convoités par les plus aisés; c'est au lendemain du 10 août 1792, le 14, que la Législative prendra

1. Une récente étude de cette mutation chez M. Agulhon, *La Vie sociale en Provence intérieure à la fin de la Révolution*, Paris, 1971.

une loi sur le partage de ces biens, ouvrant une autre série de problèmes. Mais la plus importante à coup sûr des transformations est liée à la mobilisation d'une masse énorme de biens-fonds, par l'expropriation du clergé dans le cadre de la vente des biens nationaux : l'une des plus grandes mutations de l'histoire agraire française, et qui se trouve, pour bonne part, réalisée dans les quelques années dont nous traitons.

Redistribution des biens?

Ces biens que l'on jugeait immenses, nous en connaissons plus précisément que les contemporains l'importance et les limites : 6 à 10 % du terroir français, il est vrai très inégalement répartis. Les biens du clergé, que l'on dit de « première origine » par opposition à ceux des émigrés qui seront vendus par la suite, forment la part la plus importante des biens nationaux[1]. On peut envisager leur vente sous différents aspects. Qu'ont-ils représenté comme opération financière pour l'État? Mais surtout quelle a été leur importance dans le bouleversement social qui s'effectue alors, et c'est sur ce bilan qu'on voudrait mettre l'accent. Est-il prématuré de le faire à l'été 1792? Justifier ce premier état du problème, c'est répondre partiellement à la première question quant au succès politique de l'opération : les biens nationaux se sont très bien enlevés. On remarque qu'ils étaient offerts à bon compte, et par ailleurs que, dès 1791, la dépréciation de l'assignat rendait l'opération intéressante : une aubaine, donc, dont on a profité. Notation toutefois, qui doit être nuancée : on n'a pas « bradé » les biens nationaux, car si la mise à prix était intéressante, la vente se faisait aux enchères, et celles-ci furent vivement poussées, ce qui était de nature à réduire l'intérêt de la spéculation. En gros, dans le Nord étudié par G. Lefèbvre, les terres se sont vendues de moitié aux 3/5 du prix courant, là où les paysans n'ont pu se coaliser pour empêcher les enchères. Évident, l'intérêt économique de l'opération a généralement fait surmonter les répugnances politiques et, dans cette première phase, les acquéreurs nobiliaires ne sont pas

1. Une source fondamentale demeure G. Lefèbvre, « La vente des biens nationaux », dans *Études sur la Révolution française* (73).

rares. Parfois, cependant, on a fait des premières ventes de vraies fêtes civiques, où l'on remet aux acquéreurs les couronnes qui récompensent leurs mérites, et le fusil destiné à défendre leurs biens... On a pu aussi, il est vrai, étudier dans certaines régions (l'Alsace) l'incidence de la campagne contre-révolutionnaire sur le déroulement des ventes. Le bilan est net : entre 1791 et 1792, une part très importante des biens de première origine a déjà été aliénée presque partout : dans le district de Strasbourg, un tiers dès 1791, dans le département du Nord, deux tiers à la fin de 1792, dans le district de Chartres, plus des trois quarts à même époque. Si originales que soient les étapes ultérieures de l'aliénation, il n'est pas abusif de dire que, pour l'essentiel, le transfert des biens est déjà dessiné dans ses grands traits au milieu de 1792.

Le décret du 14 mai 1790, qui règle durant toute la phase envisagée les modalités de la vente, stipulait une vente aux enchères publiques, au chef-lieu du district, sur base d'une soumission globale. Il y avait, il est vrai, possibilité d'enchères partielles, comme il y eut des jurisprudences variables suivant les lieux; et surtout de ces coalitions paysannes, qu'a analysées G. Lefèbvre dans le Nord, soumissions collectives, ou par prête-nom interposé, représentant d'un groupe paysan. Inversement, des spéculateurs professionnels ont opéré, encore que toutes les régions ne les aient pas connus au même titre que les plaines de grande culture autour de Paris.

La ventilation globale des achats reflète dans sa physionomie d'ensemble une pratique aussi évidemment avantageuse à la bourgeoisie. Ce qui s'est enlevé, dans ces deux années, ce sont les fermes, les exploitations complètes, et ce sont les riches qui en ont profité. Mais il s'en faut que ce soit sans nuances : les paysans étaient inégalement riches, les sociétés rurales plus ou moins agressives. Si l'on reporte en un semis ponctuel les données apportées par les approches monographiques, des comportements contrastés s'affirment [1]. La proximité des villes a joué pour beaucoup : autour de Paris, cela se sent en Seine-et-Oise où les paysans sont réduits à la portion congrue; mais cela vaut aussi bien

1. Carte dressée d'après G. Lefèbvre, complétée par les travaux récents.

dans le Midi, pour Bordeaux, Toulouse, Montpellier ou Montauban... que dans l'Ouest pour un petit centre comme Vire. Loin de la ville, la part des paysans redevient importante : dépassant la moitié des achats en Bourgogne, en haute Normandie, dans l'Est lorrain ou alsacien, dans le Midi aussi, du Gers au bas Languedoc. Mais il est des régions entières où la part paysanne semble très faible : ainsi dans l'Ouest armoricain. Surtout des frontières se dessinent, traversant les éléments du puzzle que nous tentons de reconstituer. Georges Lefebvre avait mis ce trait en valeur dans le département du Nord où la part paysanne est très majoritaire à l'intérieur, très faible dans les districts de la Flandre maritime. Une telle frontière a été retrouvée dans le bocage sarthois par les études de P. Bois [1]. Un bilan départemental médiocre pour les paysans estompe l'opposition de deux aires : au sud-est du département, où ils participent à une conquête il est vrai assez maigre, au nord-ouest, où les bourgeois les frustrent des neuf dixièmes à peu près d'une terre beaucoup plus convoitée. Telle précision n'aurait point d'importance majeure si elle ne conduisait pas l'auteur de l'étude sur les *Paysans de l'Ouest* à mesurer l'impact durable de cet épisode sur les comportements collectifs sous la Révolution. Là où la paysannerie s'est vue privée par le quasi-monopole de la conquête bourgeoise de ce qu'elle escomptait, elle a pu, dans la hiérarchie des hostilités ressenties, transposer de l'aristocratie d'Ancien Régime aux bourgeois conquérants une agressivité renforcée; et la frontière ainsi définie oppose les zones demain gagnées à la chouannerie à celles qui resteront républicaines. Telle interprétation sur un site donné peut aider, sans doute, à conclure de ce bilan provisoire sur une société nouvelle, mais non encore stabilisée.

Une nouvelle répartition des rôles s'est faite. Mais peut-on parler d'un nouvel équilibre, sanctionnant l'édifice institutionnel de 1791 ? Tout ici est lutte, tensions reformulées et réamorcées. Tout nous engage à nous tourner vers les formes de dynamisme — pratique politique et pratique révolutionnaire — qui demeurent les traits les plus saillants de cette civilisation de la Révolution.

1. *Paysans de l'Ouest* (36).

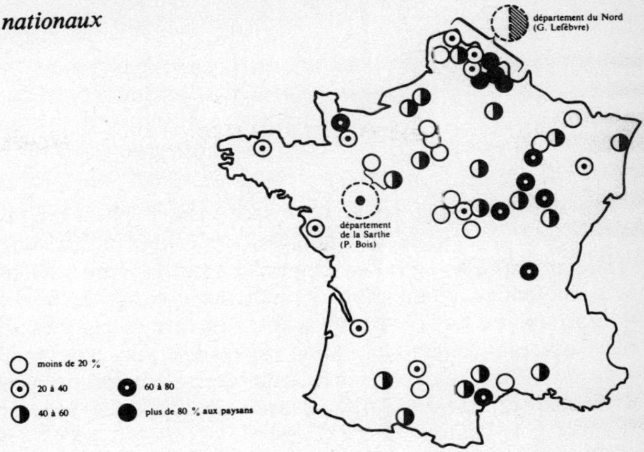

Fig. 19. *Variabilité du gain paysan d'après la participation aux achats dans les sites étudiés.*

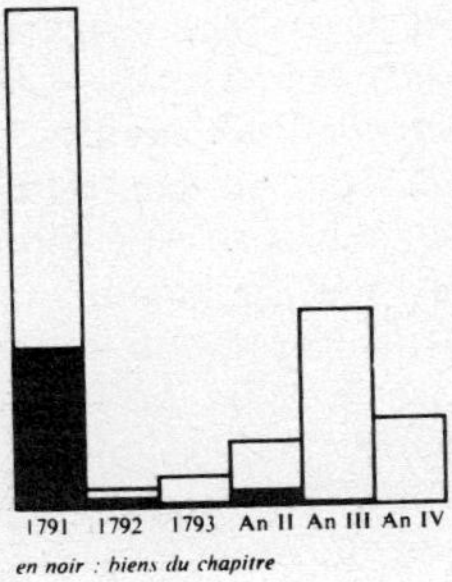

Fig. 20. *L'empressement des acheteurs : mouvement, en valeur, de la vente des biens de première origine dans le district de Chartres.*

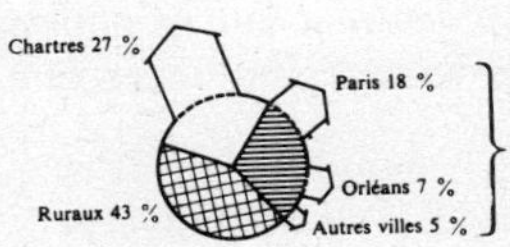

Fig. 21. *Les bénéficiaires d'une aubaine : la dispersion des biens-fonds ruraux du chapitre cathédral de Chartres (en valeur).*

3. Dynamisme révolutionnaire

Cette France sans repos peut se décrire à plusieurs niveaux. En transition avec ce qui précède, on évoquera brièvement la pratique politique, celle des assemblées, ou des corps délibérants, puis on tentera d'analyser les différents niveaux de la pratique révolutionnaire en les hiérarchisant, des formes les plus spontanées aux plus organisées, pour déboucher sur cette sensibilité collective dont la fête révolutionnaire est le moment privilégié. A la France figée de la Constitution de 1791 va s'opposer celle des feux de la sédition.

I

Assemblée et députés.

Quitté le cadre formel des institutions tel qu'il a été présenté ci-dessus, on souhaite voir par qui, et comment elles ont été animées. Prétention toute simple sans doute, mais en même temps difficile à satisfaire en l'état de la recherche, et génératrice d'interprétations bien divergentes. Au sommet, que représentent ces partis, à la création desquels on assiste : sont-ils simples « équipes » au recrutement interchangeable socialement, ou au contraire l'incarnation de groupes sociaux déterminés? A la base, c'est-à-dire au niveau des administrations locales, il faut pouvoir quantifier, en se demandant par quelle fraction du pays la Révolution a été vécue, et opérée; et pour cela se pencher sur les élections, puis sur la fréquentation des instances révolutionnaires. La sociologie peut seule nous dire qui forme la « classe politique » française en cette phase de la Révolution, et si les anciens groupes de pression en place ont été ébranlés.

Commençons par la tête : on doit savoir gré aux historiens anglo-saxons, même si les conclusions qu'ils tirent sur la notion de « Révolution bourgeoise » sont parfois hasardeuses [1], de s'être

1. Cette curiosité se rencontre chez Cobban (16) et chez Palmer (58).

systématiquement interrogés sur la structure sociale des assemblées révolutionnaires. La phase que nous suivons de 1789 à 1792 présente ainsi à l'analyse deux échantillons bien dissemblables par les conditions mêmes de leur formation : la Constituante et la Législative. D'un côté le fruit de la transformation spontanée des états généraux en Assemblée nationale, de l'autre le résultat d'élections censitaires sous le régime de la Constitution de 1791. C'est dire qu'à la première assemblée figure, hypertrophié par rapport à la seconde, le groupe massif des privilégiés, noblesse et clergé. On sait aussi qu'au fil de la Constituante l'élimination par émigration ou simplement par retour à la province a fait fondre sensiblement les effectifs de la noblesse. Mais les curés du premier ordre, mais aussi le groupe des nobles monarchiens tiennent une place constamment importante. Sur ce plan, le passage de la Constituante à la Législative marquera bien un tournant essentiel, puisque les privilégiés disparaissent presque complètement du nombre des députés : normalisation à la fois, et en même temps importante révélation que, décisivement, l'aristocratie est passée dans sa majorité à une vie politique dont la forme la plus anodine est l'attentisme inquiet, et la plus engagée, la contre-révolution conspiratrice.

Reste, constant et même renforcé de l'une à l'autre assemblée, le groupe des députés roturiers. Délimitons-le d'entrée par ce qu'il n'est pas : pas de paysans « vrais », pas de salariés ou d'artisans urbains; de l'une à l'autre, constance des notables. Et l'on peut remarquer, reprenant J. Godechot, que cette sélectivité définit en 1792 les différents niveaux de la vie politique : l'aristocratie, repliée sur elle-même, suivant sa voie, les classes populaires, exclues d'entrée, forgeant leurs propres formes marginales de vie politique. Dirons-nous alors que l'appartenance à cette classe politique s'affirme privilège bourgeois? Ce sera encourir le reproche d'employer abusivement le terme; et l'école anglo-saxonne nous fait remarquer comment la bourgeoisie productrice (industriels, négociants) est discrètement représentée par référence à certains groupes hypertrophiés : gens de loi, robins, avocats; constante réaffirmée, renforcée encore de l'une à l'autre assemblée. Ne rouvrons pas une querelle sur laquelle nous avons pris position : ce sont bien là des émissaires représentatifs de cette bourgeoisie spécifique de la France à la fin du XVIIIe siècle et non équipes interchangeables de professionnels de la politique.

Voici pour le recrutement sélectif de ce corps politique « au sommet ». Quant à son organisation, on a rappelé, au fil des événements, l'anachronisme qu'il y aurait à traiter les groupes qui se dessinent aux assemblées en termes de partis modernes : ce sont plutôt nébuleuses qui se forment et parfois se défont; il n'y a pas d'organisation véritable, *a fortiori* pas d'implantation parisienne ou provinciale structurée de ces partis, pas de mandats impératifs. Cela explique que les députés se soient, pour les besoins d'une action coordonnée, raccrochée à des structures parallèles dont les clubs (le club breton, ancêtre des Jacobins, par exemple) leur fournirent le cadre. Au demeurant, chacun de ces groupes trouve un support suivant ses convenances : salons ou clubs fermés convenant mieux à ceux qui craignent le contact du public. Des rapports que l'on peut dire de « patronage » ont également pesé, et l'on songe d'entrée au « lobby » La Fayette, comme à celui du duc d'Orléans. On ne doit pas sous-estimer non plus le rôle d'efficaces groupes de pression dont le groupe des planteurs et affairistes intéressés au commerce des Iles a donné l'exemple. Les initiales solidarités provinciales, auxquelles s'étaient raccrochés les députés aux états généraux, s'effacent derrière ces formes de redistribution des tendances.

La vie politique locale.

On a voulu partir du mieux connu ou du plus visible — les assemblées — pour passer à ce qui logiquement eût dû venir en premier : la vie politique dans le pays. Le corps politique peut s'apprécier dans ces temps forts que sont les épisodes électoraux; on commence à leur appliquer les procédés d'analyse de la sociologie électorale, mais il est vrai que l'approche reste techniquement difficile, en cette préhistoire des élections françaises.

Le régime électoral le plus ouvert dans la période reste celui de la formation des états généraux. Les auteurs qui ont tenté, en monde rural, d'établir l'indice de participation par rapport au nombre des comparants possibles, que ce soit en Normandie, dans le Maine ou en Gascogne, le situent à un peu moins de

25 %[1]. C'est à la fois peu et bien normal. Tous les présents n'ont sans doute pas été relevés, puis se dessine la transition avec les communautés de l'Ancien Régime où la « plus saine partie » porte seule la parole. On doit tenir compte de ce nécessaire apprentissage de la vie politique; mais il reste que le régime censitaire établi par la Constituante resserre sensiblement les limites du corps électoral.

Autre moment, autre querelle d'historiens : c'est celle qui touche à la place réelle des citoyens actifs et passifs, et dont on a dit un mot. Ici le vrai tri provient du système électoral à deux degrés et des critères requis pour être électeur, ou éligible. Complétant la sélection d'après la richesse, on doit tenir compte des conditions concrètes de la tenue des assemblées électorales au département : longueur, complexité des opérations étalées sur des jours. L'empressement au vote pour la formation des administrations a été réel en 1791, mais c'est dans le cadre très restreint d'un corps de notables particulièrement trié.

Ces notables au pouvoir, qui sont-ils? Là où l'analyse du recrutement des corps officiels a été tentée, les limites sociales du groupe se dessinent très nettes : robins, « bourgeois » oisifs, professions libérales, négociants et gros marchands, anciens officiers; une nébuleuse mais circonscrite, qui renouvelle partiellement le monde fermé des anciennes oligarchies municipales, mais reste hermétiquement fermée à une participation populaire ou semi-populaire. On comprend aussi comment ce monde politique trop vite clos peut apparaître, dès la fin de 1791, et surtout en 1792, inadapté, en porte-à-faux par rapport à la population effectivement politisée; et le mouvement très vif d'hostilité contre les corps en place au printemps et à l'été 1792 s'en explique.

Peut-on tenter un autre coup de sonde pour voir, par contraste, ce que représentent eux-mêmes ces révolutionnaires? Pour la fréquentation des sociétés populaires, indice sûr, J. Godechot propose [2] un indice de fréquentation de quelque 2 % de la population masculine adulte dans les villes (rarement plus de 8 %)

1. Chiffres proposés par Godechot (10), d'après Bouloiseau, Bois, et autres auteurs.
2. Dans son chapitre sur *la Société française pendant la Révolution* (75).

et de 8 % au village (parfois plus de 15 %). Dans nos sections marseillaises, la fréquentation masculine adulte se situe de 10 à 15 % dans l'été 1792; mais il est vrai que les citoyens passifs y ont déjà fait intrusion, que s'efface dès lors la distinction de la pratique « politique » et de la pratique « révolutionnaire », et que se définissent, minoritaires, mais déjà plus larges, les limites du militantisme révolutionnaire.

Pratique révolutionnaire.

En transition avec le nouveau cadre institutionnel que s'est donné le régime, la pratique politique « au sommet » nous a ramené aux réalités dynamiques d'une révolution qui bouge; incomplètement toutefois, si l'on considère avec Marat que c'est des « feux de la sédition » constamment renouvelés que sort la liberté.

Cette présence de l'insurrection demeure si déterminante qu'elle a attiré, dès les premiers pas de l'historiographie révolutionnaire, de Michelet à Taine, l'intérêt rarement sympathique des auteurs, en termes d'interrogations sur la foule et les journées révolutionnaires. Sortie du stade narratif, l'historiographie positiviste de la fin du siècle dernier, à la lumière de la sociologie du temps, nous propose le premier schéma interprétatif : ainsi le docteur Lebon, étudiant les foules révolutionnaires, les traite-t-il en termes d'être collectif, mais infantile, avec ses pulsions, ses tropismes, sa pathologie. Être collectif mais de niveau mental inférieur, aux franges de la bestialité : de cette réduction anthropomorphique de la foule, Taine n'avait-il pas donné le schéma, dans un morceau célèbre qui la compare à l'homme ivre, aveuglé, euphorique, puis inquiet et violent, et enfin déchaîné? Mais Georges Lefèbvre dans un célèbre article [1] avait ramené aux réalités historiques, distinguant, pour comprendre la foule, l'agrégat fortuit, qui seul offrirait l'échantillon idéal pour expérimenter ces commotions électriques, du cas bien plus fréquent de l'agrégat « semi-volontaire » : la moisson, la sortie de la messe, le marché, la queue à la porte d'une boulangerie

1. « Foules révolutionnaires » dans *Études sur la Révolution française* (12).

ou la foule du Palais-Royal. Mais le rassemblement volontaire, organisé sur des mots d'ordre, peut se rencontrer d'entrée, et l'on peut dire que la montée du processus révolutionnaire de 1789 à 1792 lui donne une place croissante, depuis l'« étincelle » du 14 juillet, jusqu'à l'organisation de la journée du 10 août. Sur la base de ces suggestions de méthode, des études ont été entreprises, par G. Rudé notamment [1], pour s'attacher à mener des foules révolutionnaires une approche scientifique : typologie des mouvements, sociologie de leurs troupes comme de leurs cadres, analyse des idées-forces et des mots d'ordre mobilisateurs.

Journées révolutionnaires.

Dans une première approche, on doit sans doute distinguer mouvements urbains et mouvements ruraux. Pour s'en tenir au cas parisien, mieux étudié, on peut sans doute proposer des « journées » une typologie suivant leur nature. Au premier niveau de la spontanéité des masses se situe l'émeute de subsistances ou, plus largement, à motivations sociales. C'est le cas dans les journées types qu'étudie Rudé : l'affaire Réveillon en avril 1789, presque trop parfaite par l'affrontement qu'elle présente entre salariés et employeurs. Le printemps de 1792, avec l'agitation pour le pain, mais aussi pour le sucre et le café, offrira sous peu même type de rassemblements ponctuels, d'agitation diffuse, susceptible de transformation en émeute, avec pillage des grossistes.

Mais même dans ces cas, si la stimulation socio-économique apparaît première, il est bien difficile de réduire la journée à cette composante : une revendication politique la prolonge. De ce type mixte et le plus fréquent, tant en province qu'à Paris, les journées des 5 et 6 octobre 1789 sont l'illustration. Un point de départ incontestablement économique, disette et pain cher, domine les revendications des femmes parisiennes. Le mot d'ordre politique de la dénonciation du complot aristocratique et du retour du roi à Paris s'y superpose puis s'y associe.

C'est dans les journées proprement politiques que l'on peut le mieux suivre, après Lefèbvre, la mutation brusque qui conduit

2. G. Rudé, *The Crowd in the French Revolution* (24).

aux rassemblements proprement révolutionnaires. Mais pour reprendre ses distinctions, l'agrégat « semi-volontaire » l'emporte ici généralement au stade initial : dans la journée du 14 juillet, c'est une foule déjà motivée par la recherche des armes que la résistance rencontrée devant la Bastille transforme en foule révolutionnaire. A mesure que se développe la politisation on voit se réduire la part de l'improvisation ou de la surprise. Dans la période couverte par cette étude, on pourra encore reconnaître dans la journée du 20 juin 1792 une part de spontanéité certaine, qui explique d'ailleurs son échec, mais c'est déjà un cortège, à demi encadré par les gardes nationaux. Avec la prise des Tuileries au 10 août 1792 s'achève apparemment un cycle; il s'y trouve sans doute l'étincelle, la décharge des Suisses sur les fédérés, que l'on dira par traîtrise, mais c'est une insurrection préparée, attendue de part et d'autre, où la Révolution a ses cadres organisés, fédérés, gardes nationales patriotes, peuple en armes.

Il serait trop simple de réduire les foules révolutionnaires au schéma de quelques journées parisiennes; mais on ne saurait trop disperser l'attention, et la province reste encore moins bien étudiée que Paris dans ce que R. Mousnier appellerait ses « fureurs ». Disons, du moins, que le schéma suggéré par Lefèbvre, appliqué par Rudé, s'applique sans peine, semble-t-il, au foisonnement des journées de la Révolution municipale à l'été 1789, où partout s'associent la revendication socio-économique et son dépassement politique. Mais au risque de pécher peut-être par naïveté, on retiendra sans doute, dans les différences révélatrices, qu'à Paris, jusqu'au 10 août 1792 et au-delà, c'est la foule révolutionnaire qui tient le pavé, et que jamais, dans l'équilibre des masses, une force contre-révolutionnaire n'a pu lui être opposée. Il n'en va pas de même dans toutes les provinces; le Midi des grands affrontements offre le cas d'une mêlée plus confuse : parfois le clivage confessionnel qui recoupe un clivage social et se prolonge en affrontement politique en donne la clef. Il en va ainsi, on l'a vu, pour les événements sanglants de Montauban et de Nîmes en 1792. Mais il n'est pas toujours besoin d'un tel déterminisme pour aboutir à un affrontement, souvent en fonction des critères d'appartenance sociale (en Avignon très nettement), parfois se coulant dans des phénomènes de clientèles verticales (état-major bourgeois et masses populaires dans chaque camp) dont le Midi (chiffonistes et monnaidiers en Arles) fournit encore l'exemple.

Foules et journées dans les campagnes.

Ce sont là les formes d'une turbulence urbaine, à laquelle il peut sembler artificiel d'associer les manifestations de l'activité révolutionnaire dans le monde rural. La première manifestation qui s'y rencontre est une panique : la Grande Peur. Pour avoir au cours même du développement donné à cet épisode la place qu'il mérite, croyons-nous, nous nous abstiendrons d'en reprendre ici l'analyse. Mais avec G. Lefèbvre, on peut, du titre même de ce mouvement, reprendre quelques-uns de ses traits spécifiques. C'est une « Peur », c'est-à-dire incontestablement une manifestation de sensibilité collective d'ancien style. Alarme vaine, répandue par contact d'un bout à l'autre du royaume par voie de propagation orale... Si déconcertantes qu'aient pu paraître certaines formes de comportement des foules urbaines, l'impression d'étrangeté est ici encore renforcée. Ne l'exagérons pas toutefois : on a pu dire que la Grande Peur ne mérite pas son nom; en tout cas, la peur ne conduit pas vraiment à la panique, et la réaction collective spontanée est défensive, organisatrice.

On conçoit cependant que l'image d'une Révolution paysanne perçue sous les traits de la Grande Peur, reléguée ensuite à l'arrière-plan par le primat des Révolutions urbaines, renaissant ensuite sous la forme du refus qui sera la chouannerie, ait pu accréditer l'idée d'un monde rural indifférent, ou du moins marginal, se battant sur ses objectifs, réagissant en fonction de sa sensibilité propre... C'est méconnaître sans doute l'intensité de la Révolution campagnarde dans les années 1791 et 1792. On s'explique de cette ignorance. Malgré ce qu'en ont dit Mathiez ou Soboul, l'atomisation même de cette lutte sourde (refus de payer, déprédations) en rend évidemment la perception moins aisée que celle des explosions urbaines.

On commence toutefois à connaître, dans le cadre d'approches régionales, l'intensité de l'engagement paysan, à découvrir des « foules » et, sinon des journées, du moins des temps forts et des flambées parfois impressionnantes. Le calendrier n'en est point simple décalque du dynamisme urbain; il est plus sensible sans doute aux incitations du « chef d'orchestre », la misère ou la famine; ainsi, l'apaisement de 1790 et du début de 1791 y est sensible, en fonction des bonnes récoltes et de la retombée des prix des subsistances. Nous serions tentés d'opposer deux types d'insurrections paysannes : France septentrionale des plaines de grande culture, et France méridionale [1]. Au printemps, puis à l'automne de 1792, les plaines de grande culture (Beauce) et leurs confins proposent le schéma des expéditions itinérantes des taxateurs qui se rendent de marché en marché pour y fixer un prix maximum du grain et du pain. Dans la « jacquerie » qui embrase à la même époque tout le Sud-Est, la mobilisation populaire reste généralement beaucoup plus médiocre, mais la motivation politique et l'agressivité antinobiliaire deviennent essentielles.

Idées-forces mobilisatrices.

Peut-on tenter un répertoire des idées-forces mobilisatrices? Tel exercice de réduction serait à la fois impossible et sans doute artificiel; au plus peut-on, comme l'ont fait Lefebvre puis Soboul [2], suggérer à quelles pulsions fondamentales obéissent les mouvements de la foule. Ils nous la montrent partagée entre la peur et l'espérance. L'espérance : cet acte de foi a exprimé l'attitude profonde de ceux pour lesquels la Révolution, comme l'a dit G. Lefèbvre, a été une « bonne nouvelle » dans la tradition des anciens millénarismes. Mais de même que cette espérance s'investit concrètement en revendications plus précises : économiques (« A l'abondance », comme le disent les assiettes décorées), sociales (« J'savions bien que j'aurais notre tour »), politiques — le repos dans l'équilibre, un temps rêvé du moins — (« La nation, la loi, le roi »), la peur, composante antagoniste, trouve mille et un cheminements qui en font un levier plus puissant peut-être.

1. M. Vovelle, *Les Taxations populaires de 1791-1792 dans la Beauce*, Paris, 1958. — *Id.*, *Les Troubles sociaux en Provence de 1750 à 1792*, Paris, 1971.
2. Un paragraphe très dense dans *la Révolution française* (15).

C'est encore G. Lefèbvre et son école qui nous font remarquer que la violence révolutionnaire est le plus souvent défensive, là même où cela paraît le plus paradoxal : ainsi au 10 août 1792. C'est pour défendre la Révolution que l'on passe aux actes : dans la nébuleuse des thèmes qui gravitent autour de la peur, tout un registre se dévoile, qu'il n'est peut-être pas indispensable d'orchestrer comme le firent certains en une « symphonie de la peur » (J. Palou [1]), mais qu'il faut tenter de cerner. Le premier niveau de la panique fait surgir l'image séculaire du brigand ou de l'envahisseur mythique. On sait que ce type de panique revint en 1790 (autour de Laon, de Verdun, de Rouen), comme il est très présent lors de la crise de Varennes, en Champagne et jusque dans le Queyras. C'est ici la crainte de l'invasion qui prévaut sur celle du brigand, cette crainte que *la Carmagnole* exprimera au lendemain du 10 août :

« Madame Veto avait promis
de faire égorger tout Paris... »

Le brigand devenu envahisseur devient alors un des personnages de la mythologie d'un « complot » protéiforme, dont une bête noire s'appelle l'accapareur. Au sommet, c'est Bertier de Sauvigny, intendant de Paris et son beau-père Foulon de Doué, accusés d'être les agents d'un projet d'affamer le peuple. A la base, les accapareurs virtuels vont des municipaux défenseurs de la liberté du commerce des grains, aux laboureurs qui stockent et préfèrent vendre sur échantillon que d'approvisionner les marchés. Mais très vite l'image du complot devient essentiellement politique : c'est le « complot aristocratique », dont la première émigration de l'été 1789, et certains incidents, tel le banquet des gardes du corps à l'origine des journées d'octobre, ont hâté la mise en forme. Alimenté par les articles de journalistes souvent très informés, le thème se renforce et se diversifie dans les années suivantes : des épisodes décisifs, de la fuite à Varennes au manifeste de Brunswick, en scandent les étapes. Lié aux émigrés, traître en puissance, l'aristocrate devient le suspect; à partir du schisme constitutionnel, il est rejoint par le prêtre réfractaire au tableau d'infamie.

1. J. Palou, *La Peur dans l'histoire.*

Telle mentalité collective explique pour bonne part la violence qui caractérise les comportements de foules dans ces journées révolutionnaires. Il n'est pas question de les passer sous silence, parce que l'historiographie à l'ancienne n'a vu que cette violence, et en fait bon usage. La « volonté répressive » qui prolonge et surmonte la peur du complot se traduit par l'exercice spontané d'une souveraineté populaire qui, suivant le mot de Marat, se veut non seulement délibérante mais... « massacrante ». Le mythe de la lanterne, que l'iconographie évoque alors, symbolise cet exercice d'une justice populaire directe dont les épisodes sanglants, du meurtre de Launay, gouverneur de la Bastille, à celui de Flesselles, prévôt des marchands, puis à ceux de Bertier et Foulon, offrent le prélude aux premiers jours de l'affrontement. La province n'est pas en reste, tout en offrant un tableau plus contrasté qui permet de mieux situer, peut-être, la violence révolutionnaire dans un combat où la contre-révolution n'est pas inactive, de Nîmes à Montauban ou Avignon.

Mais si les foules révolutionnaires ont vécu dans la hantise du complot, n'est-ce point que l'idée était universellement partagée? On leur a retourné la monnaie de leur pièce et le thème du complot orléaniste, voire maratiste, pour expliquer les fureurs rurales ou urbaines, eut une vogue certaine.

Sociologie des acteurs.

Qui a participé aux journées révolutionnaires? Une question simple et cependant alourdie d'un tel poids de traditions déformantes qu'elle est toute à reformuler. Pour Michelet c'était le « peuple » : bien plus un mythe qu'une réalité collective. D'autres, qui écrivirent après la Commune, transposèrent à la Révolution des fantasmes rétrospectifs : à partir de Taine on s'accoutume à l'image d'une Révolution faite par les basses classes salariées, les chômeurs et les repris de justice... Depuis Jaurès l'historiographie jacobine fait justice de ces mythes; depuis G. Rudé[1] elle a appris à dénombrer sur dossiers les participants aux journées parisiennes.

Nous pouvons faire le portrait-type de l'insurgé parisien entre

1. *The Crowd in the French Revolution* (24).

les journées de la Prérévolution et le 10 août. Dans cet échantillon, sans qu'on s'en étonne, la prépondérance masculine est très affirmée : il y a un dixième de femmes à peine en journée « moyenne ». Mais ce n'est pas une constante; les affrontements les plus sanglants (Bastille, 10 août) réduisent encore cette part. Elle se gonfle au contraire sensiblement lors des troubles à composante économique dans les journées d'octobre 1789, ou dans les émeutes de 1792 à la porte des magasins. Cette foule est jeune, mais, si l'on peut dire, sans excès; la moyenne d'âge se situe entre 29 et 38 ans : hommes jeunes, mais hommes faits, une Révolution de pères de famille. Deux tiers à quatre cinquièmes en gros d'entre eux signent leur nom, pourcentage relativement élevé, sans rien toutefois de surprenant à Paris. De même le pourcentage de deux tiers à peu près de non-natifs est-il conforme à ce qu'on peut attendre des milieux populaires ou petits-bourgeois parisiens. Si l'on passe en effet au cœur du problème, la ventilation socio-professionnelle des apports, c'est pour exorciser d'entrée un fantôme, celui qui tourmentait Monsieur Taine : les chômeurs, repris de justice, sortis des garnis... ne sont pas foule. Le pourcentage des repris de justice, toujours inférieur au sixième, est généralement infime (2% dans la fusillade du Champ-de-Mars), ceux qui logent en garnis ne sont jamais plus du quart, la part des chômeurs s'élève au plus au cinquième. Le groupe le plus important, et comme le noyau de ces troupes, apparaît constitué par ces producteurs indépendants, gens de l'échoppe et de la boutique, que le Paris artisanal fournit en masse. Ils viennent avec leurs compagnons; mais ces journées ne sont pas menées par une classe qu'il serait même anachronique de dire « ouvrière » : la part des salariés ne s'affirme majoritaire que dans des cas précis (ainsi l'émeute Réveillon); ils se comptent du quart au tiers dans les grandes journées du 14 juillet et du 10 août. Participation de salariés notable, non majoritaire, s'exprimant en continuité avec le groupe central des petits producteurs; ainsi se dessinent et se forgent les contours de la « sans-culotterie » qui apparaît, à la fin de la période suivie, dans ses contours précis. Les groupes plus aisés — cadres, professions libérales, bourgeois vivant de leurs rentes — ne sont pas absents de ce décompte, et cela doit aussi être noté; mais leur participation reste seconde. L'homogénéité relative du groupe des révolutionnaires se trouve souvent renforcée par un identique recrutement de quartier; ce sont les quartiers laborieux et singulièrement les faubourgs — Saint-Marceau et Saint-Antoine — qui s'engagent massivement : confirmation de la perception spontanée des contemporains :

> « Oui, nous nous souviendrons toujours
> des sans-culottes des faubourgs... »

Seconde dans les troupes, la participation bourgeoise s'affirme plus importante chez ceux que l'on appelle les « meneurs » : huissier Maillard, avocat Huguenin, brasseur Santerre, commis Varlet, prêtre Jacques Roux, boucher Legendre, commis aux barrières Hanriot... Ce décalage relatif entre la troupe et ceux qui portent la parole a été souligné à Paris par Rudé, on le retrouve dans les approches qui ont pu être faites dans les villes de province, ou dans le monde rural.

Les études que nous avons fait mener suivant la technique de G. Rudé sur la sociologie des foules dans les points chauds d'un Midi provençal très engagé confirment la généralité du schéma parisien; à Marseille la part des producteurs indépendants varie, selon les journées, entre 60 et 85 % de 1789 à 1792, ils ont la trentaine, sont mariés et pères de famille. Fiche type reconductible avec les nuances qu'impose la diversité des paysages urbains à Toulon, en Arles, à Tarascon ou Avignon.

A la campagne, l'analyse des groupes d'insurgés de 1791 ou 1792 révèle sans doute l'inévitable dépendance vis-à-vis des sociétés rurales dans leur diversité. Mais au-delà, quelques constantes : l'apport massif de la petite paysannerie « consommatrice », manouvriers au Nord, travailleurs de terre dans le Midi, vignerons partout; puis, dans les secteurs encore plus fragiles des groupes ruraux, des provocateurs attitrés : forestiers ou travailleurs des industries rurales : cloutiers, verriers, tisserands partout... Inversement certains groupes sont exclus qui représentent l'ennemi : ainsi les laboureurs dans les plaines de grande culture. Mais entre les deux camps dont les contours se dessinent ainsi, les démiurges du monde social qui constituent la microbourgeoisie rurale : huissiers, notaires, maîtres d'école, curés constitutionnels, parfois négociants ou entrepreneurs, jouent un rôle d'encadrement important; et les exemples abondent dans ce qu'on peut appeler les cadres « enragés » locaux.

Mais avec ces personnages, meneurs ou cadres, qui « portent la parole », on passe du niveau de l'activité révolutionnaire à l'état naissant — « foules » ou « journées » — aux formes d'organisation qu'elle s'est progressivement données.

Les clubs.

Par la Constitution, la bourgeoisie révolutionnaire a tenté de mettre en place les institutions de la Révolution victorieuse et paisible; mais parallèlement s'élaborait ce réseau des institutions ou des groupements non officiels, qui deviennent autant de hiérarchies parallèles, et par là même influent très sensiblement sur la marche des événements.

On sait que les « clubs » ne sont pas nés avec la Révolution, mais que depuis les années 1770 s'étaient multipliées les sociétés de pensée [1], en liaison plus ou moins directe avec les loges maçonniques, en étroite communauté de recrutement en tout cas; ce qui n'est point dire qu'il y avait filiation directe des loges aux clubs. Il existe un lien plus profond mais indirect entre les formes de sociabilité antérieure et le succès des groupements nouveaux [2].

Le club des Jacobins, à Paris, qui poussera ses filiales sur toute la province, naît des transformations d'une réunion de députés aux états généraux, le club breton. Ce groupe, animé par des leaders comme Le Chapelier, attira très vite d'autres représentants parmi les leaders du parti patriote. La migration de l'Assemblée à Paris en octobre 1789 donne au club son implantation et son titre, puisqu'il tient séance au couvent des Jacobins; plus encore, sa structure. Il s'ouvre à des non-députés qui restent généralement des notabilités, dans une assemblée qui reste très fermée, la cotisation annuelle de 24 livres en témoigne. La « Société des amis de la Constitution », tel est le titre officiel des Jacobins, n'est pas demeurée longtemps unanime. En avril 1789, plusieurs Jacobins, non les

1. L'ouvrage relativement ancien de L. de Cardenal (79) reste fort précieux.

2. M. Agulhon, *Pénitents et Francs-maçons dans l'ancienne Provence*, Paris, 1968.

moindres (Sieyès, Mirabeau, La Fayette, Bailly...), ont fondé, sans ouvertement rompre au début, la « Société de 1789 » aux effectifs limités, aux ambitions comme au « standing » relevés, mais refusant par là même toute prise directe sur l'opinion. Ce lieu se rapproche plutôt des clubs à l'anglaise que le parti aristocrate affectionnera : club dit des « Impartiaux » où se retrouve la droite (Malouet, ou le journaliste Mallet du Pan), relayé, après sa dispersion, par le « Club des amis de la constitution monarchique » présidé par Clermont-Tonnerre, et qui durera pour sa part jusqu'au 10 août 1792.

Dans le tableau encore foisonnant qu'on peut dresser en 1790, ce sont à coup sûr les Jacobins qui ont sur la marche de la Révolution l'influence la plus forte. Certes leur homogénéité est toute relative, leurs débats parfois vains; « grande société d'inquisition et de parlage », a dit Michelet. Mais ce « parlage » n'est point stérile, qui suppose tout un travail d'explication : « Écrire et parler ouvertement, professer leurs principes sans détours, avouer leurs travaux, leurs vues, leurs expériences », et par suite de prosélytisme : « offrir un centre commun (aux sociétés) qui s'établissent dans tout le royaume... ».

Cette vocation très vite affirmée conduit le club à s'élargir : à Paris il a déjà 1 200 membres en juillet 1790, ce qui ne va pas sans remise en cause de la structure initiale de club parlementaire.

Surtout le club essaime dans toute la province pour constituer un réseau dense de sociétés affiliées qui fera sa force. Ces clubs, souvent issus très linéairement des sociétés de pensée et des loges, se donnent des noms fort divers, parmi lesquels la prédominance des sociétés des Amis de la Constitution témoigne de l'influence jacobine. On voit les premiers apparaître dans les six derniers mois de 1789 : Dijon, Grenoble, Strasbourg, Lille, mais aussi Bayeux, Dax, Castres; des villes médiocres se dotent parfois d'une société avant les capitales régionales. On compte 152 sociétés en août 1790, 227 en mars 1791, 406 en juin de la même année, puis la crise de Varennes et surtout la scission du club réduisent à une centaine le nombre des sociétés affiliées; reconquête et propagation font que dès septembre 1791 on en compte à nouveau un millier. Le chiffre s'accroît encore dans l'engagement renforcé de l'année suivante, septembre 1791-août 1792. A la chute de la royauté il ne doit pas être bien loin de ces 2 900 à 3 000 qui constituent au fort de la période suivante l'estimation minimale. C'est beaucoup; à cette époque il n'est pas de chef-lieu de district, ni même de canton qui n'ait sa société populaire, mais le semis est loin d'en être également réparti. Les structures d'accueil de la sociabilité préexistante et surtout le poids de certaines réalités sociologiques (le village urbanisé méridional) expliquent qu'un certain Midi, qui couvre la Provence et le Languedoc, remonte dans le sillon rhodanien, mais dont on aimerait savoir la frontière occidentale en Aquitaine, révèle dès lors une densité exceptionnelle de sociétés : de 60 à 80 % des communes, parfois plus, alors que le taux moyen s'abaisse au dixième dans les zones voisines (Alpes ou Plateau central), plus conformes à la moyenne nationale.

Il se tisse tout un réseau de liens, correspondances, affiliations, ou inversement dénonciations; la correspondance entre sociétés est une des pièces essentielles du système. L'ensemble n'est pas centralisé verticalement : l'affiliation à la société mère parisienne se double d'affiliations multiples de société à société. Ainsi se dessinent sur le terrain des nébuleuses, ou des réseaux qui jouent un très grand rôle dans l'activation de l'engagement politique des régions, comme ils dessinent le « rayon de service » des grands clubs de province, Grenoble ou Marseille, pour ne prendre que quelques exemples.

Des mutations profondes infléchissent la vocation des sociétés populaires. On peut en schématiser très simplement les étapes : progrès mais sagesse jusqu'au milieu de 1790 de clubs qui reflètent à Paris les diverses options révolutionnaires et contre-révolutionnaires, dans le cadre d'un recrutement encore très sélectif. En province alors, les sociétés formées de fonctionnaires et de notables se réunissent bihebdomadairement à l'arrivée du courrier et des journaux parisiens : phase d'apprentissage.

Une première poussée peut être située, en gros, entre juillet 1790 et juillet 1791. Elle voit le club des Jacobins se séparer de la majorité modérée de la Constituante. C'est aussi qu'il subit, non point proprement la concurrence, mais l'indirecte pression des sociétés fraternelles ou populaires qui se multiplient alors à Paris. Elles se créent dans chaque section de la capitale; le local des Jacobins en abrite lui-même une, la « Société fraternelle de l'un et l'autre sexe », fondée dès 1790 par un instituteur, Claude Dansart. Elle est bien représentative du mouvement à ses origines : alphabétisation, lecture des décrets et papiers publics, tutoiement de citoyens recrutés sans discrimination. L'une de ces sociétés fraternelles va être amenée à prendre une importance toute particulière, bien au-delà d'une société de quartier : c'est celle des « Amis des droits de l'homme et du citoyen », très vite connue comme « club des Cordeliers ». Un recrutement très populaire n'empêche pas la présence d'un état-major brillant : Marat, Desmoulins, Hébert, Danton surtout. Les Cordeliers sont en pointe du combat qui se tourne contre la royauté dans la crise de Varennes, ils animent le Comité central des sociétés fraternelles parisiennes, ils sont instigateurs — et victimes — dans la pétition du Champ-de-Mars au 17 juillet 1791.

Cette crise de l'été 1791, par la répression qui la suit, affecte assez lourdement les clubs : Cordeliers, mais aussi par ricochet, Jacobins. La Constituante dénie aux sociétés l'existence publique et leur interdit toute pression sur les autorités constituées. Mais en fait, si les attaques contre les clubs se poursuivent en 1792, c'est bien parce que malgré ces mesures, le dynamisme de ces groupements a repris et qu'il est plus grand que jamais. Les Jacobins ont surmonté à la fin de 1791 la crise de la scission des « Feuillants ». La société mère a conservé presque intact le réseau des sociétés de province affiliées; après un instant d'incertitude, l'emprise feuillante ne mordit pas sur elles. Il serait trop simple de voir là l'expression d'une province plus patriote que Paris; mais plutôt, entre Feuillants et Jacobins, deux conceptions affrontées de la société populaire qui ne recourent pas également à l'implantation de masse. En tout cas, on peut, avec Gaston Martin, placer à l'hiver et au printemps de 1792 le nouveau triomphe des Jacobins, symbolisé par l'intensité, l'ampleur et le spectaculaire succès d'opinion des grands affrontements Brissot-Robespierre sur le problème de la guerre. Mais si cet essor des Jacobins au long de l'année 1792 reflète le renforcement général des sociétés populaires dans une phase d'engagement intensifié, les grands débats du printemps paraissent un peu académiques. Dans la poussée de juillet, c'est aux Cordeliers, comme à l'ensemble des sociétés fraternelles, expression du dynamisme populaire à la base, que reviendra pour l'essentiel l'initiative de la préparation de l'insurrection, sans d'ailleurs que les Jacobins en soient pour cela détrônés d'une place qui reste essentielle. On doit, à ce moment qui clôt la période, replacer l'influence des clubs dans un cadre extra-parisien; dans le Midi, la « dictature » de grands clubs tels que Montpellier, ou surtout Marseille, n'a jamais été aussi incontestée. Les administrations en place s'effacent ou tremblent devant ces structures parallèles.

Gardes nationales.

On doit aussi, pour clore cette approche, réinsérer clubs et sociétés populaires dans les autres formes d'encadrement spontanément expérimentées, parfois successivement. Là où les clubs représentent des organisations spontanées en dehors des cadres du nouveau système institutionnel, une autre possibilité fut d'utiliser certains des rouages du nouveau système. C'est le cas, d'entrée de jeu, pour les gardes nationales, issues des gardes ou milices bourgeoises durant la crise de juillet 1789, ensuite devenues les milices officielles du nouveau régime. Leur rôle est sans doute ambigu; la milice bourgeoise qui affirme son caractère répressif dans certains épisodes provinciaux de l'été 1789 (Mâcon) se voit annexée, alors même qu'elle devient garde nationale, par le dynamisme de la rue : le bizarre assemblage des journées d'octobre 1789, les femmes d'abord... les hommes ensuite, qui canalisent (si peu) mais emboîtent le pas, illustre ce moment. L'été 1790 voit dans le mouvement des Fédérations, comme dans leur consécration de la fête parisienne du 14 juillet plus qu'un triomphe éphémère de ces gardes de l'ordre nouveau; c'est le moment aussi où elles ont été le plus près de peser directement sur la marche de la Révolution, dans le cadre de la tentation fayettiste de césarisme. Organisée, structurée, hiérarchisée aussi, notamment à Paris par la mise en place de la « garde nationale soldée », la garde nationale a pu apparaître alors comme l'outil virtuel de la défense du nouvel ordre bourgeois contre les fureurs populaires : la fusillade du Champ-de-Mars en juillet 1791 serait l'illustration précise du danger. L'hiver qui suit voit un retournement de la tendance. Dans les troubles de l'hiver 1791-1792 et du printemps qui suit, plus encore à la campagne qu'à la ville, on voit des gardes nationales adopter

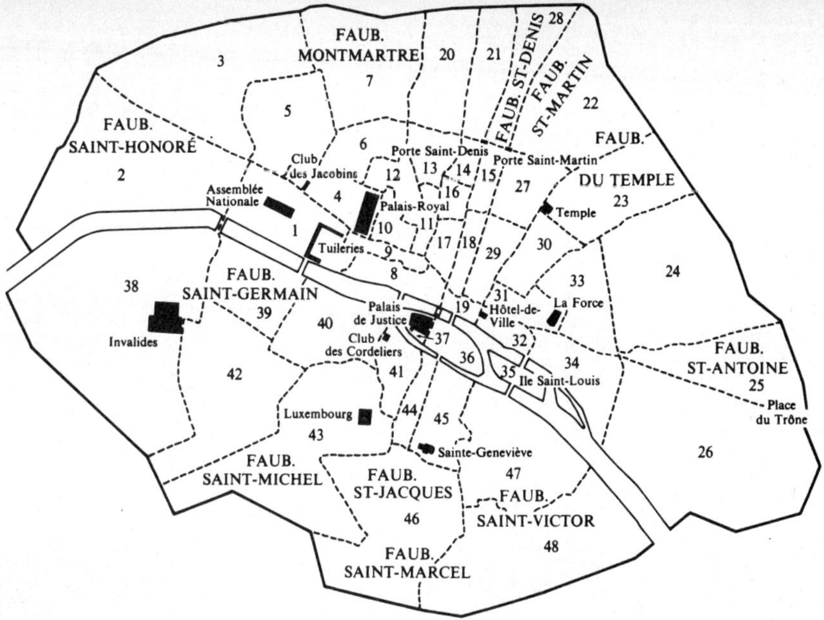

Fig. 22. *Paris révolutionnaire : carte des sections de Paris.*

des attitudes différentes : de la complicité à la participation active, qui les amènent à fournir aux émeutiers leurs cadres et leurs armes.

Dans la poussée urbaine de l'été 1792, Paris illustre à sa manière ce schéma, gardes nationales feuillantes des quartiers riches, faible rempart contre le dynamisme des gardes nationales des sections populaires et jacobines. Auxiliaire du dynamisme révolutionnaire plus qu'élément mobilisateur, telle apparaît la garde nationale au sein des formes d'organisation de la spontanéité des masses.

Naissance du mouvement sectionnaire.

Mais il est d'autres cadres, dont la phase ultime de la période étudiée permet de mesurer le rôle : nous voulons parler du mouvement sectionnaire urbain, exemple type d'une structure institutionnelle devenue support de l'activité révolutionnaire. Les sections avaient remplacé dans les villes les subdivisions antérieures, dans l'espoir que le nouveau découpage se prêterait moins que le précédent à des empiètements proprement révolutionnaires. En fait, ces assemblées de quartier adoptent en 1792, tant dans les grandes villes qu'à Paris, une périodicité plus fréquente, et s'ouvrent à des éléments plus larges : dans la courbe dressée au jour le jour pour les sections marseillaises, cela se sent dès l'hiver 1791-1792, puis à fin juin, une poussée spectaculaire qui culminera en août fait passer de moins de 100, à 200 ou 300 assistants le public d'assemblées que la permanence des sections rend quotidiennes [1]. Cette mutation amorcée au début de 1792, achevée au cœur de l'été, dote le mouvement populaire d'une nouvelle structure d'accueil essentielle.

De la foule de la rue aux organisations révolutionnaires, une hiérarchisation se dessine; ainsi passe-t-on également du mot d'ordre oral de la pulsion panique aux formes les plus élaborées d'expression de l'opinion.

L'opinion, de la panique au mot d'ordre.

L'opinion à l'état naissant, c'est aussi bien en 1789 le foisonnement des plaquettes, pamphlets, essais, que fait naître la campagne

1. Voir p. suivante courbes dressées d'après nos recherches.

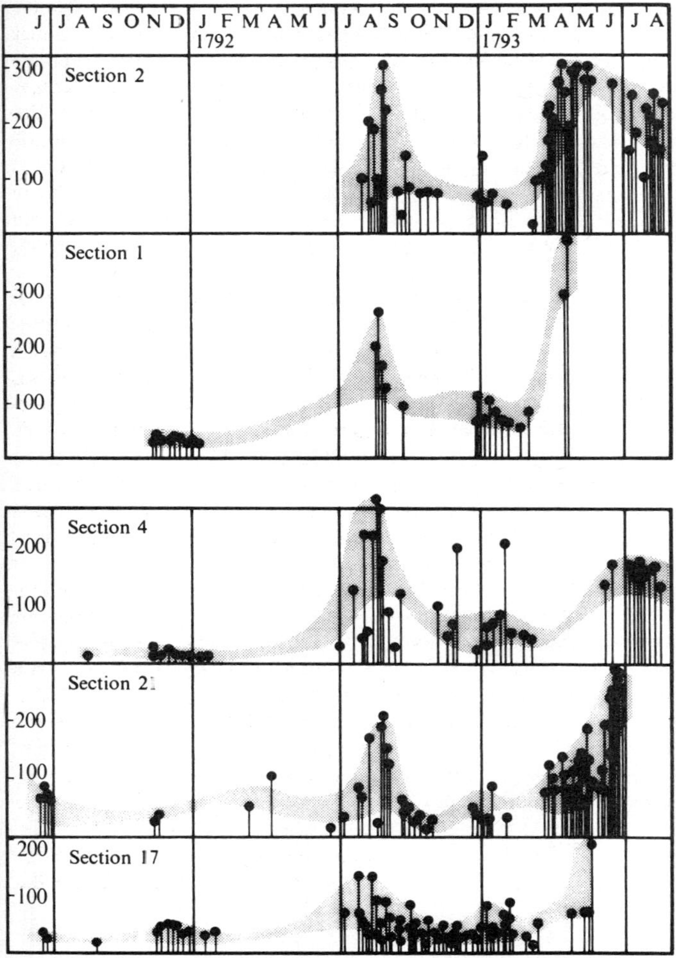

Fig. 23. *La montée du mouvement sectionnaire : graphiques de fréquentation des sections de Marseille.*

pour les états généraux que... la Grande Peur, panique d'ancien style, mais combien efficace! Qu'on nous permette, pour faire apprécier d'entrée à la fois les degrés et la coexistence des différents niveaux de la prise de conscience collective, une première comparaison en forme d'exemple... Deux rythmes de propagation des nouvelles. Voici d'abord la Grande Peur, ou la propagation orale incontrôlée. Suivons un de ses courants dans les Alpes. On la voit naître vers le 25 juin dans la Bresse, le 28, elle est à Valence; son rameau le plus lointain atteint Cannes et Antibes le 3 août. En dix jours, elle a suivi un étonnant trajet, de Livron à Die, à Veynes, Gap, Seyne-les-Alpes, Digne, Castellane, Roquestéron et Vence... Et voici, contraste qui n'est paradoxal qu'en apparence, un essai de traduction du temps que mettent trois ans plus tard, pour parvenir à l'Assemblée, les nouvelles, adresses, motions, dans ce même Sud-Est [1] : la grand-route ici reprend ses droits, la ville retrouve ses privilèges. Il faut (en moyenne bien approximative) cinq à six jours pour que soient présentés les papiers de Lyon, neuf pour ceux de Valence, dix pour Marseille, quinze pour Montpellier. Sorti des cités, c'est pire : seul le département du Rhône fait connaître sa situation en moins de quinze jours, mais il faut bien cela dans toute la vallée du Rhône, comme il faut à peu près trois semaines dans l'intérieur de la Loire, de l'Ardèche, la Lozère ou le Gard et sur l'autre rive, dans l'Isère intérieure, l'est du Vaucluse ou le Var. Les nouvelles de la Haute-Loire, des Hautes et Basses-Alpes ne sont guère connues avant un mois. Là où l'étincelle panique se répand dans l'instant, la propagation aller et retour des ordres ou des nouvelles révèle cloisonnements, contrastes, lourdeurs d'un monde; et la lenteur des transports n'est pas seule en cause. Cette impression doit sans doute être nuancée : c'est un mouvement « centripète » de la province vers Paris qui a été pris en exemple. Mais on peut relever dans les cartes que donne M. Reinhard de la propagation de la nouvelle de la fuite du roi au 20 juin 1791 [2], la lenteur, moindre, mais certaine, de propagation d'une nouvelle si importante, et qui met une semaine pour être sue à Montpellier ou à Digne.

1. Recherches personnelles, manuscrites à ce jour.
2. Dans *la Chute de la royauté* (84).

Après de tels exemples, on s'étonnera moins que nous partions dans une approche hiérarchisée de l'opinion, de la nouvelle colportée par voie orale — vraie ou fausse. C'est celle de l'arrivée des brigands en juillet 1789, des envahisseurs dans les paniques ultérieures, c'est dans les troubles ruraux de 1791-1792, l'idée, ou le bruit, qu'il est un décret de l'Assemblée autorisant à taxer le grain et le pain. La nouvelle, vraie ou fausse, est le revers et comme le complément de surprenantes ignorances. Puis on passe, toujours au niveau des attitudes de masse, à des formes plus élaborées, plus explicites. La chanson, l'assiette, la carte à jouer, ont leur rôle à tenir dans la diffusion de masse d'idées-forces simples; nous les retrouverons parmi les modes d'expression d'une sensibilité nouvelle. Mais au niveau des formes les plus élaborées de l'opinion qui se forge, l'imprimé, livre, journal ou périodique, se devait d'être inséré dans ce contexte, qui permet à la fois d'apprécier la portée et les limites de son influence.

La presse révolutionnaire.

La première phase de la Révolution française est dominée par la découverte et l'exploitation extraordinairement spectaculaire des virtualités offertes par la liberté de la presse. L'appel aux états généraux comportait une invitation à toutes les opinions à s'exprimer; elles ne s'en firent pas faute, et les pamphlets-programmes, des plus célèbres aux plus anonymes, en témoignent. Par cette brèche, la presse périodique prend naissance. Brissot, qui lance son *Patriote français*, Mirabeau lui-même, butent encore devant l'obstacle de la censure; mais dans la mesure où les lettres que les députés adressent à leurs « commettants » reçoivent une diffusion tant manuscrite qu'imprimée, la défensive devient de plus en plus malaisée. La liberté de la presse s'impose.

On doit, avec les auteurs qui en ont traité [1], rappeler que les journaux qui pullulent dès lors à Paris ne sauraient dans leur structure matérielle même être comparée aux nôtres. Leur fabrication reste très artisanale, entreprise de petits imprimeurs qui assurent parfois aussi la direction même du journal, le cas le plus

1. G. Walter (82) et J. Godechot (81).

célèbre de cumul étant, peut-être, celui d'Hébert et de son *Père Duchesne*. En général, cependant, l'imprimeur est associé à un journaliste ou à une équipe. Le cas du journaliste-homme orchestre qui se charge de la première à la dernière ligne de la rédaction de sa feuille n'est pas rare : Marat en est le type le plus achevé, qui, non content de tenir un rythme quasi quotidien — 1 000 numéros de *l'Ami du peuple* —, le dédouble parfois. Déjà cependant existent des équipes de rédaction, autour d'un homme : ainsi Mirabeau qui dispose pour son *Courrier de Provence* du brain-trust qui l'assiste dans ses discours. Mais même dans ce cas, on dispose d'une information inégale, qui ne recherche pas toujours d'ailleurs la communication instantanée des nouvelles : Marat attend plus d'un mois pour commenter le 4 août. De même la province n'est-elle connue que par un réseau de correspondants bénévoles; pour l'étranger c'est bien pis : on se contente de repiquer les articles des gazettes internationales. Cette connaissance incomplète, partielle, ne veut point dire ignorance; la collaboration bénévole supplée à l'absence des agences; Marat, lors même qu'il est dans la clandestinité, garde toujours une antenne à poste fixe — rue des Canettes — pour maintenir ses contacts. Par ce moyen, on peut être très bien renseigné, et le même Marat, cas il est vrai exceptionnel par son diagnostic comme par ses informations, annonce et connaît la trahison de M. le comte de Mirabeau, celle de La Fayette, prévoit précisément la fuite du roi : deux ans avant sa découverte, l'armoire de fer des Tuileries n'a pas de secrets pour lui.

Voici pour l'information. La rédaction comme la présentation matérielle se ressentent des mêmes limites. Un journal c'est, à part *le Moniteur*, une maigre brochure in-8° ou in-12, de présentation rustique, rarement illustrée (mis à part les bois des *Révolutions de Paris*, précieux documents). Le rythme de parution est irrégulier, deux ou trois numéros dans la semaine sont la règle. Le tirage semblera très faible : on a parlé de 200 000 exemplaires pour tel numéro des *Révolutions de Paris*; cas très exceptionnel, le maximum « moyen », si l'on peut dire, serait autour de 15 000. Mirabeau mesure son succès à une diffusion de 10 000 exemplaires. *L'Ami du peuple* de Marat se contente de 2 000... et l'on pourrait sourire à voir tel curé ardéchois lui écrire au nom de milliers de lecteurs du département, si dans son exagération même cette notation ne rappelait que le journal est lu collectivement, dans les sociétés populaires parisiennes, dans les clubs de province qui tiennent leurs réunions à l'arrivée du courrier de Paris.

Le contenu? Souvent une sorte de long éditorial, expression d'une opinion autant que commentaire d'actualité. Les nouvelles sont suivies d'une sorte de tribune libre, en forme de correspondance des lecteurs. Le temps, les spectacles, parfois un embryon de publicité sont les seules concessions mondaines dans cette presse. On s'abonne à ces journaux; c'est le cas des clubs de province dont on a parlé, mais l'iconographie nous suggère comment on les vend aussi à la criée ou sur éventaire. Les deux modes de diffusion ne concernent sans doute tout à fait ni le même public, ni les mêmes journaux et la presse la plus patriote reste longtemps surtout parisienne.

Dans cette presse révolutionnaire, la contre-révolution prononcée n'est pas mal représentée; il est vrai qu'elle bénéficie de l'héritage de gazettes installées (*Gazette* et *Mercure de France)* et plus encore peut-être de celui de pamphlétaires habiles dont le plus connu est sans doute Rivarol, rédacteur des *Actes des apôtres.* Ne croyons pas qu'ils rasent les murs : cette presse est violente jusqu'au 10 août, et ce sont organes de combat que *l'Ami du roi* ou *le Petit Gauthier* : de telles feuilles jugent encore trop tendre le manifeste de Brunswick.

La presse que nous dirions « centriste » a pour elle le nombre et le poids. On y rencontre quelques organes semi-officiels, ainsi *le Moniteur* qui publie lois et décrets, *le Journal logographique* qui donne un compte rendu sténographique des séances, ou *la Feuille villageoise* à gros tirage qui adopte la tradition des almanachs. En transition entre cette presse « d'information » et la presse « d'opinion », *le Journal de Paris* tient tribune libre payante. Au début de la période, la presse dite patriote peut encore paraître indifférenciée : *Courrier de Provence* de Mirabeau, *Patriote français* de Brissot, *Annales patriotiques* de Carra. Puis des cassures se font, qui reflètent la marche de la Révolution : *le Courrier de Versailles* de Gorsas est bien vite repris en main par les fonds secrets de la liste civile.

D'autres au contraire radicalisent leur attitude. Parmi les plus incisifs, *les Révolutions de Paris*, feuille démocratique, sont animées par Loustalot jusqu'à sa mort en 1790, Camille Desmoulins publie *les Révolutions de France et de Brabant*, Fréron *l'Orateur du peuple.* On doit une place à part à *l'Ami du peuple* de Marat, pour son succès, pour sa clairvoyance, pour sa violence aussi qui n'est point dans la forme, mais dans la sollicitation perpétuelle du dynamisme populaire. Différent est *le Père Duchesne* d'Hébert, d'attitude aussi radicale mais qui joue sur une expression très populaire dans la tradition canaille et gauloise des parades de la foire.

La presse s'implante en province : journaux qui suivent la tendance du moment, ainsi *le Journal de Marseille, les Affiches de Rennes, l'Abeille de Lille, la Strasburgische Zeitung* ou *le Courrier de Lyon*, beaucoup seront amenés à s'engager de plus en plus, sous l'influence des clubs dont ils sont l'expression.

L'inévitable tableau-palmarès de cette presse révolutionnaire pourrait masquer l'intensité du combat pour la liberté d'expression. Mais au niveau de la pratique rien n'est plus évocateur que de suivre pas à pas la carrière d'un journaliste comme Marat : poursuivi en octobre 1789, puis en juin 1790, puis à l'été 1791, protégé au contraire par le district des Cordeliers, sa vie de clandestinité doit amener à nuancer le tableau d'une liberté de la presse où l'on se plaît à voir l'une des réussites de cette phase libérale de la Révolution : on oublie que cette liberté bourgeoise avait de strictes limites de fait.

La fête révolutionnaire.

Aux antipodes, apparemment du moins, de la foule, la fête révolutionnaire se veut rite et célébration d'unanimité retrouvée.

On assiste à l'automne 1789 à la génération spontanée de la fête : fête sage ou rassurante de la bénédiction des drapeaux de la garde nationale de Paris à Notre-Dame (27 septembre), mais aussi fête sauvage ou spontanée des cortèges des 5 et 6 octobre, entre Paris et Versailles, la foule féminine de l'aller se transmuant au retour en cortège dont les emblèmes improvisés, en parlants symboles, sont les rameaux de branchages, les miches de pain embrochées (ou l'abondance retrouvée), les têtes des gardes du corps (ou la contre-révolution abattue).

Puis on voit à la fin de 1789 un rituel se forger dans le mouvement des fédérations qui s'organisent spontanément en province; imposants rassemblements de gardes nationales, ils illustrent morphologiquement un autre style, que nous pourrions dire de la fête à lieu fixe, autour d'un point de rassemblement : l'« autel de la patrie ».

La fête de la Fédération, à Paris, au 14 juillet, illustre synthétiquement ces données nouvelles. L'unanimité recherchée s'exprime dans la participation massive, toutes classes confondues (l'iconographie le dit du moins complaisamment), aux travaux de terrassement du Champ-de-Mars. Gigantisme, goût d'une grandeur à l'antique déterminent la structure du lieu aménagé : arc de triomphe, terre-plein, autel de la patrie surélevé, lieu de représentation d'un spectacle en plein air, mais plus encore d'une célébration religieuse.

A l'été 1790, une partie du rituel de la fête est inventée; il y aura désormais des fêtes que nous pourrions dire de la répétition, ce qui est déjà bien important, témoignant de la création d'un calendrier liturgique... laïcisé, dont la Révolution constituante chercha les pôles d'ancrage. On célébra ainsi l'anniversaire du serment du Jeu de Paume, le 20 juin 1790, mais c'est le 14 juillet, devenu symbole de la chute de l'Ancien Régime qui s'impose comme fête nationale dans le retour annuel des fêtes de la Fédération. Ce qui ne veut pas dire que le cérémonial en soit figé : une évolution significative permet d'opposer au mouvement d'unanimité voulue du 14 juillet 1790, un 14 juillet de combat, celui de 1792 où Louis XVI prostré assistera à l'autodafé symbolique des emblèmes de l'Ancien Régime et de la féodalité, accrochés aux branches d'un arbre gigantesque qui est celui de la Liberté.

L'anti-fête on la trouverait dans le défilé du retour à Varennes, rappel en contrepoint du retour à Paris du 6 octobre 1789 : plus un mot désormais dans ce défilé lugubre improvisé, « qui applaudira le roi sera battu, qui l'insultera sera pendu ». De même, et sans chercher systématiquement le contrepoint, l'iconographie nous invite-t-elle à opposer à la fête de la Fédération du 14 juillet 1790 l'épisode dramatique de la pétition du Champ-de-Mars du 17 juillet 1790. La distinction, opérée en partie pour les commodités de l'exposé, entre la « foule » ou la « journée révolutionnaire » et la « fête » ne doit point tromper; il y a passage de l'un à l'autre, empêchant, en cette phase du moins de la Révolution, le schéma de la fête de se formaliser. Le massacre du Champ-de-Mars? Un cortège qui tourne mal. Inversement, le drame, parfois atroce et qui s'achève en fête se rencontre non seulement dans les journeés parisiennes, mais aussi dans la multiplicité des épisodes provinciaux, qui leur font écho : ainsi à Marseille, lors de la prise du fort Saint-Jean, bastille locale, le meurtre du commandant, le major Beausset, suivi de mutilation, s'achève-t-il en farandole.

Les grandes liturgies officielles de la période ont d'abord, dans la lignée de la fête de la Fédération, voulu imposer le mythe de la Révolution achevée; ainsi le 4 février 1790, la promesse royale de maintenir la Constitution est-elle célébrée à Paris et en province, de même que le 18 septembre 1791 la proclamation solennelle de l'acte constitutionnel. Mais déjà, la Révolution sécrète et célèbre ses héros protecteurs, comme elle honore ses premiers martyrs. Il y a ceux que l'actualité impose : la pompe funèbre de Mirabeau, que l'on croyait un héros de bon aloi, fut célébrée à sa mort dans les villes de province comme à Paris. L'adaptation de l'église Sainte-Geneviève à sa vocation de Panthéon destiné à recevoir les cendres des grands hommes sanctionne ce mouvement; au 11 juillet 1791 le transfert des cendres de Voltaire illustre une technique de la fête qui atteint déjà sa plénitude : cortège-défilé, où le théâtral est renforcé par les chars conçus par David, par les chœurs dus à Gossec. Nouvelle dans sa forme, la pompe funèbre de Voltaire marque aussi la fin de l'illusion d'unanimité : dans le contexte où elle se situe — crise politique du retour de Varennes, crise religieuse aussi —, elle prit allure de manifeste.

Unanimité rompue? On le sentira plus encore dans les mois à venir, à voir s'affronter quasi simultanément deux séries de fêtes; le 15 avril 1792 un autre défilé solennel célèbre la libération des suisses patriotes de Châteauvieux, victimes de la répression de l'affaire de Nancy. La bourgeoisie feuillante réplique le 3 juin en célébrant ses martyrs : Simonneau, maire d'Étampes, tué au cours d'une émotion populaire, auquel elle associe le lieutenant Desilles, officier qui avait tenté de s'interposer à Nancy. La fête se casse comme la Révolution elle-même, s'exaspère dans le cérémonial tragique de la proclamation de la patrie en danger en juillet 1792, au rythme angoissant des salves du canon d'alarme.

Sollicitations acoustiques ou visuelles : des formes nouvelles d'expression s'élaborent, en réponse à une sensibilité de crise, adaptées à un public massif.

La symbolique révolutionnaire.

La fête est le temps fort et comme privilégié d'une sensibilité diffuse qui imprègne toute la vie quotidienne.

Peut-on déjà parler, comme le fait J. Godechot, de nouveaux « cultes » révolutionnaires [1]? Dans la phase étudiée, le terme pourra être contesté : mais religiosité nouvelle, à coup sûr.

Il est des traductions visibles du nouveau symbolisme révolutionnaire; iconoclaste d'une main (brûlement des papiers et des signes visibles de l'Ancien Régime dans l'autodafé du 14 juillet 1792), il propose de l'autre un nouveau système : le texte de la Déclaration des droits, que l'on transcrit significativement sur fonds des tables de la Loi, fournit le nouveau décalogue. Mais il est d'autres symboles visuels : l'érection d'autels de la patrie, initiative individuelle au début de 1790, est rapidement suivie, les fêtes de la Fédération y contribuent. L'autel s'associe généralement à l'arbre de la Liberté, d'abord planté dans le Centre-Ouest en 1790 (Périgord, Poitou) pour se généraliser ensuite, puisqu'en 1791 la France en compte, dit-on, plus de 6 000.

Nouveaux « temples » en plein air, manifestes d'options collectives : l'adhésion individuelle se traduit dès les lendemains de la prise de la Bastille par le port de la cocarde tricolore, que le décret du 8 juillet 1792 rendra obligatoire pour les hommes. Puis le bonnet phrygien rouge, popularisé, sanctionne une autre étape du dynamisme révolutionnaire : connu comme symbole dès 1789, il devient coiffure usuelle des sans-culottes et de ceux qui se réclament d'eux à l'été de 1791. Le pantalon, la carmagnole, veste courte des groupes populaires, ne se chargent de signification révolutionnaire que dans cette année 1792 qui voit précisément se diffuser l'appellation de sans-culotte. Mais celui-ci trouve l'arme qui lui convient : la pique, arme blanche des combats de rue.

Ainsi s'élabore toute une symbolique révolutionnaire qui trouve

1. Dans *les Institutions de la France sous la Révolution...* (20).

ses emblèmes, souvent repris de la franc-maçonnerie — l'œil, le compas, le niveau —, empruntés à l'Antiquité — le faisceau des licteurs —, quand ce n'est pas à l'actualité (la Bastille).

Nouvelle sensibilité esthétique.

La sensibilité révolutionnaire ne s'exprime pas uniquement sous ces formes spécifiques. On peut dire qu'elle imprègne tous les aspects de la vie, toutes les formes de la culture, qu'elle soit culture d'élite ou culture de masse. On a trop longtemps parlé de la Révolution française en termes de stérilité artistique pour qu'on ne soit tenté au contraire d'insister sur l'impression de foisonnement qu'elle laisse. Sans doute assiste-t-on au tarissement relatif de tout ce qui pouvait être lié à l'ancien marché de consommation aristocratique. Puis par sa brièveté même, l'épisode révolutionnaire se prête peu à laisser des monuments durables; les architectures du futur sont restées en dessins dans les projets d'architectes visionnaires comme Boullée, et les décors imaginés par David n'ont eu que la durée d'une fête. Mais inversement, le climat révolutionnaire agit comme stimulant sur plusieurs aspects de la production collective. Elle s'en est trouvée d'abord libérée; par la liberté d'expression, deux fronts quasi pionniers s'ouvrent : l'éloquence parlementaire à l'expression orale, l'article de presse ou le pamphlet à l'expression écrite.

Mais il est des secteurs plus classiques qui en profitent aussi : le théâtre, libéré de la contrainte par un décret du 19 janvier 1791, mais où Marie-Joseph Chénier avait pu faire jouer dès novembre 1789 *Charles IX*, une pièce contre les tyrans. Plus fréquenté que jamais, le théâtre vibre à tous les épisodes de la Révolution, un public sensibilisé y cueille au vol dans les tirades les plus classiques les allusions qui peuvent être d'actualité, et réagit en conséquence. On comprend aussi que ce soient électivement des secteurs non orthodoxes de l'expression ou de la communication qui se trouvent valorisés. On l'a dit pour l'éloquence qui trouve alors, de Mirabeau à Vergniaud comme elle trouvera lors du grand duel Brissot-Robespierre sur la guerre, à l'hiver 1791-1792, ses accents les plus nobles. On peut en dire autant de la presse, si on veut bien l'envisager non plus comme véhicule d'opinion, mais comme forme d'expression : dans les meilleurs articles de Desmoulins ou de Marat, on n'est pas en peine de trouver autant de pièces qui dépassent l'événement par leur tenue.

La dualité de langue, populaire ou châtiée, qui se rencontre dans la presse, se retrouve dans les autres formes d'expression, sans rompre véritablement la continuité d'un art qui, pour la première fois, parle de la Révolution aux élites comme aux masses populaires, chacun en son langage. Nous tournerons-nous vers les arts d'expression graphique? C'est tout un foisonnement à la base, qui monnaie la symbolique comme l'événementiel révolutionnaire sous des formes multiples; de la carte à jouer mise au goût du jour aux assiettes allégoriques que les fabriques les plus populaires, Nevers entre autres, lancèrent sur le marché; puis il y a toute une imagerie populaire qui interprète, et répand dans ses gravures sur bois, les scènes de la Révolution. A son registre, l'élite éclairée feuillette elle aussi son livre d'images; les admirables gravures de Prieur, puis celles de Monnet, gravées par Helman, évoquent les journées révolutionnaires avec cette hardiesse de perspectives où s'affirment les grands paysagistes, et plus d'une fois le frisson quasi préromantique qui les situe à la hauteur de l'événement vécu.

Cette gradation ne se retrouve-t-elle pas dans la musique qui forge alors un nouveau langage? La tradition pluriséculaire du couplet frondeur de l'Ancien Régime se plie sans peine aux besoins de l'expression révolutionnaire, sans perdre de sa verdeur :

> « Aristocrate, te voilà donc tondu
> Le Champ de Mars te fout la pelle au cul
> Aristocrate te voilà confondu... [1] »

Mais on le voit, au rythme de la révolution même, prendre du mordant : c'est vers juillet 1790 que l'on commence à chanter : *Ça ira* sur l'air du carillon national, et la crise du 10 août à son tour popularisera *la Carmagnole* :

> « Madame Veto avait promis
> De faire égorger tout Paris
> Mais son coup a manqué
> Grâce à nos canonniers... »

1. P. Barbier et F. Vernillat, *L'Histoire de France par les chansons* (25).

La grande musique elle-même, pour reprendre l'expression du parolier de Méhul se donne pour objectif d'être « à la fois noble et populaire »; ce sont des formules nouvelles qui s'affirment dans *la Marche lugubre* (1790), puis dans le *Peuple éveille-toi* que Gossec compose en 1791 pour le transfert de Voltaire au Panthéon : par le recours massif aux cuivres comme aux grandes masses vocales. A mi-chemin de cette musique orchestrale et du couplet populaire qu'elle deviendra très vite, *la Marseillaise*, composée en avril 1792 par Rouget de Lisle, demeure la formulation exceptionnellement heureuse de cette rencontre de l'art et de la Révolution.

Ce climat révolutionnaire, il semblerait qu'il ait changé toute l'existence des Français : et pourtant, sous peine de ne pouvoir comprendre par quelles voies la revendication révolutionnaire va s'exacerber pour formuler un nouveau programme bien éloigné de celui de la Révolution triomphante et paisible, il importe de mesurer les limites de ce succès.

4. Butoirs : France ignorante ou France hostile

Face à une France reconstruite sur les bases nouvelles du pouvoir bourgeois, on a ainsi été amené à présenter une France qui bouge, dont le dynamisme révolutionnaire sans cesse réamorcé s'organise en hiérarchies parallèles, s'exprime dans une sensibilité nouvelle. Mais il y aurait à coup sûr injustice à ne voir dans le passage de la première à la seconde Révolution que le résultat de ces sollicitations répétées. L'impossible stabilisation naît aussi de ces butoirs, ou de ces cassures nouvelles qui se sont révélées, et qu'il importe, en contrepoint, de mettre en place, dans ce tableau de la France au tournant des « deux » révolutions.

La France de l'ignorance.

Butoirs? Les contemporains auraient à coup sûr placé en tête de ce tableau ce qu'on pourrait appeler la France de l'ignorance. On peut en cerner les contours, et la carte des difficultés dans la diffusion des nouvelles retrouve ici sa valeur. L'ensemble suggère un contraste Paris-province, plus un contraste villes-campagnes et plus encore l'opposition de zones mobiles, parcourues sans cesse d'incitations nouvelles, et des zones inertes ou contournées; la route y est pour beaucoup, mais aussi l'inégale réceptivité des sociétés locales. Il y a, dans les villes mêmes, un clivage entre la population qui bouge et celle qui subit. Un document comme celui qui fut publié, du carnet de comptes de Mme Hamel, bourgeoise nantaise, montre qu'on a pu vivre en marge de la Révolution; c'est le pendant, dans la petite bourgeoisie urbaine, de ces chroniques villageoises que sont maints registres de délibérations communales, d'une si parfaite indifférence à ce qui n'est pas agression caractérisée aux hommes, aux bêtes ou aux grains. Malgré cela, il semble qu'à une période variable localement, mais en gros comprise entre Varennes et le 10 août, on assiste bien souvent à l'un des moments de mobilisation la plus poussée, en tous lieux; la province bouge et, loin de témoigner encore de ces discordances de rythmes ou de moindre dynamisme avec les révolutions parisiennes qui vont se révéler si cruciales un an plus tard, cette province est en pointe. Et nous songeons, sans chauvinisme local, à ce Midi, si intensément politisé, qui envoie des hommes, des adresses, et qui montre l'exemple.

La France de l'ignorance? Elle pèse encore de toutes ses lourdeurs, mais jamais elle n'a été plus réduite ou plus sollicitée, et l'on mesure le chemin parcouru depuis la Grande Peur. Mais elle est parfois devenue hostile.

La France du refus: approche cartographique.

La France du refus, il importe d'en cerner les contours, à la veille de l'épreuve décisive où la royauté s'effondre. En cette phase où l'opinion ne s'exprime pas encore linéairement en nuances cataloguées dans ses scrutins, on doit recourir, avec d'infinies précautions, aux documents révélateurs d'un instantané de l'opinion en réponse à une sollicitation donnée. Quitte à les détourner de leur signification première, mais en s'en expliquant.

Il en ira ainsi pour la carte du pourcentage de succès du serment constitutionnel imposé au clergé paroissial : partiellement établie au début du siècle par P. Sagnac [1], complétée pour la plupart des départements d'après les monographies locales. On nous dira qu'elle est fausse, et c'est vrai : les administrations ont arrondi les chiffres, passé sous silence bien des réserves, et surtout le flux des rétractations postérieures. Mais si l'on prend ce document comme un instantané révélateur, plus encore que du secret des consciences, d'un état d'esprit local (clergé et opinion) en 1791, il garde toute sa valeur suggestive. Il est des pôles massifs de refus, comme des zones d'acceptation très majoritaire. Les sites de refus sont déjà parfaitement définis : massif armoricain (Bretagne, Maine, Vendée), Nord-Est lorrain et alsacien, mais aussi plaine du Nord, et dans le Midi, revers sud-est du Plateau central : Lozère, Haute-Loire, Ardèche. Inversement, la France du serment constitutionnel rayonne autour de Paris sur la majeure partie du Bassin parisien, enserre solidement la France du Sud d'un fer à cheval qui va des Pyrénées centrales, par l'Aquitaine moyenne, au Plateau central qu'elle contourne en le pénétrant partiellement, en insistant sur le pourtour ouest, du Périgord au Limousin, puis au Berry et au Nivernais. Par la Bourgogne et le Lyonnais, cette aire se rattache au bloc massif qui, du Dauphiné à la Provence, couvre tout le Sud-Est alpin. Tempéraments tranchés à coup sûr, mais de quoi témoignent-ils? D'évidence, ils reflètent l'influence ressentie de situations ou de traumatismes majeurs; ainsi pour le refus du Sud-Est qui s'élargit en ondes concentriques autour de l'épicentre des affrontements nîmois. Est-ce à dire que nous tenions dans ces contrastes une carte de la France révolutionnaire et inversement de la contre-révolution? Oui et non; et d'autres approches en instantané apportent à la fois confirmations et nuances : très riches à ce titre sont les cartes que nous propose M. Reinhard pour 1791 et 1792 [2].

Rassembler, à chacun des temps forts de ces années, les réactions qui sont parvenues à Paris, en étudier la provenance, c'est faire apparaître les sites d'engagement révolutionnaire (adresses de félicitations après l'arrestation de Varennes, la journée du 20 juin

1. Dans un article devenu classique de la *Revue d'histoire moderne*, (1906).
2. Dans *la Chute de la royauté* (84).

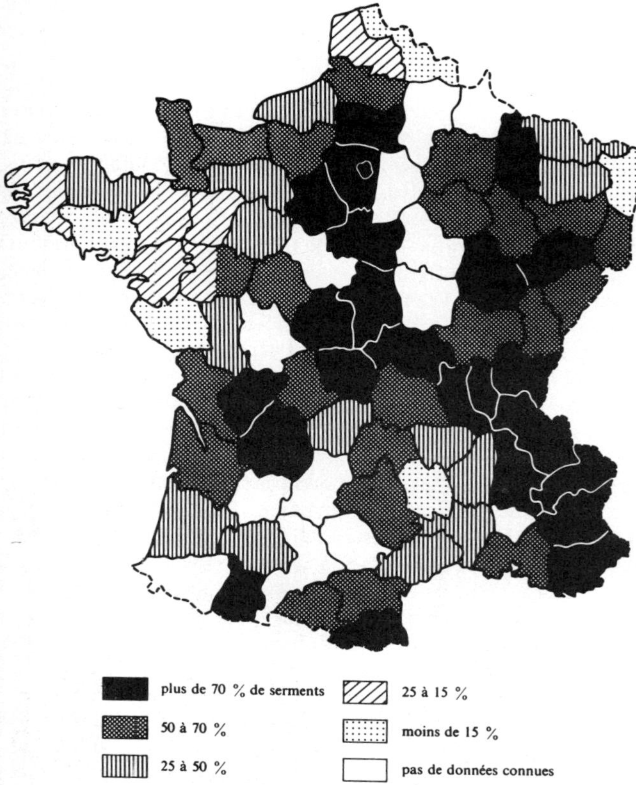

Fig. 24. *Le serment constitutionnel : succès et échecs.*

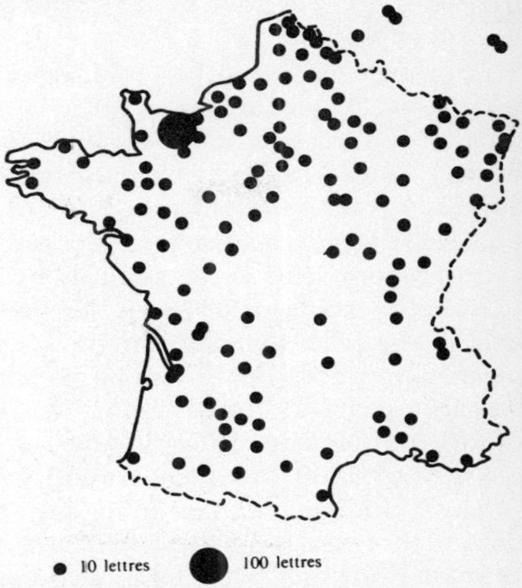

Fig. 25. *Les Français qui se sont proposés comme « otages du roi ».*

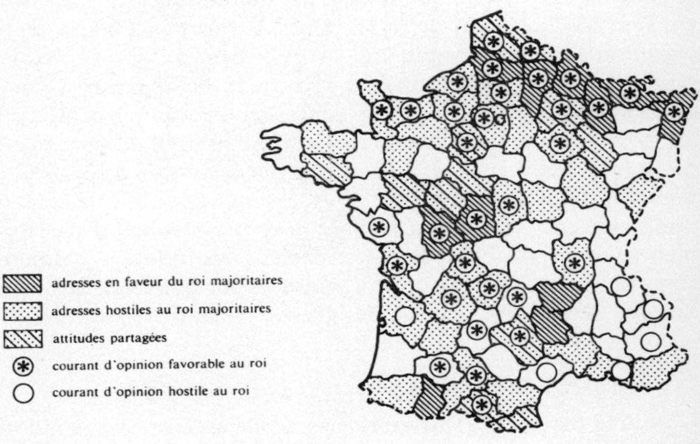

Fig. 26. *Les adresses pour ou contre au lendemain de la journée du 20 juin 1792.*

1792 ou celle du 10 août) ou inversement conservateur (désapprobation du 20 juin, ou listes des citoyens qui se proposent en « otages » à la place du roi au printemps 1792). Sans doute tout dépend d'où émane le document : vient-il d'un club, il a plus de chances d'être révolutionnaire que s'il est filtré par une administration. Enfin une dialectique serrée, et parfois paradoxale, s'instaure entre les corps élus et les populations : en mauvais pays, dans l'Ouest, les municipalités sont très jacobines, en pays jacobin, dans le Midi, elles sont au contraire en retrait parfois sur le mouvement populaire; c'est en faisant jouer ces harmoniques qu'un paysage nuancé s'esquisse. D'ores et déjà, certaines régions sont décisivement hostiles : foyers déjà connus de contre-révolution ouverte (le sud-est du Plateau central), ou foyers virtuels, prêts à se révéler — ainsi pour l'Ouest armoricain. Puis des zones, si l'on peut dire, d'un conservatisme discipliné, dans le Nord comme dans le quart Nord-Est : réfractaires au serment, riches en otages du roi, hostiles au 20 juin, réservées au 10 août. Pour le reste, l'option révolutionnaire prononcée se trouve confirmée; le Midi, celui des plaines, compense son éloignement par une attitude très tranchée et par une politisation avancée, les Alpes, le cœur du Plateau central restent fidèles, mais lointains, et par suite peu bavards. Le rayon de service de la Révolution parisienne couvre le Bassin parisien comme on retrouve, semble-t-il, cette zone jacobine qui, du Nivernais à l'Aquitaine moyenne, contourne et pénètre par l'ouest le Plateau central. Tempéraments déjà formés, et qui survivront de beaucoup à l'épisode révolutionnaire; ne nous étonnons pas des ambiguïtés qu'ils révèlent. Révolution avancée et contre-révolution paraissent bien souvent cohabiter dans les mêmes lieux, quitte à y dominer successivement. Ces cassures découvertes sur le terrain amènent à pousser l'enquête au niveau des groupes sociaux eux-mêmes.

Qui sont les aristocrates?

Société partagée? Il ne serait pas artificiel, ni même paradoxal, de faire courir un premier partage suivant le sexe. Dans une société qui demeure, même révolutionnaire, très ancrée dans un préjugé de supériorité masculine, l'intervention des femmes se formule à plusieurs niveaux : on l'a découverte dans l'étude des foules, particulièrement importante lorsque la sollicitation économique l'emporte. Mais la femme révolutionnaire tend à sortir de son rôle de ménagère; tolérée parfois difficilement, elle s'introduit aux séances des clubs, fonde parfois les siens (clubs des femmes patriotes avec Claire Lacombe). C'est aussi chez les femmes que les attitudes contre-révolutionnaires avivées par le schisme religieux trouvent le terrain le plus favorable : les troubles de la rue à la fin de 1791 — dévotes fessées sous l'œil goguenard des patriotes — valent plus que pour l'anecdote. Toutefois, ce n'est point là que passe le clivage majeur, pas plus qu'on ne saurait dire de cette Révolution d'hommes de 30 à 40 ans qu'elle est soulèvement de classe d'âge, de la jeunesse contre l'âge mûr; il est évidemment social. Qui sont les ennemis de la révolution? Elle les définit elle-même : des « aristocrates », mais le cercle des adversaires s'élargit; suspect le prêtre réfractaire, et parfois aussi, par contagion, le curé constitutionnel.

Adhérent sûr, au contraire, du régime nouveau, ce « petit peuple », nous dit Marat, qui a tant fait pour une Révolution qui fait si peu pour lui : entendons cette association d'éléments recrutés pour partie dans le salariat, et pour majorité dans l'échoppe, la boutique, les cadres moyens, et où s'élabore la sans-culotterie. Entre les deux pôles, positif et négatif, deux inconnues majeures. L'attitude de la paysannerie d'abord. C'est de ce monde rural pour une part que dépendent les contrastes relevés dans les cartes de la France révolutionnaire. On l'a dite profondément indifférente, ou repliée sur ses objectifs propres, ou même foncièrement hostile. En fait tout est contraste : attachée à la Révolution, la population paysanne l'est dans la mesure où elle y a gagné la fin du système seigneurial; sa lutte poursuivie jusqu'à l'été 1792 en témoigne, et les enragés paysans du printemps de 1792 sont d'authentiques révolutionnaires. Mais l'inégal bilan de la vente des biens nationaux a pu localement modifier la hiérarchie des sympathies et des haines; là où les paysans ont été frustrés par la conquête bourgeoise de ce qu'ils attendaient, les conditions sont mûres pour un retournement d'attitudes. A l'époque où nous nous plaçons, les choix sont presque faits, l'issue demeure incertaine.

Aussi incertaine, ou plutôt divisée, apparaît cette bourgeoisie qui contrôle cependant, on l'a vu, du haut en bas, les organes du nouveau système. Effrayés, une partie des notables provinciaux ont déjà déserté la cause de la Révolution : notaires, « bourgeois », cadres, se retrouvent parmi les membres des réseaux contre-révolutionnaires. Mais pour l'essentiel, la bourgeoisie se casse : entre ceux pour qui la Révolution est achevée et ceux pour qui sa victoire suppose l'alliance avec le « peuple », une frontière mouvante mais finalement claire se dessine, et cette histoire se confond trop avec celle qu'on a suivie au fil des jours de la Révolution pour qu'on y revienne ici.

On préfère délimiter sur quelles bases vont se retrouver tous ceux qui récusent la Révolution, et l'idéal serait de définir, « doctrine et action », pour reprendre le sous-titre d'une récente étude[1], la contre-révolution, comme on a défini le système puis la pratique révolutionnaire.

La pensée contre-révolutionnaire.

La doctrine s'élabore et se précise au cours même de ces années : dans la presse au début, puis dans l'émigration, chez certains auteurs étrangers aussi, se forge une interprétation hostile du phénomène révolutionnaire. Quelques-uns se définissent en terme de refus total de la novation, ainsi ce frère de Mirabeau, dit « Mirabeau Tonneau », porte-parole tonitruant de l'extrême droite intégriste. D'autres ont gardé un idéal qui serait celui du despotisme éclairé, mais conservant les anciennes hiérarchies sociales : c'est ce qu'on retrouve chez des orateurs de la droite comme Cazalès, Montlosier ou l'abbé Maury, comme chez des émigrés précoces tels que le comte d'Antraigues, le publiciste Rivarol, le comte Ferrand, ou l'ancien intendant Sénac de Meilhan. Certains sont peu tendres pour l'Ancien Régime, voire pour les responsabilités de la noblesse, d'autres, annonçant une des idées de l'ultracisme de 1815, affirment une tendresse pour le « peuple » vrai; la plupart désignent et dénoncent la bourgeoisie, récusent le principe même de la subversion révolutionnaire et valorisent la continuité historique. Plusieurs se perdent dans les sables de mythologies inventées, qui auront la vie dure : c'est le cas pour

1. J. Godechot, *La Contre-Révolution...* (34).

l'abbé Barruel, qui n'a pas découvert mais qui lance alors le thème du complot maçonnique, orléaniste, comme cause essentielle de la Révolution. Tous n'ont pas la vue aussi courte; mais force est de reconnaître que la réflexion la plus approfondie d'où naîtra la philosophie de la contre-révolution n'est pas née en France, mais en Angleterre sous la plume de Burke, libéral repenti, auteur en 1790 des *Réflexions sur la Révolution de France*, immédiatement traduites et devenues la bible de la pensée antijacobine. On doit réserver aussi une place à part à Jacques Mallet du Pan, d'origine suisse, mais journaliste français sous la Constituante, émigré ensuite dans son pays et dont les *Considérations sur la France* se rapprochent de Burke par une critique qui va au-delà de l'événement pour rechercher les causes profondes.

Si les théoriciens français paraissent parfois un peu pauvres en comparaison, n'est-ce point surtout que, pour eux, la vraie contre-révolution est « opérative »? C'est en termes de conspirations, de réseaux et de tentatives de soulèvements qu'elle s'exprime. Sans revenir sur l'événement on peut dans ce tableau distinguer une contre-révolution conspiratrice — prédominante au début — de celle qui, l'expérience aidant, va rechercher plus ou moins adroitement l'appui des masses. Le premier style, c'est celui qu'anime dès 1790 le comité de Turin, et que l'on peut suivre à l'œuvre d'après l'exemple de la conspiration du Sud-Est. Il n'a finalement de succès véritable que lorsque la conjonction se fait sur base d'idées-forces populaires avec des mouvements de masse urbains ou ruraux, les cas types étant les soulèvements de Montauban ou de Nîmes, voire d'Arles en milieu urbain, comme des camps de Jalès en Vivarais. En conclurons-nous que le vrai tournant serait la fin de 1791, l'éclatement massif du schisme religieux, qui donnerait, comme le disent Furet et Richet, à « la contre-révolution la piétaille qui lui manquait »? Ce serait sans doute sous-estimer les épisodes antérieurs, mais il est certain que, dès lors, des possibilités nouvelles se sont ouvertes pour la diffusion de mots d'ordre contre-révolutionnaires popularisés.

La contre-révolution au village, sous sa forme la plus diffuse, trouve ses points d'ancrage : la défense du bon prêtre, entendons le réfractaire, et complémentairement la persécution ou les tracasseries à l'égard de l'intrus, puis le mauvais gré antifiscal, qui fait refuser l'impôt nouveau, l'hostilité parfois aux autorités nouvelles, municipales, et lorsque celles-ci sont complices, aux administrateurs qui appartiennent au monde des bourgeois de la ville, les débuts enfin de l'hostilité à l'égard des acheteurs de biens nationaux; tout cela offre les éléments d'un contentieux diffus mais qui parfois peut déboucher sur la lutte ouverte. Au tournant où nous nous plaçons, seules quelques zones précocement politisées — dans le Sud-Est — ont fait ce passage du premier au second stade de la « guerre contre-révolutionnaire », et l'on mesure à cela le difficile ajustement de la contre-révolution aristocratique et conspiratrice à la contre-révolution populaire. Ailleurs, sensible au retournement des attitudes collectives qui s'opère parfois entre 1792 et 1793, nous avions parlé d'une certaine disponibilité de masses rurales encore indéterminées, et l'on peut songer à l'Ardèche catholique où les châteaux flambent si brutalement au printemps 1792, et qui sera contre-révolutionnaire l'année suivante, comme à ces repaires des « taxateurs » enragés villageois dans le Maine, au contact de la plaine et du bocage : l'explication, comme on nous l'a dit [1], est sans doute trop formelle ou verbale et ce ne sont point tout à fait les mêmes populations qui se retrouvent dans l'un et l'autre camp.

En tout cas, on comprend comment la double stimulation de la guerre extérieure, et de la chute du roi à l'intérieur, a pu achever une maturation presque faite : à la montée du péril contre-révolutionnaire va répondre le nouveau programme de la Révolution sur lequel nous conclurons ce tableau.

Nouvelles proclamations révolutionnaires.

Il faut se remettre à l'écoute, à la veille de la chute de la royauté, de ces formules révolutionnaires qui, à la tribune, dans la presse, dans les adresses ou les pamphlets, donnent le ton du moment. Et l'on voit s'affirmer un autre discours, qui n'est plus celui par lequel s'est ouvert ce chapitre. Il n'y a pas mutation brusque : certains penseurs de la Révolution ont tenu dès 1789 ce langage qui paraît nouveau; mais ce qui restait au début proclamation

1. P. Bois, dans *Paysans de l'Ouest* (36).

individuelle devient l'expression d'une sensibilité collective modifiée.

Suivons, à titre d'exemple, dans cette thématique révolutionnaire, deux séries caractéristiques : « peuple » et « violence ». Le peuple? Nous ne l'avons abordé initialement qu'à travers le schéma abstrait de la souveraineté nationale. Le voici qui prend vie, tout d'abord dans une vision qui reste collective, unanime : « Un peuple en état de révolution est invincible », déclare Isnard à l'Assemblée en novembre 1791, et Robespierre quasi simultanément lui fait écho aux Jacobins : « Tremblez, perfides, les peuples sont plus forts que les tyrans »; le couple antagoniste s'établit entre l'isolement du tyran oppresseur et la force collective du peuple. Mais voici qu'un clivage se dessine, et que l'idée du peuple évolue. L'interprétation restrictive se trouvait très tôt chez Marat : « Dans l'état de guerre où nous sommes, il n'y a que le peuple, le petit peuple... » (*l'Ami du peuple*, 13 juin 1790), et il s'en expliquait : « Qu'aurons-nous gagné à détruire l'aristocratie des nobles, si elle est remplacée par l'aristocratie des riches? » (30 juin 1790.) Et voici que des orateurs qui ne tiendront pas toujours le même langage se mettent au diapason; écoutons Maximin Isnard, en janvier 1792 : « La classe la plus dangereuse de toutes se compose de beaucoup de personnes qui perdent à la Révolution, mais plus essentiellement d'une infinité de gros propriétaires, de riches négociants, enfin d'une foule d'hommes opulents et orgueilleux qui ne peuvent supporter l'égalité. »

Et quand Robespierre déclare aux Jacobins le 9 juillet 1792 : « J'ai été tenté de dire : la liberté est perdue. J'ai jeté ensuite mes yeux sur le peuple et j'ai dit : la liberté est sauvée », on sent, même non explicitée, l'évolution qui lui a fait découvrir ce peuple restrictivement défini, détenteur de l'authenticité révolutionnaire. Cette découverte est comme imposée alors par des porte-parole plus directs; le petit peuple parisien s'exprime sans détours par la voix d'Hanriot, au nom de la section du Finistère le 31 mai 1792 : « Il y a longtemps que le riche fait des lois, il faut enfin que le pauvre en fasse à son tour, et que l'égalité règne entre le riche et le pauvre... », mais au nom du peuple des campagnes, le curé Dolivier avait présenté le 27 avril la défense des taxateurs beaucerons en ces termes : « Il est révoltant que l'homme riche et tout ce qui l'entoure, gens, chiens, chevaux, ne manquent de rien dans leur oisiveté, et que ce qui ne gagne sa vie qu'à force de travail, hommes et bêtes, succombe sous le double fardeau de la peine et du jeûne. » Pauvres contre riches, petite peuple contre possédants, la Révolution ne risque-t-elle pas de s'y perdre? Représentatif des attitudes d'une partie de la bourgeoisie, dans sa médiocrité même, Jérôme Pétion a livré, à l'hiver 1792, sa vue des choses dans sa célèbre lettre à Buzot : « La bourgeoisie et le peuple réunis ont fait la Révolution : leur réunion seule peut la conserver... » Ainsi se formule ce qui sera l'une des lignes de force de la période suivante.

Simultanément une nouvelle théorie s'élabore, de la violence nécessaire : théorisation de la pratique révolutionnaire vécue. Là encore, c'est chez Marat que s'en rencontrent les premières formulations, très tôt d'ailleurs; en septembre 1789, il précisait : « Jamais la machine politique ne se remonte que par des secousses violentes, comme les airs ne se purifient que par des orages... », et c'est par un cheminement continu qu'il pourra déclarer au lendemain du 10 août 1792 : « Ne vous effrayez pas des mots : ce n'est que par la force que l'on peut parvenir à faire triompher la liberté et assurer le Salut Public... »

Marat, tribun en marge, isolé du combat révolutionnaire? Oui et non : le thème s'impose au fil de 1792 et tel qui s'en repentira l'a formulé avec autant d'emphase : « L'épouvante et la terreur sont souvent sorties dans les temps antiques et au nom du despotisme de ce palais fameux : qu'elles y rentrent aujourd'hui au nom de la loi... » (Vergniaud à l'Assemblée nationale le 10 mars 1792). La Révolution s'est durcie : le temps n'est plus à la confiance des premières professions de foi, et Robespierre le dit : « Législateurs patriotes, ne calomniez pas la défiance. Quoi que vous puissiez dire, elle est la gardienne des droits du peuple : elle est au sentiment profond de la liberté ce que la jalousie est à l'amour... »

Secousses violentes, terreur, défiance, salut public : tout un nouvel arsenal idéologique se met en place, au cours de cette année 1792 qui nous introduit au cœur de ce qu'on a appelé la « seconde Révolution », même si elle n'est que le prolongement, ou l'aboutissement, de la première.

6
La « deuxième Révolution »

Du 1er octobre 1791 au 10 août 1792, l'Assemblée législative dure à peine plus de dix mois. Mais si l'on ne craignait ce qu'il y a d'inévitablement subjectif et à la longue lassant à chercher dans un dynamisme révolutionnaire des phases de moindre ou de plus forte intensité, on pourrait dire que ces dix mois sont parmi les plus intenses et les plus décisifs de toute la période. La fin est dramatique qui nous laisse sur l'image de la chute de la royauté, de la prise des Tuileries par le peuple en armes, de toutes les journées révolutionnaires les plus tendues, par la moindre place qu'elle laisse à l'improvisation spontanée, comme par l'importance de l'enjeu. Pour qui suit la fréquentation au jour le jour des assemblées révolutionnaires locales, il se dessine de l'hiver 1791 à l'été chaud de 1792 une courbe ascendante de l'engagement populaire dans la révolution militante. 1792 est l'un des temps forts de la Révolution, ce qui ne veut pas dire qu'elle ait alors changé de cours, ou mal ou bien tourné. Mais son nouveau visage se façonne : l'expérience de monarchie constitutionnelle se révélant bien vite en échec, la guerre extérieure contribuant à durcir encore les conditions de la lutte, la bourgeoisie, cassée déjà entre Feuillants et Girondins, devra admettre bon gré, mal gré, l'importance croissante d'un mouvement populaire avec lequel une partie d'entre elle juge indispensable de collaborer : les mots, comme la notion de « sans-culotte » d'une part, de « Montagne » d'autre part, prennent naissance conjointement dans la crise de l'hiver 1791-1792.

1. De la crise au-dedans à la guerre extérieure (octobre 1791 - avril 1792)

La marche à la guerre contre l'Europe contre-révolutionnaire domine les six premiers mois de la Législative : l'ancienne historiographie, parisienne, et volontiers oratoire, s'est passionnée non sans raison pour les grandes joutes qui virent s'affronter Brissot et Robespierre; voulue par les uns, crainte par d'autres, cette décision n'a-t-elle pas pesé lourdement sur la suite? Mais cette forme de fuite en avant d'une certaine bourgeoisie révolutionnaire est avant tout révélatrice d'une crise politique, sociale également. C'est en France que se situe le drame.

L'Assemblée législative.

Il n'était pas malaisé de soupçonner que l'expérimentation des nouveaux rapports entre un pouvoir législatif inquiet et un exécutif tenu en bride devait poser de sérieux problèmes. D'autant plus que l'un des partenaires au moins n'avait aucune envie de jouer le jeu.

L'Assemblée législative pouvait paraître, de prime abord, plus souple : 745 hommes nouveaux, puisqu'on avait décidé la non-rééligibilité des Constituants. Dans sa fiche de présentation, certaines vérités, pour être d'évidence, doivent être rappelées : c'est la première assemblée élue de type moderne qu'ait connue la France. A la différence de la Constituante, elle n'avait pas hérité de la structure d'ordres des états généraux; l'aristocratie s'en trouvait considérablement réduite, de même que le clergé. Hommes nouveaux ne veut pas dire inexpérimentés; si moitié d'entre eux avaient moins de 30 ans, beaucoup étaient néanmoins passés par la filière des nouvelles administrations locales. Puis la même « bourgeoisie » s'y retrouvait, beaucoup de gens à talents, 20 % d'avocats, des médecins, des militaires, bien plus que d'authentiques représentants de la bourgeoisie productrice; mais nous sommes habitués à l'apparent paradoxe.

Dans cette assemblée, la géométrie politique a été dessinée dans les derniers temps de la Constituante; la droite est représentée par les Feuillants, soit plus de 250 députés au début de la Législative. L'inscription au club témoigne du ralliement à quelques mots d'ordre communs : l'attachement à la Constitution qu'ils considèrent comme leur, à la monarchie aussi, mais point sans doute à la manière des aristocrates, nostalgiques inconditionnels de l'Ancien Régime qui les haïssent; la crainte surtout de toute remise en cause populaire du nouvel ordre établi; pour eux la Révolution s'est arrêtée en 1791. Sur cette base, on retrouve l'ancien partage entre « fayettistes », plus indépendants peut-être vis-à-vis de la personne royale depuis la disgrâce de La Fayette, et « lamethistes », du nom de l'un des membres du « Triumvirat », qui se flatte — avec trop de présomption — d'avoir en Barnave l'oreille du souverain.

Il y a sensiblement moins de Jacobins : 136 inscrits au club. Mais c'est chez eux que des hommes à talents s'affirment très vite : Brissot, journaliste, un temps besogneux, maintenant arrivé, Condorcet, ultime représentant de la philosophie des Lumières; puis des provinciaux : Guadet, Gensonné, Vergniaud, brillant orateur, — ces trois derniers députés par la Gironde d'où vient l'appellation posthume du groupe, que l'on désignait alors sous le terme de Brissotins. Parmi les Jacobins, quelques-uns se signalent par une option démocratique plus tranchée; on apprendra ainsi à connaître Lazare Carnot, Robert Lindet, ou le paralytique Couthon. Puis d'autres fréquentent le populaire club des Cordeliers : Merlin de Thionville, Basire, Chabot, le « trio cordelier », représentent ce qu'on appellerait aujourd'hui l'extrême-gauche. Restent quelque 350 députés qui ne se rattachent ni aux Feuillants, ni aux Jacobins, la masse centriste des Constitutionnels.

Les uns ou les autres se répartissent en groupes de pression plus ou moins organisés, les clubs y tiennent une place essentielle; cette période voit les Jacobins relativement « démocratisés » reprendre à Paris une place que les Feuillants leur avaient ravie. Mais si les leaders les plus écoutés des clubs ne sont pas toujours des députés — ainsi Robespierre aux Jacobins —, bien des députés en revanche ne sont pas assidus aux clubs: l'état-major girondin préfère certains salons, celui de Mme Dodun ou celui de

Mme Roland, bientôt l'une des têtes, et à coup sûr l'un des tempéraments les plus affirmés du groupe. Les Feuillants, quant à eux, trouvent chez Germaine de Staël, fille de Necker, un milieu accueillant aux fayettistes.

Une telle chambre n'avait rien qui rendît impossible cette collaboration avec la royauté, que les Constituants avaient défendue contre le roi lui-même. Mais qu'en était-il à la cour? Au fond, le refus demeure aussi catégorique, la duplicité totale de la part de la famille royale qui, à quelques nuances occasionnelles près, attendra de plus en plus impatiemment l'intervention européenne souhaitée, pour faire rentrer les choses dans l'ordre. Avec Fersen, avec Mercy Argentau, la correspondance clandestine prend une importance croissante, et c'est bien ce qui réduit à ses justes proportions l'autre face de l'attitude royale. Les triumvirs, et singulièrement Barnave, ont pu se flatter un temps de leur influence : elle reste toute d'apparence. On la ressent dans la déclaration initiale, véritable « discours du trône » (M. Reinhard [1]) que Louis XVI adresse à l'Assemblée : il avait appelé au « rétablissement de l'ordre », il explicite ici sa pensée, la consolidation dont il rêve s'exprime en termes de prospérité économique, mesures « sociales », éducation du peuple, un programme pour physiocrates... mais est-il bien en situation?

Péril contre-révolutionnaire.

Là même où les attitudes des politiques restent encore embarrassées, c'est le pays lui-même, province comme Paris, qui tranche dans le sens d'un dynamisme révolutionnaire accru. Y verrons-nous les ondes propagées de cet ébranlement qu'a représenté la fuite à Varennes, et dont M. Reinhard a donné la suggestive cartographie [1]? A vrai dire, dans nombre de lieux, ce dynamisme prolonge avec plus d'intensité les affrontements antérieurs, auxquels des éléments nouveaux donnent un regain d'âpreté.

Il en va ainsi de la contre-révolution : telle qu'on la saisit à l'hiver 1791-1792, on la voit s'exaspérer dans les foyers que l'on

1. M. Reinhard, *La Chute de la royauté* (84).

a déjà appris à connaître, gagner aussi, par le biais du conflit religieux, des régions nouvelles.

Dans le Midi, le royalisme conspirateur ranime l'aire des troubles du Vivarais, déjà signalée par le premier camp de Jalès en 1790 : à l'appel du comité dirigé par un noble, Malbosc, les gardes nationaux catholiques de la région tiennent un nouveau rassemblement dans la plaine de Jalès en février 1791; sa dispersion, la mort de Malbosc, ne découragent pas les conjurés. On espérait soulever tous les pays royalistes du revers oriental du Massif central : sans trop anticiper, on peut dire dès lors que le « troisième camp de Jalès » verra ses chances de succès bien amoindries par un coup de filet, en février 1792, qui décapite partiellement la conjuration du Sud-Est. Le rassemblement armé s'effectuera cependant au début de juillet 1792 au château de la Banne, sous la direction du comte de Saillans, mais connaîtra une déroute complète avant même d'avoir pu passer aux actes. Les camps de Jalès ont retenu l'attention; on n'est pas en peine, dans ce Sud-Est dont les royalistes attendaient beaucoup, de trouver leur équivalent en petit dans l'hiver et le printemps 1792, en haute Provence, comme en Dauphiné. Mais ce sont les foyers urbains de troubles qui retiennent l'attention : en Arles, une expédition armée marseillaise, en mars 1792, réinstalle les Jacobins contre leurs adversaires, les « monnaidiers »; en Avignon, les excès de Jourdan « coupe-tête » (le massacre de la Glacière) répondent au meurtre du patriote Lécuyer. La légende propagée des affaires d'Arles ou d'Avignon prend le relais dans la même région des affrontements de Nîmes, l'année précédente.

Dans cette relance, comme dans ce durcissement, le poids du conflit religieux commence à peser lourdement; le schisme constitutionnel va très vite être exploité par les tenants de la contre-révolution. Plus encore que dans le Midi précocement politisé, c'est dans d'autres types de campagnes que s'ouvrent ces nouveaux fronts. Non que les villes soient épargnées : à Paris se multiplient pendant l'hiver 1791-1792 les escarmouches révélatrices, où les réfractaires organisent leur culte parallèle, et les patriotes répondent en fustigeant les dévotes à la sortie de la messe... Exemples d'un anticléricalisme non seulement bourgeois mais souvent populaire, qui commence à prôner le mariage des prêtres, et qui prendra une ampleur croissante.

Si, dans les villes, de tels affrontements ne tournent pas à l'avantage de la contre-révolution, plus grave est le tournant qui commence à se dessiner massivement dans certaines provinces. A la fin de 1791, on discute à la Législative comme aux Jacobins, de ces aires de « fanatisme » qui se découvrent dans l'ouest de la France, en Bretagne, en Vendée, dans tout le bocage — une partie des zones où le serment constitutionnel avait fait apparaître une forte majorité de réfractaires. Non point toutes cependant : on l'a remarqué (Godechot[1]), l'Est ou le Nord, aussi hostiles au serment n'en passeront pas pour cela à la contre-révolution. Il est d'autres raisons que les motivations religieuses, qui tiennent à la sociologie comme aux mentalités collectives. On doit faire une place aussi aux entreprises proprement politiques; animée par des nobles comme La Rouairie, l'association bretonne travaille depuis l'été 1791 à tisser dans l'Ouest un réseau de conspirations, qui mord peu sur les grandes cités mais s'implante dans les petites villes. L'envoi d'enquêteurs puis de propagandistes, ou de missionnaires, révèle l'inquiétude croissante devant la découverte d'une France étrangère qui serait celle du fanatisme. Malgré Robespierre qui déclare : « Il ne faut pas heurter de front les préjugés religieux que le peuple adore. Il faut que le temps mûrisse ce peuple », l'opinion de la bourgeoisie révolutionnaire penche pour la rigueur.

Crise économique et sociale.

Et voici que dans la carte de cette France où les troubles se généralisent, d'autres foyers apparaissent, liés pour leur part à une autre stimulation puissante : le réveil du malaise économique et de l'inquiétude pour les subsistances. La récolte de 1791 n'a pas été partout mauvaise; dans le Midi seulement elle est franchement médiocre. Mais les déséquilibres régionaux sont vivement ressentis; les pays en déficit crient famine, ceux qui sont pourvus s'irritent des transports de grains. Puis les prix recommencent à monter; la hausse débute dès l'hiver 1791-1792, culmine au printemps. La rareté n'est pas seule en cause, l'inflation commence à faire sentir ses effets. Dans les classes populaires qui n'ont pas

1. J. Godechot, *Les Révolutions* (10).

accès aux billets, les palliatifs à la disette de numéraire, « billon » ou billets de confiance, suscitent d'autres formes de troubles ou de marasme. Cela vaut pour les villes comme pour les campagnes : mais le monde citadin qui a pris au fil du siècle de nouvelles habitudes alimentaires, ainsi le café-au-lait matinal, ressent très durement la privation de denrées coloniales, sucre et café, que les relations distendues avec les Antilles révoltées (Saint-Domingue) ne permettent plus de recevoir, que l'on accuse surtout certains spéculateurs de stocker pour les faire renchérir artificiellement. Brochant sur le tout, le chômage. Il affecte une partie des métiers urbains, industries de luxe ou du bâtiment touchées par l'émigration à Paris, mais aussi foyers d'industries urbaines ou rurales : ainsi la métallurgie normande. Tout un réseau de causes convergentes se rencontrent ainsi pour relancer la crise sociale. Par là même, le point de départ économique s'en trouve largement dépassé. Les masses paysannes mises en mouvement, c'est tout le problème agraire qui sera à nouveau formulé dans ses urgences du moment. On s'inquiète des séquelles du régime féodal, de ces droits déclarés rachetables, et qui sont à ce titre exigés, malgré la conjuration du refus des communautés paysannes. D'où des conflits réitérés, une hostitilé antinobiliaire réamorcée, qui va trouver alors son point culminant.

Tel est le schéma général. Sur le terrain, le déroulement d'ensemble de la crise nous est connu dans sa généralité depuis Mathiez, mais de nombreuses études locales en ont révélé depuis lors la complexité. On sait les troubles parisiens de l'hiver, liés à la hausse des prix, le pillage en janvier des épiciers qui stockent le sucre et le café, les troubles pour le savon en février. Mais les agitations parisiennes le cèdent en ampleur aux révoltes rurales. Le dénominateur commun est ici la taxation des grains, qu'on va chercher en bandes parfois considérables sur les marchés, pour fixer un prix autoritaire : le maximum des denrées apparaît ici comme revendication spontanée des masses, mais, sur ce tronc commun, on observe de multiples variétés locales, qu'il n'est point trop arbitraire peut-être de classer en deux groupes.

Dans les plaines de grande culture — ainsi en Beauce — s'organisent les troupes armées des « taxateurs », issues des villages dépourvus, souvent de la forêt, dont la bourgeoisie locale fournit l'encadrement spontané ou non, et qui aux effectifs parfois considérables de plusieurs milliers d'hommes se rendent en expéditions renouvelées sur les marchés de la plaine pour y taxer les grains et le pain. Le schéma des révoltes beauceronnes du mois de mars se retrouve avec des nuances dans les plaines de grande culture de la moitié nord de la France : de Dunkerque au Noyonnais, à la Loire moyenne, entre Tours et Orléans. Dans la France méridionale, les choses prennent une autre tournure : les effectifs des troupes se morcèlent, leurs déplacements se font plus étriqués, ce qui n'empêche pas de proche en proche des régions entières d'être gagnées par la contagion. Surtout l'objectif premier dans le Nord, le marché, s'efface ici : ce sont les châteaux qui sont visés en premier et qui flambent en série dans le cadre d'une poussée antinobiliaire massive. Il y a plusieurs pôles, inégalement connus, souvent réveil de foyers antérieurs mal éteints : ainsi en Quercy, puis dans le Lot, le Cantal, ou la Corrèze, ou plus au nord en Morvan. Surtout les Vivarais, Languedoc, Provence et pour une part Dauphiné s'embrasent. La jacquerie paysanne s'entremêle ici sans complètement se confondre avec les affrontements entre Jacobins et contre-révolutionnaires. Sur la rive droite du Rhône, les châteaux brûlent dans le sud de l'Ardèche, puis massivement dans le Gard. La basse Provence est troublée de l'hiver au printemps 1792, du pays d'Arles au pays de Grasse. Dans les mois suivants la haute Provence alpine et le Dauphiné drômois sont partiellement gagnés [1].

Les bilans de cet hiver et de ce printemps agités ne sont pas faciles à dresser, s'agissant parfois de données encore incomplètement connues. Par ailleurs, faire un bilan est à coup sûr prématuré, dans un mouvement dont le dynamisme continu culminera à l'été 1792. En général, l'agitation paysanne connaît deux pointes accentuées : de février à mars, puis d'août à septembre 1792, alors que la poussée urbaine la plus forte s'enregistre de mai au début d'août. Qu'on n'en conclue pas à deux mouvements indépendants : le résultat de cet ébranlement multiple s'exprime dans le pas décisif que franchit alors la politisation des masses populaires.

1. M. Vovelle, « Troubles sociaux en Provence de 1750 à 1792 », *Actes du Congrès des sociétés savantes de Tours*, Paris, 1971.

On en juge d'abord à la réaction des politiques, Feuillants ou même Girondins. Non qu'ils aient tout compris : l'agitation agraire leur est aussi étrange que la découverte du tempérament « fanatique » de l'Ouest. La tentation est grande de mettre dans le même sac, sous l'étiquette « contre-révolution », toux ceux qui attentent au respect de la loi, à la propriété, à la liberté de circulation des grains comme à la Constitution civile du clergé. Le symbole de cette réaction défensive serait bien, au 3 juin 1792, la célébration de la fête de la Loi en l'honneur de Simonneau, maire d'Étampes, abattu par les taxateurs; sous le thème « Liberté, Égalité, Propriété ». Mais par ailleurs, on doit lâcher du lest sur un des thèmes essentiels de la revendication paysanne : celui du rachat des droits seigneuriaux. C'est Couthon, au printemps, qui demande que les seigneurs soient contraints de produire le titre primitif de la concession des terres grevées de droits. Cette exigence, bien difficile à satisfaire, équivaut à une émancipation de fait. Il n'est que partiellement suivi encore; le 18 juin 1792 sa proposition est acceptée pour les droits casuels seulement.

Les sans-culottes.

C'est que parallèlement à ce réflexe défensif d'une bourgeoisie qui va des Feuillants... à Brissot, une autre évolution se dessine, en forme de maturation du mouvement populaire. Dans la mobilisation urbaine, comme dans le soulèvement des villages, gardes nationales en tête, commencent à se dessiner les contours d'une nouvelle classe politique, dont le titre est trouvé : les sans-culottes. Dans les grandes villes, les sections commencent à être fréquentées par un public plus populaire, certains clubs, tels les Cordeliers, leur sont ouverts, cependant que les Jacobins leur sont plus attentifs. Des cadres nouveaux surgissent de la base, à l'occasion parfois des troubles du printemps : l'affaire Simonneau, à Étampes, suscite le mémoire de Dolivier, curé de Mauchamp, qui prend la défense des taxateurs, et avance un programme agraire égalitaire. Curés, robins, petits-bourgeois, ces meneurs spontanés de la sans-culotterie rurale naissante trouvent leur équivalent dans le milieu urbain : à Paris, un vicaire de Saint-Nicolas-des-Champs, Jacques Roux, met en forme la revendication spontanée, économique (la taxation) et politique (la lutte violente) des masses populaires, cependant qu'à Lyon, en juin, Lange, dans ses *Moyens simples et faciles de fixer l'abondance...*, réclame un maximum national des grains. Le programme et les cadres de ceux que l'on appellera les enragés sont déjà en place.

Une partie de la bourgeoisie jacobine ne reste pas insensible à cette évolution et juge de plus en plus nécessaire l'appui des groupes populaires. Cette appréciation se rencontre, sans qu'on s'en étonne, chez Marat, mais plus significativement encore chez Pétion qui adresse en février 92 une lettre retentissante à Buzot, pour dénoncer la bourgeoisie qui se sépare du peuple. « Elle se place au-dessus de lui, elle se croit au niveau avec la noblesse qui la dédaigne et qui n'attend que le moment favorable pour l'humilier. On lui a tant répété que c'était la guerre de ceux qui avaient contre ceux qui n'avaient pas, que cette idée-là la poursuit partout. Le peuple de son côté s'irrite contre la bourgeoisie, il s'indigne de son ingratitude et se rappelle les services qu'il lui a rendus, il se rappelle qu'ils étaient tous frères dans les beaux jours de la Liberté. »

Robespierre de son côté prononce dans ces mêmes jours aux Jacobins un célèbre discours sur le « peuple... seul appui de la liberté », proposant d'écouter les gens des campagnes, d'armer ceux des villes de la pique, « cette arme en quelque sorte sacrée ».

Gardons à ces déclarations les limites qui sont les leurs : il reste beaucoup de réticences — et d'incompréhensions. Parce que ces leaders jacobins demeurent encore attachés au dogme de la liberté du commerce et des prix, ils sont discrets sur la revendication spontanée du « maximum »; sur le plan politique même, ils restent divisés sur les moyens d'assurer le triomphe de la Révolution. C'est alors que se situe la rencontre de Marat et de Robespierre, qui s'estiment sans trop s'aimer, et qui n'arrivent pas à s'accorder sur le rôle de la violence dans la Révolution. Mais si l'étape reste pour une part incertaine, des mots et des réalités nouvelles prennent naissance : au début d'avril on commence à parler d'un parti de « la Montagne ». Ce courant nouveau s'exprime symboliquement dans une fête qui est comme la revanche de la fusillade du Champ-de-Mars; la cérémonie du 15 avril 1792 en l'honneur de la libération des suisses de Châteauvieux, victimes de la répression de l'affaire de Nancy, et qui connaît un grand succès populaire. Mais on va au-delà de manifestations symboliques, là où le père Duchesne écrit : « Aux piques, braves sans-culottes! Aiguisez-les pour exterminer les aristocrates » et il semble que les jacobins marseillais le prennent au mot qui lancent en mars des expéditions armées (« contre-offensive préventive ») contre les centres de la contre-révolution méridionale. Cette âpreté renouvelée de la « réaction défensive et punitive » (G. Lefèbvre) s'explique aussi par tout un climat nouveau qui, à l'extérieur comme à l'intérieur, a mis la guerre à l'ordre du jour.

La marche à la guerre.

En fait, le problème est présent depuis le début, ou presque, de la Législative. Il se profile dès le mois d'octobre 1791 dans le premier conflit qui oppose le roi et l'Assemblée, sur un train de décrets qui mettent en cause toute l'orientation de la politique française. L'objet des deux premiers poussait déjà au-delà des frontières, puisqu'ils sommaient (décret du 31 octobre) le comte de Provence de regagner la France dans les deux mois, sous peine d'être déchu de ses droits éventuels; mesure ensuite élargie à l'ensemble des émigrés que l'on somme de rentrer d'ici le 1er janvier, sous peine d'être tenus pour suspects de conspiration et de voir leurs biens séquestrés. On semble se tourner vers les ennemis de l'intérieur par le décret du 29 novembre qui impose un serment civique aux prêtres réfractaires, sous peine d'être privés de leurs pensions, voire d'être déportés en cas de troubles, à l'initiative des administrations locales. Puis l'escalade se poursuit avec un quatrième décret (29 novembre) qui prend directement à partie les puissances contre-révolutionnaires, puisque le roi est invité à « requérir les Électeurs de Trèves, Mayence et autres princes d'Empire qui accueillent les Français fugitifs de mettre fin aux attroupements et enrôlements qu'ils tolèrent sur la frontière ».

C'est par rapport à la politique ainsi définie que se fait la distribution des rôles dans l'un des plus grands débats de l'histoire de la Révolution, excepté sans doute le procès du roi : mais beaucoup eurent conscience, à juste titre, qu'il engageait tout l'avenir de la

Nation. On conçoit que l'historiographie révolutionnaire ait fait une place de choix à ces joutes oratoires, de grande allure d'ailleurs, où les options personnalisées mettaient en cause les grands hommes de la Révolution. Nous avons plus de scrupule que les historiens d'il y a cinquante ans à dire que Robespierre a eu raison, ou que Brissot s'est trompé, tant il apparaît que chacun a tenu son rôle, dans un jeu politique complexe. Que dans leur progression les décrets fussent un acheminement direct à un conflit extérieur, tous l'ont senti, et ils ont réagi en conséquence.

Leurs promoteurs ont voulu la guerre, et parmi eux les brissotins les tout premiers. Les deux maîtres à penser du groupe sont en l'occurrence Brissot lui-même et Condorcet. De sa carrière aventureuse de journaliste, Brissot a tiré réputation et vocation de diplomate; Condorcet, mieux introduit et plus posé dans son personnage, a conservé de son poste de directeur de la Monnaie des liens avec les milieux d'affaires. On a évoqué autour d'eux les groupes de pression dont ils ont pu exprimer les idées. Celui des réfugiés cosmopolites, tel le banquier Clavière, un Genevois, celui des milieux d'affaires — négoce et finance — avec lequel le groupe girondin est en contact direct. Tel enracinement ne conduit pas à suspecter la sincérité des leaders brissotins, mais il permet de comprendre mieux les options de la fraction de la bourgeoisie qu'ils représentent. Ils ont voulu combattre sur un double front. A l'intérieur, ils ont sans doute attendu de la guerre l'épreuve de vérité qui permettrait de démasquer de grandes trahisons, fussent-elles au sommet : « Marquons une place aux traîtres, et que cette place soit l'échafaud » (Guadet), ils y ont vu aussi un moyen de résorber les troubles en ranimant les affaires : produire pour la guerre, s'ouvrir des marchés — autant d'arguments qui ont pu toucher certains milieux. Au-delà de ces motivations conjoncturelles, une option plus profonde : l'idée que la guerre « est un bienfait national » et que la Révolution n'aura triomphé que « lorsqu'elle aura déployé aux yeux de l'Europe le caractère d'une nation libre qui veut défendre et maintenir sa liberté » (Brissot, 16 décembre 1791). On peut, avec A. Soboul, approfondir cette notion girondine de l'intérêt national, et d'après les discours mêmes, remarquer combien elle se confond avec les intérêts de la bourgeoisie française face à l'Europe des aristocraties. Le romantisme girondin escompte de la désunion des puissances, du soulèvement des peuples à la voix de la liberté, une facile victoire.

La politique des brissotins va rencontrer des appuis inattendus : en premier lieu celui de La Fayette et de son groupe. On se doute que les raisons sont ici différentes : le général, odieux à la cour, n'a pas réussi, à l'automne, à devenir maire de Paris. La coalition des Jacobins et des aristocrates partisans de la politique du pire a fait porter Pétion à ce poste clef, et la reine s'en est réjouie. « Même par l'excès du mal, nous pourrons tirer parti... de tout ceci » : pourvu d'une armée à la frontière, il espère d'une guerre victorieuse une position de force, qui lui permettrait à la tête de l'armée de s'imposer au roi comme à l'Assemblée.

Au marché des dupes, la cour tient un autre raisonnement. Attendant tout de l'intervention des puissances, la reine exprime dans sa correspondance à Fersen sa jubilation à l'idée du conflit : « Les imbéciles, ils ne voient pas que c'est nous servir! » Estimant, comme l'écrit le roi, que « l'état physique et moral de la France fait qu'il lui est impossible de soutenir une demi-campagne », la royauté pousse à l'affrontement; sa duplicité même l'amène toutefois à doser son attitude ostensible, puis il lui faut tenir compte, en apparence du moins, de ses officieux conseillers du parti « lamethiste ».

Pour les membres du triumvirat, une appréciation réaliste des forces françaises, comme des divisions intérieures, commande d'éviter le risque d'une aventure militaire. De plus en plus proches de l'empereur Léopold, avec lequel ils correspondent secrètement, ils attendent de ses dispositions pacifiques de stabiliser la situation. Le roi affecte de suivre leurs directives pour mieux les tromper, et c'est à leur instigation qu'il prend vis-à-vis des quatre décrets de l'hiver 91-92 une attitude dosée. Pour rallier l'opinion conservatrice, il oppose son veto aux décrets sur les prêtres réfractaires et sur les émigrés; pour ne point heurter de front l'opinion nationale, il accepte, cela coûte peu, d'inviter ses frères à revenir en France, comme d'enjoindre à l'Électeur de Trèves de disperser les rassemblements d'émigrés. Mais là où ses ministres, comme les triumvirs, espèrent désamorcer la crise internationale, le roi exprime secrètement le souhait que l'ultimatum soit rejeté.

C'est dans ce contexte incertain que se place l'intervention de Robespierre et le célèbre duel oratoire qui l'oppose à Brissot aux Jacobins. Il apprécie la situation à la lumière de l'attitude ambiguë du roi : durant trois mois, de décembre à février, il va opposer ses arguments à ceux de son adversaire. Il montre l'armée désorganisée, la Révolution menacée, qu'il faut fortifier contre ses ennemis, avant que de vouloir la propager. Il ne partage pas l'optimisme de ceux qui espèrent voir les peuples se soulever à l'appel de la liberté : « Les missionnaires armés ne sont aimés de personne. » La suspecte unanimité réalisée sur une politique guerrière l'inquiète, il n'en augure rien de bon, et endossant jusqu'au bout le rôle ingrat que lui dicte sa clairvoyance, il prévoit que l'issue même heureuse d'une guerre placerait le pays à la merci d'un général victorieux. Dans ses discours de l'hiver 92, Robespierre s'est imposé comme le leader le plus lucide de l'avant-garde révolutionnaire mais il reste isolé au sein même de son groupe, et ne remporte qu'un succès d'estime.

Le dernier mot reste aux boutefeux : on peut donner acte à G. Lefèbvre [1], peu suspect de complaisance à l'égard des brissotins, que dans cette « marche à la guerre » les responsabilités furent partagées. L'empereur Léopold fit certes pression sur l'Électeur de Trèves pour qu'il obtempère à l'invitation de disperser les rassemblements des émigrés... mais parallèlement il renouvelait les menaces; surtout, il poursuivait avec la Prusse des pourparlers pour mettre sur pied une offensive commune. A sa mort, le 1er mars 1791, l'accord était virtuellement réalisé; plus cassant, moins « libéral », dit-on, le nouvel empereur François II n'avait plus qu'à passer aux actes.

Le ministère jacobin.

C'est plus qu'il n'en fallait aux partisans de la guerre en France. On avait répondu à la note impériale avisant de la dispersion des rassemblements d'émigrés, par des exigences renouvelées, puis on « poussa » Narbonne, ministre de la Guerre et représentant au ministère de la tendance fayettiste, contre Delessart qui défend

1. G. Lefèbvre, *La Révolution française* (12).

aux Affaires étrangères la politique du triumvirat, et Bertrand de Molleville, royaliste inconditionnel. L'un déclare l'armée prête à l'offensive, quand l'autre s'obstine à des déclarations pacifiques. Le belliqueux Narbonne est congédié... mais à l'Assemblée, des fayettistes aux brissotins, c'est un tollé général. On décide la traduction du ministre Delessart accusé de « lâcheté et (d') une faiblesse indignes de la grandeur d'un peuple libre » devant la Haute Cour.

Malgré les Lameth qui lui conseillent la fermeté, Louis XVI transige avec les brissotins. Il congédie ses ministres feuillants, pour former un ministère « jacobin ». On y rencontre des girondins, ainsi Roland, ancien inspecteur des manufactures, à l'Intérieur, et le banquier Clavière aux Finances, mais l'homme fort de l'équipe est Dumouriez, aux Affaires étrangères, un général qui fait le jacobin mais qui s'offre à la cour, afin somme toute de réaliser le rêve de La Fayette : une guerre courte et victorieuse, puis un retour en force pour restaurer l'autorité monarchique. Mais si l'homme n'est sûr pour personne, il a le mérite, pour l'instant, de plaire à tout le monde, ou presque. A tout le moins au roi et aux Girondins puisqu'il pousse à la guerre, et les brissotins mettent une sourdine à leurs attaques contre la cour. Seul Robespierre dénonce en leur personne les « intrigants » qui ont déserté la cause révolutionnaire. Mais cette rupture qui porte en germe l'affrontement entre Gironde et Montagne n'est pas encore de grande conséquence : lorsque, le 20 avril 1792, Louis XVI propose à l'Assemblée législative de déclarer la guerre au « roi de Bohême et de Hongrie » (clause de style, et illusoire précaution pour ne point mettre en cause l'Empire), c'est une quasi-unanimité, à quelque douze voix près — lamethistes ou montagnards — qui s'engage d'enthousiasme dans une entreprise guerrière.

C'était donner à la Révolution française une dimension nouvelle, c'était aussi en infléchir le cours et le dynamisme propre. Il nous est trop facile, à nous qui savons la suite, de dire qu'aucun des promoteurs n'eut la guerre dont il avait rêvé.

2. De la guerre à la chute du trône (20 avril - 10 août 1792)

Le temps des revers.

Les plus clairvoyants avaient prévu que le succès n'allait pas de soi. Diplomatiquement la France se trouvait isolée, privée de ses alliés de tradition. Les pourparlers menés à Londres par Talleyrand n'avaient conduit à rien, au plus pouvait-on espérer la neutralité de certaines puissances (Espagne et Suède, depuis la mort de Gustave III).

La présence des réfugiés étrangers, belges, germaniques, suisses ou « allobroges », entendons savoyards, offrait l'espoir d'une propagande subversive chez les rois. Mais la guerre de subversion demandait à être amorcée de façon offensive.

On a vu comment l'armée d'Ancien Régime se trouvait désorganisée, sans qu'une force nouvelle eut encore vraiment pris la relève. Puis la crise est au sommet : généraux d'Ancien Régime, et d'ancienne tradition, les cadres ne conçoivent qu'une guerre traditionnelle, la désorganisation de leurs troupes les rend pusillanimes, leur option, au mieux, fayettiste, les rend circonspects à l'égard de la guerre, et plus encore à l'égard de ce qui se passe à Paris. Aussi n'exploite-t-on pas la situation apparemment favorable à la frontière du Nord, où les Autrichiens ne disposent que d'une trentaine de milliers d'hommes pour défendre cette Belgique que l'on dit prête à se soulever. Sous commandement de Rochambeau, vétéran dépassé des guerres d'Amérique, de Lückner, vieux mercenaire, de La Fayette, politique plus que soldat, la marche qui se voulait convergente des colonnes françaises tourne court ou finit mal; au centre, la colonne partie de Lille pour prendre Tournai se replie en désordre et massacre son général, Dillon, dont l'incapacité et les tergiversations s'étaient révélées manifestes.

Sur ces faits, les généraux suspendent l'offensive, des corps entiers, tel le Royal-Allemand, passent en mai à l'ennemi, Rochambeau démissionne, La Fayette qui se rapproche des lamethistes va jusqu'à la trahison ouverte : il propose secrètement à l'ambassadeur autrichien Mercy Argentau une suspension d'armes qui lui permettrait de retourner son armée contre Paris, pour y disperser les Jacobins et établir un régime fort. Dans les faits, les opérations militaires sont suspendues d'un commun accord entre les généraux. A Paris, on crie à la trahison, on n'a point tort, même si l'on n'a que des présomptions, puisque la reine a transmis à l'ennemi le plan de campagne des armées françaises. Mais ceux qui le disent, Marat ou les Cordeliers, sont réduits au silence. Du moins Robespierre proclame-t-il solennellement aux Jacobins : « Je ne me fie point aux généraux... je dis que presque tous regrettent l'ancien ordre des choses... je ne me repose que sur le peuple, le peuple seul. »

L'échec girondin.

L'attitude des Girondins au pouvoir est beaucoup plus équivoque. Ils ont tenté d'abord de pactiser avec La Fayette, et ils ont attaqué tous ceux, de Marat à Robespierre, qui dénonçaient la trahison, comme ils ont cherché à renforcer la discipline militaire. Dans cette option, se dessine le réflexe de peur devant le mouvement populaire, qui va bientôt dominer l'attitude girondine.

Mais cette ouverture à droite n'a pas connu de succès. La Fayette affecte de ne tenir aucun compte de Roland et de ses amis. Ceux-ci s'en trouvent rejetés « à gauche » si l'on peut dire, amenés du moins à dénoncer âprement ce que Brissot et Vergniaud dénomment le « comité autrichien », d'un terme qui vise les milieux de la cour, et singulièrement la reine. Contre ces traîtres de l'intérieur, ils vont être amenés à proposer des mesures violentes, et à insister sur cet engagement patriotique que Roland évoque en termes d'une réelle grandeur dans une célèbre lettre adressée au roi le 10 juin : « La patrie n'est point un mot que l'imagination se soit complu d'embellir, c'est un être auquel on a fait des sacrifices, à qui l'on s'attache chaque jour davantage pour les sollicitudes qu'il cause, qu'on a créé par de grands efforts, qui s'élève au milieu des inquiétudes, et qu'on aime autant par ce qu'il coûte que par ce qu'on espère. »

Entre ses éclairs et ses paniques, ses audaces et ses refus, toute l'équivoque de la bourgeoisie girondine est là; nous allons en avoir la démonstration.

Le retour des Girondins à la politique d'intimidation se traduit par un nouveau train de décrets révolutionnaires : le 27 mai un décret de l'Assemblée ordonne la déportation de tout prêtre réfractaire sur simple demande de 20 citoyens actifs, puis le 29 mai, un autre décide le licenciement des 6 000 hommes de la garde constitutionnelle du roi; enfin, le 8 juin, sur demande du ministre de la Guerre Servan, est décrétée la levée de 20 000 fédérés dans les départements pour assister à la célébration de la Fédération, puis former un camp sous Paris. Mesure importante, ambiguë sans doute, puisque beaucoup s'en défièrent : Robespierre qui y voyait, à tort, une pression des départements à l'encontre de la Révolution parisienne; les 2 000 gardes nationaux fayettistes des quartiers bourgeois de la capitale qui, à plus juste raison, pétitionnèrent contre cette intrusion projetée. Mais l'avenir ne devait-il pas montrer que les Girondins eux-mêmes s'étaient trompés sur ce qu'allaient être les « fédérés »?

Ces décrets relancent le conflit entre la Gironde et le roi. Louis XVI accepte la dissolution de sa garde, mais oppose son veto aux décrets relatifs aux prêtres réfractaires, comme aux fédérés. C'est là qu'il s'attire de son ministre de l'Intérieur cette remontrance, belle d'ailleurs, dont on a extrait le passage relatif à l'esprit patriotique. Protestation verbale : fort, croit-il, de l'appui des généraux, le roi congédie les ministres girondins, Servan, Roland, Clavière; conserve Dumouriez, mais l'habile homme tire son épingle du jeu, et part à l'armée du Nord. Des Feuillants anonymes forment le nouveau ministère, cependant que l'Assemblée décrète que les ministres congédiés emportent la confiance de la Nation.

L'heure de La Fayette aurait-elle sonné? De la frontière il écrit le 16 juin à l'Assemblée pour dénoncer l'anarchie entretenue, dit-il, par les Jacobins, « factieux de l'intérieur » aussi nuisibles que les ennemis de l'extérieur... Contre la menace précise d'un coup de force monarchique ou feuillant, les Girondins vont tenter d'utiliser le dynamisme populaire qui se manifeste dans les sections parisiennes. Pétion, maire de Paris, qui leur est sympathique, facilite leur tâche, cependant que Robespierre et les membres les plus actifs du mouvement révolutionnaire parisien tentent en vain de dénoncer ce qui leur paraît une entreprise prématurée.

La journée du 20 juin.

L'événement leur donne raison : le 20 juin, le peuple en armes des faubourgs, conduit par ses leaders, tel le brasseur Santerre, envahit, sans effusion de sang d'ailleurs, l'Assemblée puis les Tuileries. Avec le courage passif qui est le sien, le roi subit sans broncher le long défilé populaire, coiffe le bonnet phrygien et boit à la santé de la Nation, moyen peut-être de faire passer les paroles amères de Legendre : « Monsieur, vous êtes un perfide, vous nous avez toujours trompés, vous nous trompez encore... » Mais il ne retire pas son veto, pas plus qu'il ne rappelle les ministres girondins.

Un coup pour rien que cette journée improvisée, et qui semble laisser tout le monde dans le désarroi. Passerons-nous en revue les parties prenantes au jeu politique qui se dessine alors?

La Fayette quitte son armée, se présente le 28 juin à l'Assemblée, y réclame des mesures contre les Jacobins : la gauche ne réussit pas à obtenir un blâme pour cet acte d'indiscipline. Mais le général ne réussit pas ce que J. Massin appelle son « 18 brumaire », il n'est pas suivi par la cour (la reine avertit Pétion de ses projets) et la garde nationale parisienne des quartiers bourgeois ne se rend pas aux rendez-vous qu'il lui donne. Il ne renonce pas pour autant. Il invitera en vain le roi à se rendre à Compiègne où il a massé des troupes : le souverain, qui attend mieux, se soucie peu de se mettre sous sa protection.

Désarroi aussi, à tout le moins irrésolution chez les Girondins : l'intimidation a échoué, Pétion est suspendu de ses fonctions de maire, les leaders du parti, Brissot ou Vergniaud, oscillent entre la dénonciation de la trahison royale au début de juillet et la tentation d'un rapprochement avec le monarque; lorsqu'à la suite de leurs attaques le ministère feuillant s'effrite, Guadet, Vergniaud et Gensonné prennent contact secrètement avec lui. Louis XVI ne décourage point une initiative qui le sert; les brissotins dès lors modifient leur attitude et désavouent un mouvement populaire, qui réclame de plus en plus vivement la déchéance du roi : ils abandonnent l'appui populaire qu'ils sollicitaient hier encore.

Dans ce tour d'horizon, il peut sembler que le roi ait commis lui aussi de lourdes erreurs d'appréciation et qu'il ait laissé passer plusieurs chances. Disons qu'il a joué son jeu, qui est d'attendre son salut du succès des armées étrangères. La passivité royale, qui triomphe au 20 juin de la démonstration populaire, se manifeste à nouveau au 14 juillet 1792, au rendez-vous annuel de la troisième fête de la Fédération : le souverain, que plus personne n'acclame, tient à y assister, on l'a dit « comme au sacrifice »... mais en ce mois de juillet l'initiative lui a échappé, comme elle a échappé à La Fayette et aux Girondins. Elle revient au mouvement populaire.

A la veille du 10 août.

Un pays mobilisé, ainsi apparaît la France en juillet 1792.

L'insurrection rurale du mois de mars a pris provisoirement fin dans la plupart des sites, quitte à reprendre dès le mois d'août pour se prolonger jusqu'à l'automne en une poussée symétrique de celle du printemps précédent. Répit rural, poussée urbaine. Vergniaud écrira le 29 juillet à Louis XVI : « Un nouveau ferment révolutionnaire tourmente dans sa base une organisation politique que le temps n'a pas consolidée. »

Mobilisation, ferment : on les détecte à plusieurs indices. Ce n'est qu'au 25 juillet qu'est proclamée la permanence des sections parisiennes. Mais déjà, dans les grandes villes comme dans la capitale, ces assemblées de quartier ont vu leur fréquence se précipiter, leurs effectifs se gonfler aussi par l'entrée des citoyens passifs, ces sans-culottes pour lesquels on demande des piques. Parisiens ou provinciaux, les grands clubs connaissent alors aussi leur influence la plus forte. Telle mobilisation ne se fait pas uniquement en chambre : le peuple urbain est plus que jamais dans la rue. Dans un Midi à la pointe alors de la Révolution, les pendaisons de Marseille et de Toulon se répondent. Elles touchent souvent les administrateurs locaux : municipaux, conseillers généraux, membres des directoires de district ou de département. On mesure là le divorce entre ces cadres feuillants, voire franchement contre-révolutionnaires, et un dynamisme populaire qui a mis en place ses hiérarchies parallèles.

Le parti de la Révolution, stimulé plus qu'effrayé par les débuts de la guerre, tient le haut du pavé. Matériellement, on le sent, à cette présence mobile, sur la route, dont les fédérés sont le symbole. Ces troupes armées qui convergent vers Paris, s'y rendent en application du décret de l'Assemblée, auquel cependant Louis XVI avait opposé son veto : mais le 2 juillet, l'Assemblée avait tourné la décision royale en décrétant que les fédérés des départements assisteraient à la fête parisienne du 14 juillet, puis se rendraient au camp de Soissons. Cette dernière précaution était presque superflue, les bataillons, en dépit du veto, prenaient déjà la route, comme c'était le cas le jour même, pour les 500 hommes du bataillon de Marseille. De partout ils convergent vers la capitale : certains arrivent pour le 14 juillet (les Toulonnais), d'autres plus tard, ainsi les Bretons du Finistère le 25; les Marseillais le 30, qui d'entrée manifestent leur présence en corrigeant les gardes nationaux fayettistes... Cette présence physique de la Révolution « en marche » se complète de toute une atmosphère, d'un mouvement des esprits, qui dans le feu même de l'action, forge ses armes idéologiques.

Mouvement patriotique, mouvement démocratique.

Au répertoire des idées-forces, la guerre a fait du patriotisme un des plus puissants ressorts d'unité révolutionnaire. On en trouve l'expression dans ce *Chant de guerre de l'armée du Rhin* composé à Strasbourg par Rouget de Lisle, qui va faire un détour par Marseille pour recevoir son appellation définitive de *Marseillaise*, puis être popularisé par les fédérés provençaux dans leur marche, comme dans leur entrée à Paris. On y a relevé (A. Soboul [1]) l'intime association du thème patriotique (« amour sacré de la Patrie ») à l'engagement révolutionnaire contre « les vils despotes » et « l'antique esclavage ». Plus conjoncturel, le thème du complot est bien présent dans la dénonciation des traîtres, parricides, « hordes d'esclaves » ou « complices de Bouillé », mais on a noté aussi (M. Reinhard [2]) combien tout chauvinisme, avant la lettre,

1. *Précis d'histoire de la Révolution française* (14).
2. M. Reinhard, *La Chute de la royauté* (84).

est étranger à cet hymne libérateur, qui s'adresse sans haine aux peuples encore abusés ou esclaves.

La mise en forme de cette pulsion patriotique, hâtant la prise de conscience nationale, se trouve dans la proclamation de la « Patrie en danger ». L'Assemblée en discute aux premiers jours de juillet, et la mesure a un contenu politique certain qui permet à l'Assemblée de tourner légalement le « veto » royal. Mais il y a beaucoup plus que cela : pour reprendre l'expression de Roederer, procureur syndic du département, un « effet magique ». La proclamation elle-même aide à comprendre le terme : « Des troupes nombreuses s'avancent vers nos frontières. Tous ceux qui ont en horreur la liberté s'arment contre notre Constitution. Citoyens, la Patrie est en danger! Que ceux qui vont obtenir l'honneur de marcher les premiers pour défendre ce qu'ils ont de plus cher, se souviennent toujours qu'ils sont français et libres; que leurs concitoyens maintiennent dans leurs foyers la sûreté des personnes et des propriétés, que les magistrats du peuple veillent attentivement, que tous dans un courage calme, attribut de la véritable force, attendent, pour agir, le signal de la loi et la Patrie sera sauvée. » Puis il y a le cérémonial, au 22 juillet, de la lecture du décret sur les places publiques, au son du canon d'alarme, suivie d'enrôlements : plus de 15 000 à Paris seulement. Toute une mise en condition psychologique se trouve ainsi réalisée, qu'il ne faut point sous-estimer.

Réflexe patriotique, à coup sûr, mais indissociable d'une option politique de plus en plus affirmée. Louis XVI n'a-t-il point fait la preuve de sa trahison, et plus encore, un roi est-il nécessaire? Malgré ceux qui à Paris ou en province dénoncent l'atteinte commise le 20 juin contre la personne royale, malgré l'ultime palinodie d'un Brissot dénonçant « la faction des régicides qui veut créer la République... (alors que...) les hommes attachent au mot de roi une vertu magique qui préserve leur propriété », la déchéance du roi devient plus que jamais à l'ordre du jour. Des pétitions la réclament, qui viennent des sections ou des clubs parisiens, mais aussi de province, soit en droite ligne, soit par la voix des fédérés montés à Paris.

Il semble bien même que ce soit de province que viennent les premières initiatives : de Marseille, le 27 juin, de Montpellier ensuite, d'Angers le 18 juillet, d'autres villes encore. Les fédérés, très vite encadrés par les organisations parisiennes — aux Jacobins Robespierre y est très attentif et un comité central des fédérés s'y constitue —, pétitionnent pour demander la déchéance royale. Leurs initiatives se rencontrent avec celles des clubs ou sections : aux Cordeliers une motion demande la convocation d'une « Convention » pour donner une nouvelle constitution à la France (15 juillet), aux Jacobins, le même jour, Billaud-Varenne demande la déportation du roi et la convocation des assemblées primaires au suffrage universel. Les sections parisiennes suivent le mouvement : la première, le 31 juillet, la section de Mauconseil déclare ne plus reconnaître Louis XVI comme roi. Le 3 août, le maire de Paris, Pétion, se rend à l'Assemblée législative pour demander au nom de 47 sections parisiennes sur 48 la déchéance du roi. Devant l'attitude dilatoire d'une majorité qui repousse au 9 août sa décision, la parole passe au peuple en armes.

La chute de la royauté.

Dans les causes immédiates de la journée du 10 août, ce qu'on appelle la « déclaration de Brunswick » tient une place importante : mais on a pu voir qu'en dehors même de cette ultime impulsion, la situation était mûre. Ce manifeste a été rédigé en fait par un émigré, le marquis de Limon, le 25 juillet 1792; il fut préféré au texte, sans doute plus politique, que les Feuillants avaient fait écrire par Mallet du Pan, et le duc de Brunswick, qui commandait les coalisés, se contenta de le signer. Le texte retenu ne péchait point par excès d'habileté, promettant, s'il était fait le « moindre outrage à la famille royale », une « vengeance exemplaire, en livrant la ville de Paris à une exécution militaire et à une subversion totale, et les révoltés aux supplices qu'ils auront mérités... ». Il n'en fallait pas plus pour achever la mobilisation d'une opinion bien loin de ressentir l'effet de panique escompté.

On s'est préparé à l'affrontement de part et d'autre, et seule l'Assemblée législative est demeurée irrésolue, éludant l'examen des pétitions sur la déchéance du roi, et même jusqu'au 8 août la condamnation de l'attitude de La Fayette. Mais l'initiative décidément lui échappe : du côté populaire un directoire insurrectionnel regroupe depuis la fin de juillet patriotes et fédérés, et organise l'insurrection. Le 4 août, la section des Quinze-Vingts dans un dernier ultimatum déclare que si l'Assemblée ne défère pas à la volonté populaire le tocsin sonnera le 10 août à minuit. On a pu noter (Lefebvre, Reinhard[1]) que dans cette attitude qui semble rétrospectivement offensive, la peur du complot aristocratique a tenu une grande place, et qu'elle n'était point illusoire. Dans l'autre camp, aussi, on s'est préparé à une lutte dont l'issue ne semblait pas désespérée. Des nobles se regroupent aux Tuileries, où l'on concentre les Suisses; puis on comptait sur la fidélité des bataillons « feuillants » de la garde nationale des quartiers bourgeois.

Au 9 août, le délai expiré, se constitue dans la nuit à l'Hôtel de Ville une « Commune insurrectionnelle » formée des délégués des sections parisiennes, et qui se substitue à la commune légale, le maire Pétion acceptant sans mauvaise grâce d'être tenu « hors jeu ». Au matin, les gardes nationaux des faubourgs patriotes, les fédérés aussi, Marseillais en tête, se présentent devant les Tuileries. Une première surprise favorable est la défection des gardes nationaux préposés à la protection du château, que nobles et suisses sont désormais seuls à défendre. Mais les Marseillais sont accueillis ensuite par un feu nourri des gardes suisses; contenus un temps, ils donnent enfin l'assaut avec les sans-culottes des faubourgs. Les défenseurs cessent le feu à 10 heures sur l'ordre du roi, ce qui n'épargne pas à un grand nombre d'entre eux le massacre.

Roederer, procureur syndic du département, de sympathie girondine, avait conduit la famille royale dès le début de la journée dans l'enceinte de l'Assemblée, séante au Manège. Accueilli avec respect, en monarque, le roi est ensuite suspendu de ses fonctions quand le succès populaire se dessine. L'Assemblée législative reconnaît la Commune insurrectionnelle de Paris, qui de son côté la laisse subsister, jusqu'à la formation d'une Convention nationale élue au suffrage universel, qui réglera le sort de la France comme du monarque, que la Commune interne au château du Temple, devenu sa prison.

Une nouvelle ère s'ouvre dans la Révolution française, dans son

1. (11) et (84).

déroulement même, la journée du 10 août en témoigne, qui montre le chemin parcouru depuis juillet ou octobre 1789 : soulèvement prémédité, organisé, sur la base de mots d'ordre et d'une aspiration collective précise, témoignage de la maturité acquise du mouvement populaire.

En trois ans, la royauté a été abattue, une nouvelle aventure commence : cette Révolution, comme on l'a dit, de l'Égalité, qui se substitue à la Révolution bourgeoise de la Liberté.

Ce qui ne veut point dire que le contenu social du mouvement ait radicalement changé, mais sa direction échappe désormais de plus en plus à la fraction de la bourgeoisie qui avait rêvé jusqu'au bout l'impossible compromis des notables avec l'aristocratie d'Ancien Régime. Pour la bourgeoisie montagnarde qui va sous peu s'imposer, la journée du 10 août représente l'expérimentation de ce nécessaire appui populaire qui lui apparaîtra comme l'un des gages de survie de la Révolution.

Chronologie sommaire

1787	22 février	Réunion de l'Assemblée des notables.
	8 avril	Renvoi du ministre Calonne, remplacé par Loménie de Brienne.
	25 mai	Renvoi de l'Assemblée des notables.
	juin	Édits réformateurs de Brienne.
	16 juillet	Le parlement de Paris en appelle aux états généraux.
	14 août	Exil du parlement, puis son rappel (4 septembre).
1788	5 mai	Arrestation des meneurs parlementaires d'Epremesnil et Montsabert.
	8 mai	Réforme judiciaire de Lamoignon.
	7 juin	Journée des Tuiles à Grenoble.
	21 juillet	Assemblée de Vizille.
	8 août	Convocation des états généraux pour le 1er mai 1789.
	24-26 août	Renvoi, puis rappel de Necker.
	5 octobre	Seconde assemblée des notables.
1789	24 janvier	Lettre de convocation et règlement électoral pour les états généraux.
	mars	Élections aux états généraux.
	mars-avril-mai	Révoltes agraires en Provence, Cambrésis et Picardie.
	27-28 avril	Émeutes contre Réveillon au faubourg Saint-Antoine.
	5 mai	Séance royale d'ouverture des états généraux.
	6 mai	Le tiers état prend le nom de Communes et demande la vérification en commun des pouvoirs.
	17 juin	Les Communes s'intitulent « Assemblée nationale ».
	20 juin	Serment du Jeu de Paume.
	23 juin	Séance royale; refus d'obtempérer des députés.
	27 juin	Le roi engage le clergé et la noblesse à se réunir au tiers.
	9 juillet	L'assemblée se déclare Assemblée nationale constituante.
	11 juillet	Renvoi de Necker.
	12 juillet	Troubles parisiens au Palais-Royal; charge du Royal-Allemand.
	14 juillet	*Prise de la Bastille.*
	16 juillet	Rappel de Necker.

	17-19 juillet	Début du soulèvement du bocage normand.
	15 juillet à fin du mois	« Révolte municipale ».
	20 juillet	Débuts de la Grande Peur.
	22 juillet	Bertier de Sauvigny, intendant de Paris, pendu par le peuple.
	22-26 juillet	Début du soulèvement en Alsace et Franche-Comté.
	4 août	*Nuit du 4-août :* abandon des privilèges.
	26 août	Vote de la Déclaration des droits de l'homme.
	28 août-11 septembre	Débats sur le « veto » royal.
	1er octobre	Banquet des gardes du corps et du régiment de Flandres.
	5-6 octobre	Marche sur Versailles, le roi ramené à Paris.
	15 octobre	Première note secrète de Mirabeau au roi.
	21 octobre	Vote de la loi martiale contre les troubles.
	2 novembre	Les biens du clergé mis à la disposition de la nation.
	29 novembre	Fédération de gardes nationales à Étoile, près de Valence.
1790	janvier	Jacqueries en Quercy, Périgord, Bretagne.
	2 février	Fondation par C. Dansart de la première Société fraternelle des deux sexes.
	13 février	Interdiction des vœux monastiques perpétuels.
	19 février	Le marquis de Favras, conspirateur royaliste, est pendu.
	avril-juin	Troubles du Sud-Est (Nîmes : 6 avril-13 juin, Montauban : 10 mai).
	17 avril	L'assignat reçoit cours de monnaie.
	27 avril	Création du club des Cordeliers.
	15-22 mai	Discussion sur le droit de paix et de guerre.
	31 mai	Début de la discussion de la Constitution civile du clergé.
	10-12 juin	Soulèvement en Avignon en faveur du rattachement à la France.
	12 juillet	Vote de la Constitution civile du clergé, qui reçoit la sanction royale le 22 juillet.
	14 juillet	Fête de la Fédération à Paris.
	18 août	Premier rassemblement contre-révolutionnaire au camp de Jalès en Vivarais.
	26 août	L'Assemblée répudie le « pacte de famille » avec l'Espagne.
	31 août	A Nancy, massacre des suisses de Châteauvieux.
	4 septembre	Démission de Necker, suivie de la démission des ministres et de la formation d'un ministère fayettiste (20 octobre).
	28 octobre	Affaire des « princes possessionnés d'Alsace ».
	27 novembre	Le serment « A la nation, à la loi et au Roi » imposé aux fonctionnaires.
	3 décembre	Lettre de Louis XVI au roi de Prusse pour demander un Congrès européen des Puissances.
1791	3 janvier	Obligation du serment à la Constitution civile du clergé imposée aux fonctionnaires publics.

	février	Formation du clergé constitutionnel.
	19 février	Émigration de « Mesdames » tantes du Roi.
	21 février	A l'Assemblée, discussion sur les émigrés.
	28 février	« Conspiration » des « chevaliers du poignard ».
	2 mars	La loi « d'Allarde » supprime les corporations.
	10 mars	Par le bref *Quod aliquantum*, le pape condamne la Constitution civile du clergé (condamnation réitérée le 13 avril).
	2 avril	Mort de Mirabeau, transféré le 4 au Panthéon.
	18 avril	Le roi empêché de se rendre à Saint-Cloud.
	7-15 mai	Débat sur les colonies et les droits des hommes de couleur.
	22 mai et 14 juin	1re et 2e loi « Le Chapelier » proscrivant les coalitions.
	11 juin	Transfert des cendres de Voltaire au Panthéon.
	20-21 juin	Fuite de la famille royale, et son arrestation à Varennes.
	fin juin-	Campagne pour la déchéance de la monarchie.
	13-16 juillet	A l'Assemblée, débat sur la fuite du roi et décrets sur la réinstallation royale.
	16 juillet	Les « Feuillants » se séparent du club des Jacobins.
	17 juillet	Massacre du Champ-de-Mars.
	fin juillet	Répression du mouvement démocratique.
	4 août	Levée des premiers bataillons de volontaires.
	5 août	« Déclaration de paix au Monde » de la Constituante.
	27 août	Déclaration de Pillnitz, mise en garde des Puissances à la Révolution française.
	3 septembre	Achèvement de l'Acte constitutionnel, sanctionné par le roi le 13 septembre.
	1er octobre	*Ouverture de l'Assemblée législative.*
	16 octobre	Troubles en Avignon : en réponse au meurtre du patriote Lecuyer, massacre de « la Glacière ».
	31 octobre	Décret de l'Assemblée enjoignant à Monsieur frère du roi de rentrer en France.
	9 novembre	Décret de l'Assemblée sur les émigrés.
	11 novembre	Veto royal opposé aux deux décrets précédents.
	14 novembre	Jérôme Pétion maire de Paris.
	29 novembre	Décret de l'Assemblée contre les prêtres réfractaires.
	7 décembre	Formation d'un ministère « feuillant ».
	12 décembre au 2 janvier	Les discours de Robespierre contre la guerre.
	19 décembre	Veto royal au décret sur les prêtres réfractaires.
1792	6 janvier	L'Électeur de Trèves « disperse » les émigrés.
	23 janvier	A Paris, début des troubles pour le sucre et le café.
	Février-mars	Taxations sur les marchés et troubles agraires dans les campagnes.
	Fin février début mars	Troubles contre-révolutionnaires en Lozère, en Dauphiné, conspiration de La Rouerie dans l'Ouest.
	15 mars	Ministère « jacobin » avec Roland et Clavière.
	15 avril	Fête de la Liberté, en l'honneur des suisses de Châteauvieux.

20 avril	*La guerre est déclarée au « roi de Bohême et de Hongrie ».*
28-29 avril	Premiers revers à la frontière : le général Dillon massacré par ses troupes.
5 mai	Nouvelle levée de volontaires nationaux.
16 mai	Pourparlers secrets de La Fayette avec les Autrichiens, et arrêt de fait des hostilités.
20 mai	Brissot dénonce le « comité autrichien ».
27 mai	Décret sur la déportation des prêtres insermentés.
4 juin	Projet de levée de 20 000 « fédérés ».
11 juin	Veto royal aux décrets sur les fédérés et les prêtres réfractaires.
12 juin	Le ministère « rolandin » congédié.
20 juin	Le peuple parisien envahit les Tuileries et demande en vain au roi la sanction des décrets.
27 juin	La Fayette à Paris tente d'intimider l'Assemblée.
27 juin	Pétition du conseil général de Marseille contre la royauté.
11 juillet	L'Assemblée déclare « la Patrie en danger » : le décret sera proclamé solennellement le 21 juillet.
15 juillet	Le club des Cordeliers demande la réunion d'une « Convention ».
17 juillet	A Paris, les fédérés demandent la suspension du roi.
20 juillet	Effrayés par la poussée populaire, les brissotins se rapprochent du roi.
25 juillet	« Manifeste de Brunswick » menaçant Paris de représailles et d'une « subversion totale ».
3 août	47 sections de Paris sur 48 demandent la déchéance royale.
10 août	*Prise des Tuileries et chute de la royauté.*

Orientation bibliographique

Cette bibliographie se veut résolument sélective. On n'y a fait figurer qu'exceptionnellement des articles de revues.

I. SOURCES GÉNÉRALES

1. Ouvrages d'ensemble

MANUELS

1. P. Caron, *Manuel pratique pour l'étude de la Révolution française*, Picard, Paris, 1947.

2. G. Walter, *Répertoire de l'histoire de la Révolution française*. Travaux publiés de 1800 à 1940, 2 t., Imprimerie nationale, Paris, 1941-1945.

GRANDS CLASSIQUES

3. A. Aulard, *Histoire politique de la Révolution française*, Alcan, Paris, 1901, rééd. 1926.

4. J. Jaurès, *Histoire socialiste*, Paris, 1901-1908, rééd. 1968, Ed. Sociales.

5. E. Lavisse, *Histoire de la France contemporaine*, t. I, *La Révolution (1789-92)* par P. Sagnac.

6. A. Mathiez, *La Révolution française*, Paris, 1922-27, rééd. 1959, A. Colin.

7. H. Taine, *Les Origines de la France contemporaine*, Paris, 1876-1893.

8. A. de Tocqueville, *L'Ancien Régime et la Révolution*, rééd. 1964, « Idées », Gallimard.

SYNTHÈSES RÉCENTES

9. F. Furet et D. Richet, *La Révolution française*, 2 vol., « Réalités » Hachette, Paris, 1965.

10. J. Godechot, *Les Révolutions (1770-1799)*, PUF., Paris, 1963.

11. G. Lefèbvre, *La Révolution française*, Paris, nouvelle rédaction 1951 et rééd. 1963, PUF.

12. G. Lefèbvre, *Études sur la Révolution française*, Paris, 1954, rééd. 1963, PUF.

13. R. Mousnier, E. Labrousse et M. Bouloiseau, *Le XVIIIe siècle, Révolution intellectuelle, technique et politique (1715-1815)*, PUF., Paris, 1953.

14. A. Soboul, *Précis d'histoire de la Révolution française*, Ed. Sociales, Paris, 1962.

15. A. Soboul, *La Révolution française*, « Que sais-je? », PUF., Paris, 1965.

DÉBATS ET COMBATS

16. A. Cobban, *The Social Interpretation of the French Revolution*, University Press, Cambridge, 1964.

17. F. Furet, « Le catéchisme républicain », *Annales E.S.C.*, 1971.

18. C. Mazauric, *Sur la Révolution française*, Ed. Sociales, Paris, 1970.

2. *Approches analytiques sur certains aspects de la Révolution*

LA MARCHE DES JOURS

19. J. Massin, *Almanach de la Révolution française*, Club du livre, Paris, 1963.

HISTOIRE DES INSTITUTIONS

20. J. Godechot, *Les Institutions de la France sous la Révolution et l'Empire*, PUF., Paris, 1951.

HISTOIRE ÉCONOMIQUE

21. E. Labrousse, P. Léon, P. Goubert, J. Bouvier, C. Carrière, P. Harsin, *Histoire économique et sociale de la France (1660-1789)*, PUF., Paris, 1970.

HISTOIRE SOCIALE

22. D. Guérin, *La Lutte des classes sous la première République, Bourgeois et bras nus*, Gallimard, Paris, 1946, rééd. 1968.

23. A. Mathiez, *La Vie chère et le Mouvement social sous la Terreur*, A. Colin, Paris, 1927.

24. G. Rudé, *The Crowd in the French Revolution*, Clarendon Press, Oxford, 1959.

IDÉOLOGIE ET SENSIBILITÉ

25. P. Barbier et F. Vernillat, *L'Histoire de France par les chansons*, t. IV, *La Révolution et l'Empire*, Gallimard, Paris, 1957.
26. F. Brunot, *Histoire de la langue française des origines à 1900*, t. IX, *la Révolution et l'Empire*, Paris, 1927.
27. M. Jullian, *L'Art en France sous la Révolution et l'Empire* (cours polycopié), CDU-SEDES., Paris, 1956.
28. J. Godechot, *La Pensée révolutionnaire en France et en Europe (1789-1799)*, « coll. U », A. Colin, Paris, 1964.

HISTOIRE RELIGIEUSE

29. A. Latreille, *L'Église catholique et la Révolution française*, Paris, 1946-1950, Hachette, rééd. 1971.
30. J. Leflon, *La Crise révolutionnaire (1789-1848)*, dans l'*Histoire de l'Église* de Fliche et Martin, t. XX, Bloud et Gay, Paris, 1951.
31. B. Plongeron, *Conscience religieuse en Révolution. Regards sur l'historiographie religieuse de la Révolution française*, Picard, Paris, 1969.

POLITIQUE EXTÉRIEURE

32. A. Fugier, *La Révolution française et l'Empire napoléonien*, t. IV de l'*Histoire des relations internationales*, Hachette, Paris, 1954.
33. J. Godechot, *La Grande Nation. L'expansion révolutionnaire de la France dans le monde, 1789-1799*, PUF., Paris, 1956.
34. J. Godechot, *La Contre-Révolution, doctrine et action (1789-1804)*, PUF., Paris, 1961.
35. J. Vidalenc, *Les Émigrés français, 1789-1825*, Public. Faculté des Lettres de Caen, 1963.

QUELQUES MONOGRAPHIES ÉCLAIRANTES

36. P. Bois, *Paysans de l'Ouest. Des structures économiques et sociales aux options politiques depuis l'époque révolutionnaire dans la Sarthe*, Vilaire, Paris, 1960.
37. G. Lefèbvre, *Les Paysans du Nord pendant la Révolution française*, Paris, 1924, rééd. Laterza, Bari, 1959.
38. G. Lefèbvre, *Études orléanaises*, 2 vol., Imprimerie nationale, Paris, 1963.
39. D. Ligou, *Montauban à la fin de l'Ancien Régime et au début de la Révolution (1787-1794)*, Rivière, Paris, 1958.
40. J. Sentou, *Fortunes et groupes sociaux à Toulouse sous la Révolution, essai d'histoire statistique*, Privat, Toulouse, 1969.
41. L. Trenard, *Lyon de l'Encyclopédie au préromantisme*, 2 vol., Paris, 1958.

II. SOURCES PARTICULIÈRES AUX DIFFÉRENTS CHAPITRES

1. L'Ancien Régime

42. P. Chaunu, *La Civilisation des Lumières*, Arthaud, Paris, 1971.

43. P. Goubert, *L'Ancien Régime*, « coll. U », A. Colin, Paris, 1969.

44. A. Soboul, *La France à la veille de la Révolution*, SEDES., Paris, 1966.

45. A. Soboul, *La Civilisation et la Révolution française*, Arthaud, Paris, 1971.

PROBLÈMES DU FÉODALISME

46. Centre d'études et de recherches marxistes, *Sur le féodalisme*, Paris, Ed. Sociales, 1971.

47. E. Labrousse, *Le Paysan français des physiocrates à nos jours* (cours polycopié), CDU-SEDES., Paris, s. d.

48. G. Lefèbvre, « Répartition de la propriété et de l'exploitation foncières à la fin de l'Ancien Régime », repris dans *Études révolutionnaires* (cf. nº 12).

49. G. Lemarchand, « Le féodalisme dans la France rurale dans les temps modernes, essai de caractérisation », *Annales historiques de la Révolution française*, janvier 1969.

SOCIÉTÉ D'ORDRES

Outre Mazauric (cf. nº 18), voir : P. Goubert, *L'Ancien Régime* (cf. nº 43) et :

50. R. Mousnier, *Les Hiérarchies sociales de 1450 à nos jours*, PUF., Paris, 1969.

L'ABSOLUTISME

51. R. Mandrou, *La France aux XVII*ᵉ *et XVIII*ᵉ *siècles*, coll. « Clio », PUF., Paris, 1967.

52. H. Méthivier, *L'Ancien Régime*, « Que sais-je? », Paris, PUF., 1961.

53. R. Mousnier : « Réflexions critiques sur la notion d'absolutisme », *Bulletin de la Société d'histoire moderne et contemporaine*, 1955.

54. R. Mousnier et F. Hartung, « Quelques problèmes concernant la monarchie absolue » (*Relazioni* du Congrès International de Rome, 1955, t. IV).

2. Tensions et mutations

Outre l'ouvrage dirigé par E. Labrousse sur l'histoire économique et sociale de la France (cf. nº 21) qui est essentiel, on peut se reporter à :

MOUVEMENT DU SIÈCLE

55. P. Ariès, *Histoire des populations françaises et de leurs attitudes devant la vie*, Seuil, Paris, 1948, rééd. 1971.

56. A. Armengaud et M. Reinhard, *Histoire générale de la population mondiale*, Monchrestien, Paris, 1961.

LE PROBLÈME DE LA BOURGEOISIE

Outre J. Sentou, *Fortunes et groupes sociaux à Toulouse*... (cf. nº 40), voir :

57. A. Daumard et F. Furet, *Structures et relations sociales à Paris au XVIIIe siècle*, Cahier des Annales E.S.C., A. Colin, Paris, 1961.

58. R. R. Palmer, « Sur le rôle de la bourgeoisie dans la Révolution française », *Annales historiques de la Révolution française*, Paris, 1967.

Permet de faire le point sur les controverses américaines sur la notion de Révolution bourgeoise.

59. R. Robin, *La Société française en 1789 : Semur-en-Auxois*, Plon, Paris, 1970.

LES LUMIÈRES

60. A. Dupront (sous la direction de), *Livre et société dans la France du XVIIIe siècle*, Paris, 1965, t. II présenté par F. Furet, Mouton, Paris, 1970.

61. R. Mandrou, *De la culture populaire en France aux XVIIe et XVIIIe siècles*, Seghers, Paris, 1964.

62. D. Mornet, *Les Origines intellectuelles de la Révolution*, A. Colin, Paris, 1933.

63. D. Richet, « Autour des origines idéologiques lointaines de la Révolution française : élites et despotisme », *Annales, E.S.C.*, 1969, nº 1.

64. M. Reinhard, « Élite et noblesse dans la seconde moitié du XVIIIe siècle », *Revue d'histoire moderne et contemporaine*, 1956.

3. *La Prérévolution*

POLITIQUE

65. J. Egret, *La Prérévolution française, 1787-1789*, PUF., Paris, 1962.

CRISE ÉCONOMIQUE

66. E. Labrousse, *La Crise de l'économie française à la fin de l'Ancien Régime et au début de la Révolution*, PUF., Paris, 1943.

DOLÉANCES

67. P. Goubert et M. Denis, *1789, les Français ont la parole...*, « Archives », Julliard, Paris 1964.

4. *La Révolution constituante*

LES RÉVOLUTIONS DE 1789

68. J. Egret, *La Révolution des notables, Mounier et les monarchiens*, A. Colin, Paris, 1950.

69. J. Godechot, *La Prise de la Bastille*, Gallimard, Paris, 1965.

70. G. Lefèbvre, *1789*, Paris, 1939, rééd. 1970, Ed. Sociales.

71. G. Lefèbvre, *La Grande Peur*, Paris, 1932, rééd. 1953, Ed. Sociales.

5. *Civilisation révolutionnaire*

INSTITUTIONS ET VIE POLITIQUE

Essentiellement J. Godechot (cf. nº 20) et pour les affaires religieuses Latreille, Leflon, Plongeron (cf. nºs 29, 30, 31). Sur l'armée, synthèse suggestive dans :

72. J. P. Bertaud, *Valmy, la démocratie en armes*, PUF., Paris, 1970.

LA SOCIÉTÉ

Outre les ouvrages cités de P. Bois (cf. nº 36), G. Lefèbvre (cf. nº 37), J. Sentou (cf. nº 40), voir :

73. G. Lefèbvre, « La vente des biens nationaux », article repris dans *Études sur la Révolution française* (cf. nº 12), p. 223-246.

74. G. Lefèbvre, « La Révolution française et les paysans », article repris dans *Études sur la Révolution française* (cf. 12), p. 246-268.

75. J. Godechot, *La Société française pendant la Révolution*, dans le volume dirigé par L. Halphen et R. Doucet, *Histoire de la Société française*, Nathan, Paris, 1953.

76. J. Robiquet, *La Vie quotidienne au temps de la Révolution*, Hachette, Paris, 1938.

77. M. Reinhard et collaborateurs, *Contributions à l'histoire démographique de la Révolution française*, t. I, Paris, 1962, t. II, Commission d'Histoire de la R. F., Imprimerie nationale, Paris, 1965.

PRATIQUE RÉVOLUTIONNAIRE

Outre G. Rudé (cf. n° 24), voir :

78. G. Lefèbvre, « Foules révolutionnaires », article repris dans *Études sur la Révolution française*, p. 271-287.

79. L. de Cardenal, *La Province pendant la Révolution, histoire des clubs jacobins*, Payot, Paris, 1929.

80. Gaston-Martin, *Les Jacobins*, Payot, « Que sais-je? », PUF., Paris, 1945.

81. C. Bellanger, J. Godechot, P. Guiral, F. Terrou, *Histoire générale de la presse française* (1re partie), PUF., Paris, 1968.

82. G. Walter, *La Révolution française vue par ses journaux*, Paris, 1948.

CONTRE-RÉVOLUTION

Essentiellement J. Godechot (cf. n° 34).

6. La seconde Révolution

83. A. Mathiez, *Le 10 août*, Gallimard, Paris, 1931.

84. M. Reinhard, *La Chute de la royauté*, Gallimard, Paris, 1969.

BIBLIOGRAPHIE COMPLÉMENTAIRE

Depuis 1972, les publications se sont multipliées, surtout à partir des années quatre-vingt, la perspective du bicentenaire n'étant pas étrangère à ce regain d'intérêt pour la Révolution française. Dans un choix inévitablement très sélectif, on se contentera d'indiquer les principaux titres récemment publiés :

Historiographie de la Révolution

85. J. Godechot, *Un jury pour la Révolution,* Robert Laffont, Paris, 1974.

86. F. Furet, *Penser la Révolution,* Gallimard, Paris, 1982.

87. F. Furet, *L'Atelier de l'Histoire,* Flammarion, Paris, 1982.

88. C. Mazauric, *Jacobinisme et Révolution,* Messidor, Paris, 1985.

89. A. Soboul, *Comprendre la Révolution,* Maspero, Paris, 1981.

Manuels d'étude de la Révolution

90. R. Goubert et D. Roche, *L'Ancien Régime,* t. II et III, A. Colin, Paris, 1973-1982.

91. J.-P. Bertaud, *Les Origines de la Révolution française,* « Dossiers Clio », PUF, Paris, 1971.

92. J.-R. Suratteau, *La Révolution française, certitudes et controverses,* « Dossiers Clio », PUF, Paris, 1973.

93. G. Lefebvre (présenté et mis à jour par J.-R. Suratteau), *Le Directoire,* Messidor, Paris, 1983.

94. A. Soboul, *La Civilisation et la Révolution française* (t. I, 1971), *La Civilisation et la Révolution française* (t. II et III, 1980-1983), Arthaud, Paris.

Chantiers et problèmes (actes des principaux colloques)

95. Actes du colloque de Toulouse (1968), *L'Abolition de la féodalité dans le monde occidental,* 2 vol., CNRS, Paris, 1971.

96. Actes du colloque de Clermont-Ferrand (1974), *La Fête révolutionnaire,* AMRF, Paris, 1976.

97. Actes du colloque de Göttingen (1975), *Les Origines de la Révolution française.*

98. Actes du colloque de Bamberg (1979), *Die französische Revolution zerfälliges oder notwendiges Ereignis* (La Révolution française, événement nécessaire ou contingent). Oldenbourg, Munich, 1983, 3 vol.

Histoire économique et sociale

99. A. Soboul, *Problèmes paysans de la Révolution, 1789-1848,* Maspero, Paris, 1976.

100. F. Gauthier, *La Voie paysanne dans la Révolution française,* Maspero, Paris, 1977.

101. M. Vovelle, *Ville et Campagne au XVIIIe siècle : Chartres et la Beauce,* Éditions sociales, Paris, 1979.

102. D. Woronoff, *L'Industrie sidérurgique en France pendant la Révolution et l'Empire,* Éditions de l'EHESS, Paris, 1984.

Histoire politique, histoire religieuse et mentalités

103. J. Starobinski, *1789, les Emblèmes de la Raison,* Flammarion, Paris, 1973.

104. M. Ozouf, *La Fête révolutionnaire, 1789-1799,* Gallimard, Paris, 1976.

105. M. Vovelle, *Les Métamorphoses de la fête en Provence, 1750-1830,* Aubier-Flammarion, Paris, 1976.

106. M. Vovelle, *Religion et Révolution, la déchristianisation de l'an II,* Hachette, Paris, 1976.

107. S. Bianchi, *La Révolution culturelle de l'an II,* Aubier, Paris, 1982.

108. J.-P. Bertaud, *La Vie quotidienne au temps de la Révolution,* Hachette, Paris, 1983.

109. M. Vovelle, *La Mentalité révolutionnaire,* Messidor, Paris, 1985.

Index des noms de personnes

Table

Table des illustrations

COMPOSITION : FIRMIN-DIDOT
IMPRESSION : BRODARD ET TAUPIN (10-89)
D.L. 1er TRIM. 1972. N° 2910-8 (6348B-5)

Collection Points

SÉRIE HISTOIRE

DERNIERS TITRES PARUS

H108. 1848 ou l'Apprentissage de la république (1848-1852)
par Maurice Agulhon
H109. De la fête impériale au mur des fédérés (1852-1871)
par Alain Plessis
H110. Les Débuts de la Troisième République (1871-1898)
par Jean-Marie Mayeur
H111. La République radicale? (1898-1914)
par Madeleine Rebérioux
H112. La Fin d'un monde (1914-1929)
par Jean-Jacques Becker et Serge Berstein (à paraître)
H113. La Crise des années 30 (1929-1938)
par Dominique Borne et Henri Dubief
H114. De Munich à la Libération (1938-1944)
par Jean-Pierre Azéma
H115. La France de la Quatrième République (1944-1958)
1. L'ardeur et la nécessité (1944-1952)
par Jean-Pierre Rioux
H116. La France de la Quatrième République (1944-1958)
2. L'expansion et l'impuissance (1952-1958)
par Jean-Pierre Rioux
H117. La France de l'expansion (1958-1974)
1. La République gaullienne (1958-1969)
par Serge Berstein
H118. La France de l'expansion (1958-1974)
2. Croissance et crise (1969-1974)
Par Serge Berstein et Jean-Pierre Rioux (à paraître)
H119. La France de 1974 à nos jours
par Jean-Jacques Becker (à paraître)
H121. Les Paysans dans la société française
par Annie Moulin
H122. Portrait historique de Christophe Colomb
par Marianne Mahn-Lot
H123. Vie et Mort de l'ordre du Temple
par Alain Demurger
H124. La Guerre d'Espagne, *par Guy Hermet*
H125. Histoire de France
sous la direction de Jean Carpentier et François Lebrun
H126. Empire colonial et Capitalisme français
par Jacques Marseille